KB119976

COUNSELING THEORY
AND PRACTICE

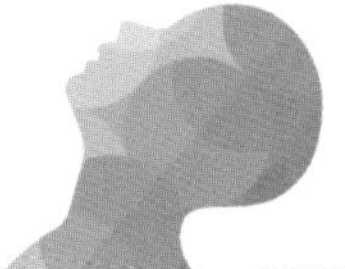

쉽게 풀어 쓴

# 상담이론과 실제

**강진령** 저

학지사

# 머리말

"지금 당신이 원하는 것은 진정으로 당신이 원하는 것인가?" 프랑스의 정신분석가 자크 라캉(Jacques Marie Emile Lacan, 1901~1981)이 던진 질문이다. 라캉은 우리 욕망의 대부분이 자신의 욕망이 아니라 타자의 욕망이라고 냉정히 진단하고 있다. 우리를 강하게 지배하고 있는 타자! 타자의 기대와 욕구는 때로 우리에게 깊은 상처가 되어 끊임없이 영향을 주기도 한다. 이 상처는 어떻게 치유할 수 있을까?

러시아의 문호 도스토엡스키(Fyodor Dostoevskii, 1821~1881)는 16세 되던 해, 아버지가 농민들 손에 처참히 살해되는 광경을 보고, 그 충격으로 평생 뇌전증에 시달렸다. 28세에는 혁명운동에 가담한 혐의로 체포되어 사형 선고를 받았다. 독방에서 지내던 어느 날, 그는 다른 사형수들과 함께 페테르부르크 광장의 사형장으로 끌려 나갔다. 사형수들이 세 명씩 말뚝에 묶여 사형이 집행되려는 순간, "집행 중지!"를 외치며 달려오는 병사가 있었다. 황제의 특별감형이 내려진 것이다. 순간 함께 묶여 있던 사람은 정신을 놓아 버렸다. 그러나 도스토엡스키는 죽음의 나락에서 건져진 그 순간을 잊지 않았다. 그는 여생을 '이미 죽은 자들이 깨달은 것'을 글로 표현하는 일에 바치겠노라고 다짐했고, 오늘날까지 전 세계 사람들에게 감동을 주는 불후의 명작들을 남겼다.

이 책에는 삶에서 비극적 경험과 역경을 상담/심리치료로 승화시킨 이론가들의 삶의 이야기와 조언이 담겨 있다. 프로이트는 정신분석을 통해 전이를 유도함으로써 생애 초기에 억압되어 무의식에 감춰진 갈등을 해결하고, 일과 사랑의 능력을 회복하라고 한다(3장). 융은 분석치료를 통해 집단무의식을 구성하는 원형을 이해하여 자기실현 · 개성화를 이루라고 한다(4장). 아들러는 아들러치료를 통해 사람은 각자 삶의 여정에 대한 소설을 쓰는 작가임을 강조하면서, 독특하게 형성된 생활양식을 바람직한 방향으로 재정향하여 열등감을 극복하고 자기완성을 이루라고 한다(5장). 메이와 얄롬은 실존치료를 통해 죽음, 자유, 고독, 무의미성에 대한 자각과 이해를 바탕으로 실존 불안을 건설적으로 처리하라고 하고, 프랭클은 의미치료를 통해 삶의 의미추구의 중요성을 강조하면서, 자기초월과 자기분리 능력으로 한계를 극복하라고 한다(6장).

로저스는 인간중심치료를 통해 스스로 경험하여 유기체의 지혜와 가치화 과정에 의해 자기실현을 성취하라고 한다(7장). 펄스는 게슈탈트치료를 통해 유기체의 지혜에 따라 지금 여기에서의 경험을 알아차려 양극성을 통합하라고 한다(8장). 스키너는 행동치료를 통해 학습된 부적응 행동을 강화와 벌을 사용하여 새로운 적응행동으로 대체하라고 한다(9장). 엘리스는 REBT를 통해 정서적 고통을 초래하는 비합리적 신념을 합리적 신념으로 대체하여 행복한 삶을 영위하라고 하고, 벡은 인지치료를 통해 부정적 자동사고와 인지왜곡을 긍정적 자동사고로 대체하여 올바른 정보처리를 통해 삶을 영위하라고 한다(10장). 글래서는 현실치료를 통해 지각을 통제하여 기본욕구를 충족하라고 한다(11장). 이 외에도 여성주의치료(12장), 포스트모던 접근(13장), 제3세대 이론(14장)은 각기 상처를 치유하고 행복을 누리기 위한 길을 제시하고 있다.

누군가를 돕는 일은 종종 그의 아픔을 함께 나누는 것으로 시작된다. 그러나 때로 조금 더 진지하게 돕고 싶은 마음이 들지만, 어떻게 도와야 할지 막막할 때가 있다. 이럴 때 이 책이 도움을 줄 수 있다. 이 책은 상담자에게 필요한 지식과 실무 역량에 관한 내용을 담고 있다. 그러나 다른 한편으로, 이론 창시자들과의 독자적인 대화를 통해 자기성장을 꾀하거나 타인의 성장을 돕는 데 활용될 수 있다. 끝으로, 이 책이 나오기까지 도와주신 모든 분께 감사드린다. 모쪼록 이 책이 자기를 찾아 떠난 독자들의 여정에 따뜻한 동행자가 되기를 소망한다.

2023년 3월

저자

# 차례

# | 01 |

# 상담의 기초

*The Foundations of Counseling*

상담은 사람들의 변화를 돕기 위한 전문적 활동이다. 오늘날 상담이란 말은 법률상담, 이민상담, 투자상담, 금융상담 등 특정 분야에 상당한 지식과 경험을 가진 사람에게 문제해결을 위해 도움을 받는 의미로 사용되고 있다. 이러한 이유로 감정, 생각, 행동, 대인관계 등과 관련된 심리적인 문제해결을 위해 전문적 도움을 주는 일을 '심리상담psychological counseling'으로 부르기도 한다. 지금까지 다수의 상담이론이 각기 특성을 나타내며 다양한 형태로 창시되었다. 신뢰할 만한 이론은 철학, 관찰, 과학적 연구를 근거로 정교하게 고안되어 그 효과성이 거듭 검증되었다.

상담은 과학이자 예술이다. 과학적 검증을 통해 효과가 입증된 이론, 기술, 기법, 전략을 적용하여 내담자의 변화를 돕는다는 점에서 상담은 과학science이다. 상담자가 마치 조화의 미를 창조하는 예술가처럼 특정 기술, 기법, 전략을 선택·적용한다는 점에서 상담은 예술art이다. 과학자와 예술가로서의 본분을 다하려면, 상담자는 다양한 이론에 대한 지식과 임상적 경험을 갖추어야 한다. 이에 이 장에서는 ① 상담의 이해, ② 이론의 기초개념, ③ 좋은 이론의 특징, ④ 상담이론의 기능, ⑤ 상담이론의 발달, ⑥ 통합적 접근으로 구분하여 살펴보기로 한다.

## 상담의 이해

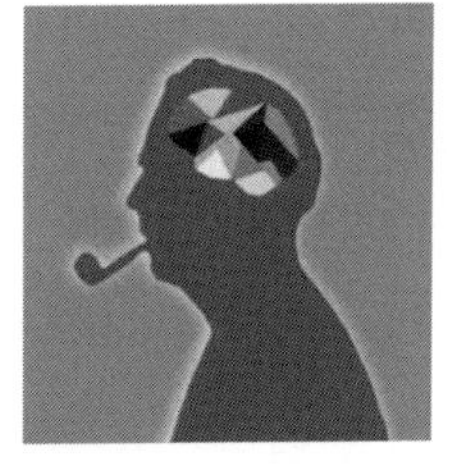

**상담**counseling은 전문적 역량을 갖춘 상담자가 협력관계를 토대로 내담자의 행동·사고·감정 변화를 통해 심리적 문제 해소와 성장을 돕는 학습과정이다(강진령, 2020). 이는 상담 이론과 실제가 조화를 이루면서 진행되는 과정이다. 이 과정은 대부분 일대일 관계에서 면대면face-to-face으로 이루어지지만, 집단·부부·커플·가족치료처럼 2인 또는 그 이상의 내담자를 동시에 상담하는 방식으로 이루어지기도 한다. 상담은 내담자의 성장과 성숙을 돕는 돌봄caring의 관계다.

인간은 돌봄을 필요로 하는 존재다. 상담자가 아니라도 친구의 어려움을 들어주는 일은 그 자체가 돌봄을 실천하는 것이다. 누군가 관심을 가져주는 사람이 있다는 것은 '군중 속의 고독'을 해소할 수 있다는 의미가 있다. 돌봄은 돌보는 대상의 성장과 자기실현을 돕는 행위로, 지식 · 인내 · 정직성 · 신뢰 · 겸손 · 희망 · 용기가 요구된다(Mayeroff, 1990).

사람들의 문제는 대부분 관계에서 비롯된다. 역설적이게도 상담은 관계를 통해 내담자를 돕는 과정이다. 상담의 존재 이유는 삶의 질을 높이는 방향으로 내담자의 변화를 돕기 위함이다. 여기서 **변화**change란 내담자의 비합리적 신념을 합리적 신념으로, 원치 않는 행동을 원하는 행동 등으로 대체하는 것을 말한다. 변화유발을 위한 상담자의 시도는 내담자의 인지부조화cognitive dissonance를 유발한다. 내담자는 다양한 방법으로 부조화 감소를 위해 노력한다. 이러한 노력의 효과는 'EAT', 즉 내담자가 상담자의 전문성expertness(E), 친화력attractiveness(A), 신뢰성trustworthiness(T)이 높다고 지각할 때 극대화된다. 그렇다면 상담자는 누구인가?

## 상담자

**상담자**counselor는 내담자의 이익을 위해 일하는 전문가다('치료자therapist'로도 불림). 상담자의 주요 역할은 내담자가 원하는 변화를 위해 자신의 전문적 지식과 경험을 활용하는 것이다. 상담방식에 상관없이 상담자는 내담자에 대한 치료적 개입을 통해 전문가로서의 사회적 책무를 수행한다. **치료적 개입**therapeutic intervention이란 상담자가 상담 관계를 기반으로 기술, 기법, 전략을 적용하여 내담자의 행동 · 사고 · 감정 변화를 돕는 일련의 활동이다. 특정한 문제해결, 증상 해소, 또는 행동 · 감정 · 사고를 더 잘 다룰 수 있는 개인의 능력 향상을 돕는 것도 이 활동에 포함된다.

상담자는 삶에 대해 긍정적 · 낙관적 태도를 취하는, 훌륭한 경청자인 동시에 관찰자다. 상담자는 효과적인 의사소통 기술을 활용하여 공감적 이해와 수용적 태도를 언어적 · 비언어적 행동으로 내담자와 소통한다. 연구를 통해 밝혀진 유능한 상담자를 비롯한 **조력자**helper의 특성은 [글상자 1-1]과 같다(Egan & Reese, 2019).

**[글상자 1-1] 효과적인 조력자의 특성**

1. 내담자에게 다가갈 수 있는 대인관계 기술을 갖추고 있다.
2. 내담자에게 진실성, 신뢰성, 자신감을 준다.
3. 내담자를 돌보고 존중한다.

4. 타인이해뿐 아니라 자기이해를 토대로 성숙한 삶을 영위한다.
5. 내담자와의 갈등을 효과적으로 처리한다.
6. 가치판단을 강요하지 않고 내담자의 행동을 이해하고자 한다.
7. 내담자의 자기파괴적 행동패턴을 확인하여 보상적 행동패턴으로 대체하도록 도울 수 있다.
8. 내담자를 돕는 데 필요한 전문적 지식과 경험을 지니고 있다.
9. 자신을 좋아하고 존중하되, 욕구충족을 위해 내담자를 이용하지 않는다.
10. 인간행동을 심층적으로 이해하고, 지속적으로 업데이트한다.
11. 바람직한 인간 모델 역할을 한다.

유능한 상담자는 내담자의 관점에서 문제를 해결한다. 상담자가 내담자를 만날 때, 갖게 되는 질문은 다음 두 가지다. 하나는 내담자의 문제가 무엇인가('진단')이고, 다른 하나는 내담자를 어떻게 도울 것인가('처방')다. 이 두 가지는 서로 밀접하게 관련되어 상담목표 달성에 영향을 준다.

## 상담방법

상담은 상담자의 **적극적 경청**active listening을 기반으로 이루어진다. 공감적으로 경청만 잘해 주어도 사람은 스스로 많은 문제를 해결한다. 경청하는 사람은 다투지 않고, 다투는 사람은 경청하지 않는다(Perls, 1969). 사람의 문제는 대체로 가까운 사람과의 갈등에서 비롯된다. 이에 사람들은 자신의 말에 귀 기울여주고 이해해 주는 사람이 없다고 호소하곤 한다. 경청은 상대방의 알아차림을 확장하여 스스로 문제를 해결하게 한다. 경청은 이해를 부르고, 이해하면 다투지 않는다. 반면, 다투는 사람은 경청하지 않으니 상대를 이해하지 못한다.

**경청**은 음성언어('언어행동')와 신체언어('비언어행동')로 한다. 사람들은 보통 의사소통에서 신체언어를 더 많이 사용한다. 이들은 말 외에도, 얼굴표정이나 제스처로 더 많은 메시지를 주고받는다. 신체언어는 자발적이어서 더 신뢰할 수 있다. 음성언어는 때로 사실을 그대로 기술하기보다 '**정신적 조작**mental manipulation'이 되기도 한다.

상담은 역설적 특성이 있다. 상담은 '지금 여기'에서의 경험을 중시한다. 이는 내담자의 문제, 즉 과거의 중요한 사건 또는 미래에 예견되는 일을 현재로 가져와 다루는 것을 의미한다. 지금까지 살아온 시간은 과거, 앞으로 살아갈 시간은 미래, 지금 이 순간은 현재다. 분명하고 중요한 사실은 우리가 현재 살아 있고, 또 앞으로 살아갈 시간이 있다는 것이다. 과거가 기억 속의 현재라면, 미래는 기대 속의 현재다. 따라서 오직 현재만이 존재하고, '지금 여기'에서만이 문제를 다루고 해결할 수 있다. 이런 점에서 삶은 영원한 현재다.

사람들은 과거의 중요한 사건은 기억하지만, 자신에게 큰 의미가 없었던 일은 잘 기억하지 못한다. 그런가 하면, 미래에 일어날 중요한 일을 예견하며 불안해한다('예기불안'). 만일 기억에 남는 과거의 사건이 여전히 영향을 미친다면, 이는 기억 속의 현재다. 마찬가지로, 예견되는 미래의 일이 영향을 미친다면, 이는 기대 속의 현재다. 따라서 상담에서 다뤄야 할 문제는 내담자의 현재 경험이다.

## 상담의 역설

상담은 내담자에게 그의 의도와 상반된 행동을 하게 함으로써 문제해결을 돕는다. 이러한 점에서 상담은 **변화의 역설**paradox이다. 예컨대, 발표불안으로 고통받는 사람은 불안을 줄이고자 점차 남 앞에 서는 행동을 피하게 된다. 그러나 상담에서는 이러한 내담자의 입장을 이해해 주기도 하지만, 내담자의 의도와 상반되는 시도를 한다. 즉, 불안을 유발하는 상황에 점진적 또는 즉각적으로 직면하게 하여 치유 또는 회복을 돕는다. 이러한 처방은 사회적 불안을 일으키는 상황을 회피하는 내담자의 악순환을 선순환으로 대체하도록 돕는다는 점에서 변화의 역설이다.

상담이 역설인 이유는 내담자를 선의의 혼돈chaos에 빠지게 하여 새로운 관점에서 자신의 행동, 사고, 감정을 이해하도록 돕기 때문이다. 상담자는 내담자의 삶의 질 향상을 돕기 위한 상담원리와 방법을 꾸준히 연구·개발하는 연구자·과학자 역할을 수행해 왔다. 이러한 기법들은 상담이론에 기초한다. 주요 이론의 창시자들은 양적·질적·혼합적 연구 등 다양한 방법을 통해 자신의 이론이 내담자 변화에 효과가 있음을 입증해 왔다.

## 상담이론의 기초개념

상담은 상담이론에 기초하여 이루어진다. 상담이론은 내담자를 돕는다는 전제로 창안되었다. 이론의 창시자들은 내담자의 문제에 대한 관점과 해결방법을 각기 다르게 제시하고 있다. 그렇다면 상담이론이란 무엇인가? 상담이론의 이해를 돕기 위해 ① 이론, ② 법칙 · 원리, ③ 개념, ④ 상담이론의 정의로 나누어 살펴보기로 한다.

### 이론

**이론**theory은 인간의 생애과정에서 흔히 발생하는 문제를 인식 · 규정하기 위해 문제의 원인과 영향을 설명할 수 있고 경험적으로 검증 가능한 체계적 진술이다. 이는 특정 학문 분야에서 설명을 제공하기 위해 사용되는 일련의 법칙 또는 관계(Sharf, 2015)를 말한다. 이론 개발은 사실facts과 사건events을 기초로 시작된다. 사실과 사건은 공통적으로 개인의 의지와 인지작용과는 무관하게 발생하는 제반 현상이다. **현상**phenomenon은 인간의 의지와는 무관한 것으로, 시 · 공간적으로 우주와 역사를 구성하는 기본단위다(이종승, 1984). 우리가 알든 모르든 주변에서 끊임없이 벌어지는 일들을 현상이라고 한다.

현상은 크게 ① 자연현상, ② 사회현상, ③ 심리현상으로 나뉜다. 지진, 쓰나미, 계절이 **자연현상**이라면, 지역 간 갈등, 인종차별, 종교분쟁은 **사회현상**에 속한다. 반면, **심리현상**은 인간의 내면에서 일어나는 제반 현상으로, 이 책에서 소개되는 상담이론의 초점이기도 하다. 이 같은 특정 현상을 설명하기 위한 이론 체계가 **지식**knowledge이다. 주로 과학적 탐구과정을 거쳐 추출된 여러 지식의 총합체가 **학문**이다. 체계적이지만, 점차 높은 수준으로 추상화되어 구체적 사실이나 실제와 대비되기도 한다. 과학은 관찰에서 시작되고, 관찰은 변화의 핵심요인이다. 상담자에게는 관계에 대한 관찰이 요구된다. 이론은 일련의 법칙들로 구성된다.

## 법칙 · 원리

일련의 검증단계를 거쳐 보편적으로 성립하는 이론적 토대를 '**법칙**law' 혹은 '**원리**principle'라고 한다. 이론은 일종의 **모형**model이다. 인간의 심리적 문제의 원인 · 영향 · 처치방법을 설명하는 것이 이론이라면, 모형은 이러한 문제해결을 위해 실제를 간략히 정리한 틀이다. 이론은 실제에 바탕을 두고 있고, 실제는 일정한 논리적 근거와 틀이 있다. 이론을 실제에 적용하는 상담자는 내담자의 호소내용에 관심을 가져야 한다. 이는 곧 상담자가 상담이론에 해박한 갖춰야 할 뿐 아니라, 그 지식을 상담의 실제에 적용하여 구체적인 성과를 올릴 수 있는 **실천적 지식**practical knowledge과 **역량**competence을 겸비해야 함을 의미한다. 이러한 이유로 상담자 교육은 흔히 상담이론에 관한 수업에서 시작한다.

## 개념

사람은 태어나면서 주변의 사물과 다양한 현상을 관찰 · 경험하며 살아간다. 경험은 사물이나 현상에 대한 주관적 판단에 의한 인식에 기초한다. **개념**concept은 개인의 인식 · 경험 · 판단을 토대로 특정 사물이나 현상에 주어지는 성질이나 속성이다. 이론의 **핵심개념**core concept은 이론가가 삶의 과정에서 각자의 인식 · 경험 · 판단을 기초로 인간의 심리적 현상에 나름대로 특정 성질이나 속성을 부가하여 정의한 것이다. 잘 다듬어진 개념은 그 자체로 의미가 있다. 의미가 있다고 말할 수 있는 것은 경험을 통한 사실적 근거가 있기 때문이다. 사실적 근거를 어떤 개념과 연합시키는지는 옳고 그름의 문제라기보다 개념을 사용하는 사람들 사이의 약속에 달려 있다. 개념이 성립되고 정의에 의해 참true으로 인정되면, 개념은 비로소 의미를 갖게 된다.

## 상담이론

**상담이론**counseling theory은 내담자 이해의 틀인 동시에 변화 · 성장을 돕기 위한 방법과 절차를 제공하고, 문제해결의 가설설정 지침으로 사용하는 로드맵이다(강진령, 2020). 사람은 어떤 존재이고, 어떻게 하면 이들이 원하는 변화를 도울 수 있는가?

이 질문에 대한 답변을 체계화한 것이 상담이론이다. 이는 복잡한 임상자료 정리, 상담과정의 체계 수립, 임상적 개입을 위한 개념적 틀을 제공한다. 이를 통해 상담자는 마치 퍼즐 맞추기처럼 내담자의 삶에 관한 조각들을 맞추게 되고, 혼돈상태처럼 보이는 복잡한 상황 속에서도 일정한 패턴의 실마리를 얻게 된다.

상담이론은 직접 관찰할 수 없는 기본가정(가설적 개념)을 전제로 체계화된 것이다. 이는 상담자에게 내담자의 문제를 포괄적으로 조망할 수 있게 하고, 치료적 개입에 대한 임상적 직관과 해석의 토대를 제공한다. 이런 과정과 결과의 축적은 새로운 이론 창안에 밑거름이 된다. 그러나 이론은 세부 지침까지는 제공하지 않는다. 그러므로 치료적 개입에는 상담자의 **직관**intuition과 **직감**hunch이 요구된다.

지금까지 다양한 상담이론은 사람들의 변화에 기여해 왔다. 상담자마다 선호하는 이론은 다를 수 있고, 어떤 이론을 적용하더라도 그 방식 역시 독특할 수 있다. 이에 상담자는 자신의 성격, 철학, 배경을 충분히 이해하는 한편, 내담자의 요구 등을 고려하여 상담에서 사용할 이론을 정하거나 자신의 상담이론을 개발해야 할 것이다. 자신의 독자적인 상담이론을 개발하기 위한 절차는 [글상자 1-2]와 같다.

[글상자 1-2] **독자적인 상담이론의 개발 절차** 

1. 주요 상담이론들을 섭렵한다.
2. 자신의 인간관과 성격을 이해 · 확인한다.
3. 자신의 인간관과 성격에 부합하는 상담이론을 개발한다.

그러면 좋은 이론은 어떤 특징이 있는가?

## 좋은 이론의 특징

이론은 접근방식과 모형에 따라 다양하다. 인간의 본성을 긍정적이고 성장 가능한 대상으로 보는 이론(예 인간중심치료)이 있는가 하면, 본능적 욕동drive의 영향을 받아 갈등을 필연적으로 보는 이론(예 정신분석)도 있다. 역사적으로, 수많은 정신건강 전문가는 효과성이 높은 이론을 발견 · 개발하기 위해 노력해 왔다. 그 결과, 좋은 이론은 ① 정확성 · 명료성, ② 포괄성, ③ 검증 가능성, ④ 유용성이 있음을 발견했다(Sharf, 2014). 좋은 이론의 특징을 좀 더 구체적으로 살펴보면 다음과 같다.

## 정확성 · 명료성

첫째, 좋은 이론은 정확하고 명료하다. **정확성**precision과 **명료성**clarity은 분명한 규칙에 기초한다. 이러한 규칙을 기술하는 데 사용되는 용어들 역시 구체적이어야 한다. 예를 들어, 현상학적 용어인 자기self는 연구자들은 물론 개업상담자들이 동의할 수 있는 정의가 있어야 한다. 가능하면, 이론은 **조작적 정의**operational definitions, 즉 변수를 측정하는 데 사용되는 절차를 구체화할 수 있어야 한다. 또한 명확한 개념 및 규칙과 함께 경제적이면서 간결해야 한다. 이러한 개념들은 상호 연관이 있어야 하고, 인간 행동의 규칙과 관련이 있어야 한다.

## 포괄성

둘째, 좋은 이론은 **포괄성**comprehensiveness이 있다. 일반적으로 이론은 포괄적일수록 폭넓게 적용될 수 있는 반면, 많은 오류가 발생할 수 있다. 예를 들어, 상담이론 모두는 연령이나 문화적 배경 등에 대해 구체적으로 기술하지 않아도 남녀노소 모두를 지향하고 있다는 점에서 포괄적이다. 오직 남성 또는 여성만의 심리적 기능을 변화시키기 위해 구안된 이론은 포괄성에 있어서 제한적일 것이다.

## 검증 가능성

셋째, 좋은 이론은 **검증**이 **가능**testability하다. 상담이론에 관해서는 경험적으로 이론이 타당하거나 효과가 있을 뿐 아니라, 연구를 통해 개인의 사고 · 정서 · 행동 변화에 효과가 있음을 나타내야 한다. 개념이 명확하게 정의될 때, 이론에서 파생된 예견, 즉 가설이 정확하게 진술되고 검증될 수 있다. 때로 가설이나 이론 전체가 확증될 수 없을 때, 다른 가설이 설정될 수 있다.

### 유용성

넷째, 좋은 이론은 **유용성**usefulness이 있다. 즉, 실무자들의 업무 수행과 완수에 도움을 준다. 상담에 있어서 좋은 이론에는 내담자를 이해하는 방식과 그들이 더 잘 기능할 수 있도록 돕는 기법들이 포함되어 있다. 이론이 없다면, 상담자는 체계적이지 못한 기법에 의지할 수밖에 없을 것이다. 반면, 이론이 사용된다면 검증된 개념과 기법이 사람들의 삶을 향상시키는 데 도움이 되는 방식으로 조직화될 것이다.

상담이론은 옷과 같아서 몸에 잘 맞아야 한다(Shertzer & Stone, 1980). 좋은 이론은 상담자의 철학과 부합해야 하고, 내담자에게 최상의 서비스를 제공하는 데 합당한 것이어야 한다는 의미다. 그러나 좋은 이론의 기준들을 모두 완벽하게 만족시키는 성격이론이나 상담이론은 존재하지 않는다. 자연과학(물리학, 화학 등)과는 달리, 인간의 행동을 일련의 공식처럼 명확하고 단정적으로 기술·설명할 수 있는 상담이론은 존재하지 않기 때문이다. 이에 상담이론은 때로 수선해서 입는 옷처럼 상담자와 내담자에게 맞추어 사용해야 한다. 그러면 상담이론은 어떤 기능을 하는가?

## 상담이론의 기능

상담이론은 상담관계에서 발생하는 현상을 설명할 수 있고, 상담결과의 예측, 평가, 개선에 도움을 주며, 효과적인 상담을 위한 과학적 관찰의 틀을 제공한다. 또 사고의 일치를 돕고, 새로운 발상을 촉진하며, 내담자에 대한 관찰 결과를 이해하는 데 근거를 마련한다. 따라서 이론에 기초하지 않고 상담을 진행하는 것은 나침반 없이 바다를 항해하는 것과 같다. 즉, 방향감각을 상실하여 수백 가지 인상과 수천 가지 정보의 조각들로 질문을 퍼부어대는 일에만 집중하게 될 가능성이 크다(Prochaska & Norcross, 2014). 상담이론의 실용적 기능은 [글상자 1-3]과 같다.

**[글상자 1-3] 상담이론의 실용적 기능**

1. 다양한 임상경험 속에서 통일성과 관계성을 찾도록 돕는다.
2. 자칫 간과할 수 있는 관계를 조사할 수 있게 한다.
3. 상담자의 전문성 개발 정도를 스스로 평가할 수 있는 준거를 제공한다.
4. 내담자의 호소문제와 관계 있는 자료에 초점을 맞추도록 돕는다.
5. 내담자의 행동 변화를 도울 수 있도록 지침을 제공한다.
6. 상담과정에서 낡은 접근법을 평가하여 새로운 접근법으로 대체하도록 돕는다.

상담이론의 유용성은 이론이 상담에서 일어나는 다양한 현상을 얼마나, 그리고 어떻게 잘 설명하는지에 달려 있다. 정보를 조직화하는 방법으로서의 이론의 가치는 내담자 삶의 현실에 기초하고 있는 정도에 달려 있다.

## 상담이론의 발달

역사적으로, 상담과 유사한 조력 활동이 이미 오래전부터 존재했다. 이러한 활동은 인류 역사와 함께 오랜 세월에 걸쳐 계속 진화해 왔다. 이 과정에서 출현한 대화치료 방법은 현대적 의미에서 오늘날까지 연연히 이어지는 정신의학과 상담의 주춧돌 역할을 해 오고 있다.

### 대화치료의 출현

20세기에 들어서면서 **대화치료**talk therapy의 메커니즘을 갖춘 프로이트의 정신분석이 세상에 모습을 드러냈다. 그 후, 심리치료 이론의 초점은 크게 두 가지 인간관, 즉 '결정론determinism'과 '자유의지free will'에 모아졌다. 이 중에서도 정신분석을 중심으로 한 정신역동적 접근과 행동주의적 접근은 각각 생물학적 · 심적 결정론과 환경결정론을 토대로, 인본주의적 접근은 인간에게 자유의지가 있다는 신념을 바탕으로 발달을 거듭했다. 그러나 상담과 심리치료 발달 초기의 역사는 이론에 관한 논쟁이 큰 부분을 차지하고 있다.

## 상담 · 심리치료 이론의 급증

20세기 중반 이전만 하더라도 주로 심리치료로 불렸던 조력방법 이론의 수는 미미했고, 그나마도 정신분석 이론에서 파생된 것들이 주를 이루었다. 그러나 20세기 중반 이후가 되자, 상담 · 심리치료 이론은 정신분석 외에도 다양한 이론적 접근을 포함하는 **다원주의**pluralism 경향을 띠기 시작했다. 상담이론들은 공통의 목표가 있지만, 목표성취를 위한 다양한 접근이 생겨났다. 상담자의 적극적이고 지시적인 역할을 중시하는 이론이 있는가 하면, 내담자의 적극적이고 주도적인 역할을 강조하는 이론도 있다. 또 정서체험에 초점을 두는 이론이 있는가 하면, 사고/인지 또는 행동 변화를 강조하는 이론도 있다. 이러한 경향성은 더욱 확대 · 심화되어, 21세기 무렵에 와서는 400여 개의 상담과 심리치료 이론이 존재하고 있음이 확인되었다(Gladding, 2017). 이렇게 많은 수의 이론이 창안되었음에도, 오늘날 임상가들이 주로 사용하는 이론은 극히 일부다.

이러한 시대적 분위기에서 임상적 개입을 위해 특정 이론의 적용을 고집하면서 인간의 성격 변화를 유발하는 최상의 방법에 관해 서로 다른 이론적 지향성을 추구하는 전문가들 사이에 격렬한 논쟁이 벌어지곤 했다. 그러던 중, 성과를 중시하는 시대가 되면서, 임상가들은 종래의 단일이론을 고집하던 성향에서 점차 탈피하여 다양성 · 개방성 · 유연성을 중시하게 되었다. 이는 임상가들이 특정 이론에만 한정하지 않고, 다양한 이론과 기법을 임상에 적용하는 접근, 즉 **절충주의**eclecticism에 관심을 갖게 하는 계기가 되었다. 반면, 일부 특정 이론만의 사용을 고집하는 임상가들은 타 이론의 타당성과 효과성을 부인하며 절충주의에 저항하기도 했다. 이러한 역사적 배경을 뒤로 하고, 절충적 또는 통합적 접근은 임상가들 사이에서 점차 힘을 얻기 시작했다.

## 절충적 접근의 출현

1980년대에 들어서면서 상담의 효과성을 높이기 위한 다양한 시도가 이루어졌다. 이러한 움직임은 점차 절충적 접근이 상담과 심리치료 분야의 대세로 자리잡게 하는 계기가 되었다(Norcross & Beutler, 2014). **절충적 접근**eclectic approach이란 상담자의 임상 경험, 상담지식, 또는 기타 전문적 선호성에 기반하여 각각의 내담자를 위해 서로 다른 치료 방법들을 복합적으로 적용하는 방식을 말한다(Neukrug & Schwitzer, 2006). 당시에 절충주의적 접근의 시대적 당위성에 관한 논평은 [글상자 1-4]와 같다(Scheidlinger, 1991).

[글상자 1-4] 상담/심리치료 모델에 관한 임상가들의 합의점

1. 단일 이론과 기법 중심의 치료적 접근은 확실히 임상적 한계가 있다.
2. 서로 다른 이론을 적용하는 숙련된 상담자/심리치료자들이 발표한 성과는 유사하다.
3. 서로 다른 이론적 접근의 상담/심리치료들은 매우 인상적인 공통점이 있다.
4. 임상 경험이 많은 상담자/심리치료자 대부분은 자신들을 절충주의자로 규정하고 있다.

본래 절충주의는 서로 대립 또는 구분된 것으로 보던 이론적 접근을 한 단계 높은 차원에서 조정·융합하는 방법으로서, 꽤 효과적인 접근으로 인식되었다. 그러나 차츰 이 말에 경멸의 의미가 내포되었다. 절충적 접근이 이론에 관한 포괄적인 기준 없이 즉흥적으로 기법을 선택·적용한다는 이유에서였다. 즉, 절충적 접근을 하는 상담자가 치료적 개입을 위한 지식과 기법이 없고, 치료효과에 대한 과학적 증거도 없이 다만 효과가 있을 것 같은 것들을 취사선택하면서 실제로 효과가 있는지는 확인조차 하지 않는다는 것이었다.

이처럼 타당한 근거 없이 무비판적·비체계적으로 기법들을 발췌·적용하는 것은 이론 간의 혼란을 초래할 뿐 아니라, 성공적인 상담에 걸림돌이 된다(Corey, 2016; Neukrug, 2017; Norcross & Beutler, 2014)는 것이 비판의 요지였다. 이질적인 체계의 요소 중 융합할 수 없는 것은 무시하고, 단지 자신에게 알맞은 것만을 어떤 기준도 없이 추출하여 적용하는 안이한 방법으로 여겨지게 된 것이다. 이로써 호의적인 의미로 사용되어 왔던 절충주의는 부정적인 의미의 **혼합주의**syncretism라는 용어와 혼재되는 양상으로 이어졌다. 이후, 변화가 필요하다는 자성의 목소리는 급속하게 **통합적 접근**이라는 명칭으로 대체되었다.

## 통합적 접근

**통합적 접근**Integrational Approach(IA)이란 한 가지 치료모델(이론)을 임상 작업의 기반으로 사용하되, 다양한 이론의 기법과 개념들을 계획적으로 차용하여 내담자의 욕구충족을 돕기 위한 접근으로 가공 · 적용하는 방식을 말한다(Neukrug & Schwitzer, 2006). 이 접근에서는 과학적 · 경험적으로 검증된 체계를 기반으로 여러 이론의 기법들을 통합 · 적용한다는 점에서 '절충적eclectic'이라는 말 대신 '통합적integrational'이라는 용어를 사용한다(Norcross et al., 2005).

통합적 접근의 핵심은 다원주의를 기반으로 내담자에게 최상의 서비스를 제공하고, 내담자가 원하는 결과를 얻게 하기 위해 다양한 이론의 유용한 기법과 전략을 적용하는 것이다. 이로써 이론과 관련된 임상작업의 유형은 세 가지로 나뉜다(① 단일 이론적 접근, ② 절충적 접근, ③ 통합적 접근). 단일 이론적 접근의 상담자들은 종전처럼 지속적으로 한 가지 이론을 임상작업에 적용한다(예 인지행동치료, 인간중심치료, 현실치료 등). 그러나 **증거기반실천**Evidence-Based Practice(EBP)을 강조하는 시대가 되면서 이러한 추세는 상담자의 대다수가 통합적 접근을 택하는 것으로 바뀌었다(Corey, 2016).

통합적 접근은 1983년 통합적 심리치료 개발을 위한 국제적인 모임이 결성되었고, 서로 다른 이론적 성향에서 최상의 것들의 조합을 통해 더 완벽한 이론적 모형과 치료법 개발에 박차를 가하게 되면서 그 모습을 드러냈다. 이 접근의 궁극적인 목표는 상담의 효율성과 적용 가능성을 극대화하는 것이다. 통합적 접근을 효과적으로 적용할 수 있으려면, 상담자는 현존하는 이론에 대한 해박한 전문지식을 갖춰야 하는 한편, 자신의 성격, 삶의 경험, 세계관에 대한 이해가 선행되어야 한다. 상담과정에서 언제, 어떤 상황에서, 어떤 개념 또는 기법을, 어떻게 적용할 것인지는 이러한 이론적 접근을 적용하는 상담자의 전문성, 임상경험, 예술적 감각에 달려 있다.

## 통합적 접근의 유형

상담의 통합적 접근(IA)은 ① 기술적 통합, ② 이론적 통합, ③ 동화적 통합, ④ 공통요인 접근으로 나뉜다(Norcross & Beutler, 2014).

기술적 통합. 첫째, **기술적 통합**technical integration은 개인의 문제해결을 위한 최상의 상담기법 선택에 중점을 둔다. 즉, 차이점에 초점을 두고, 여러 접근에서 기법을 채택한다. 이 방법은 모체가 되는 이론의 특성에 구애받지 않고, 개념적 토대와 기법 사이에 아무런 연관이 없으며, 상이한 접근의 기법을 사용한다. 기술적 통합의 형태로 잘 알려진 치료적 접근으로는 아놀드 라자러스(Arnold Lazarus, 1932~2013)의 중다양식치료Multimodal Therapy(MMT)가 있다. 이 접근에서는 다양한 치료모델로부터 특정한 임상적 문제를 다루는 데 효과적인 것으로 입증된 기법들을 발췌하여 적용한다.

이론적 통합. 둘째, **이론적 통합**theoretical integration은 단순히 기법의 혼합을 넘어 개념적·이론적 창조를 제안한다. 이 방법은 둘 또는 그 이상의 이론적 접근들의 최상의 것을 종합하는 개념적 틀을 창안하는 것이 단일 이론보다 결과가 좋다고 가정한다. 이 접근은 토대가 되는 이론과 기법의 통합에 중점을 둔다. 이론적 통합의 예로는 ① 변증법적 행동치료(DBT), ② 수용전념치료(ACT), ③ 정서중심치료(EFT)가 있다(제14장 참조).

동화적 통합. 셋째, **동화적 통합**assimilative integration은 특정 이론적 접근에 근거를 두고, 다양한 치료적 접근들의 실제를 선택적으로 결합·적용하는 방법이다. 이 방법에서는 한 가지 일관적인 이론이 갖는 장점과 여러 이론의 다양한 개입방법이 지닌 유연성을 결합·적용한다. 동화적 통합의 대표적인 예로는 마음챙김 기반 인지치료(MBCT)가 있다(제14장 참조). MBCT는 우울증 치료를 위한 마음챙김 원리와 기술이 포괄적으로 통합된 접근이다(Segal et al., 2013).

공통요인 접근. 넷째, **공통요인 접근**common factors approach에서는 다양한 이론으로부터 공통 요소를 찾아내어 상담에 적용한다. 이론들 간에는 현저한 차이가 있어 보이지만, 상담의 실제에서 치료적 성과에 유의한 영향을 주는 변인들은 공통적인 측면이 있다. 공통요인으로는 공감적 경청, 지지, 온정, 작업동맹, 카타르시스, 새로운 행동 실험, 피드백, 내담자의 긍정적 기대, 개인적 갈등의 훈습, 대인관계 역동 이해, 상담실 밖에서의 변화, 내담자 요인, 치료효과, 상담수행에 대한 성찰을 통한 학습 등이 있다(Norcross & Beutler, 2014; Prochaska & Norcross, 2014).

## 통합적 접근의 이점

통합적 접근(IA)은 특정한 이론적 접근의 기본 철학에 충실하면서도 다양한 접근으로부터 도출된 개념과 다양한 기법을 상담목적 성취를 위해 통합·활용할 수 있다는 이점이 있다. 이 접근은 상담과정의 제반 측면에 대한 이해를 돕는 일반적인 틀과 함께 상담자의 할 일과 할 말에 대한 안내도를 제공한다(Corey, 2016). 통합적 접근에 대한 관심이 높아진 이유는 복잡한 인간의 행동을 포괄적으로 충실히 설명할 수 있는 단일 이론이 없다는 인식 때문이다. 특히, 내담자의 유형과 구체적인 호소 문제를 고려할 때 더더욱 그렇다.

이 세상에는 다양한 내담자에 대해 항상 효과적인 상담이론은 없다는 점에서 이러한 한계를 보완하여 상담성과를 극대화하려는 통합적 접근의 전망은 그만큼 밝다. 왜냐하면 효과적인 상담은 개별 내담자의 독특한 욕구와 맥락에 맞도록 유연하고 통합적인 접근이 필요하고, 모든 내담자에게 똑같은 상담관계 양식과 방법을 사용하는 것은 부적절하고 비윤리적일 수 있기 때문이다(Norcross & Wampold, 2011).

## 통합적 접근의 전망

오늘날 다양한 접근을 통합할 때, 최상의 심리적 서비스를 제공할 수 있다는 인식이 점차 늘고 있다. 최근까지 여러 통합적 접근이 이론과 실제에 기반을 두었지만, 갈수록 증거기반실천(EBP)이 통합적 접근의 강력한 견인차가 될 것으로 전망된다. 다만, 상담자들이 직면하게 될 도전으로는 상담을 간략히 포괄적·효과적으로 유연하게 제공하는 것이다.

통합적 접근을 선호하게 하는 움직임을 가속화하는 요인으로는 단기치료의 중

가와 6~20회기 정도의 제한된 기간 내에서 다양한 내담자를 위해 더 많은 서비스를 제공해야 한다는 압력이다. 이러한 분위기에 편승하여 미국에서는 단기치료와 초단기치료가 증가하고 있는데(Norcross et al., 2013), 이미 국내의 상담방식에도 영향을 미치고 있고, 이러한 영향은 향후 더욱 확대될 것으로 전망된다. 이미 국내의 상담방식에도 영향을 미치고 있고, 이러한 영향은 향후 더욱 확대될 것으로 전망된다.

### 핵심어

| | | |
|---|---|---|
| • 사례개념화 | • 상담 | • 치료적 개입 |
| • 이론 | • 법칙 | • 사실 |
| • 사건 | • 현상 | • 자연현상 |
| • 사회현상 | • 심리현상 | • 지식 |
| • 원리 | • 개념 | • 핵심개념 |
| • 상담이론 | • 직관 | • 직감 |
| • 좋은 이론 | • 욕동 | • 대화치료 |
| • 결정론 | • 자유의지 | • 절충적 접근 |
| • 통합적 접근 | • 다원주의 | • 기술적 통합 |
| • 이론적 통합 | • 동화적 통합 | • 공통요인 접근 |

## 복습문제

※ 다음 밑줄 친 부분에 들어갈 말을 쓰시오.

1. 상담은 전문적 역량을 갖춘 상담자가 협력관계를 토대로 내담자의 __________, __________, __________변화를 통해 심리적 문제 해소와 성장을 돕는 학습과정이다.
2. 상담의 성과를 높이기 위해 상담자가 갖추어야 할 특징은 흔히 'EAT'로 묘사되는데, E는 __________, A는 친화력, T는 __________을/를 가리킨다.
3. 사람들은 의사소통에서 몸짓 또는 얼굴표정 같은 __________언어를 더 자주 사용한다. 이 언어는 자발적이어서 종종 더 신뢰할 수 있다. 반면, 음성언어는 때로 사실을 그대로 기술하기보다 __________조작이 되기도 한다.
4. 게슈탈트치료의 창시자 __________은/는 "경청하는 사람은 다투지 않고, 다투는 사람은 경청하지 않는다."는 말로 경청의 중요성을 강조했다.
5. 상담에서는 __________에서의 경험을 중시한다. 이는 내담자의 문제, 즉 과거의 중요한 사건 또는 미래에 예견되는 일을 __________(으)로 가져와서 다루는 것을 의미한다.
6. 상담은 내담자에게 그의 의도와 상반된 행동을 하게 함으로써 문제해결을 돕는다는 점에서 변화의 __________이다.
7. __________은/는 인간의 생애과정에서 흔히 발생하는 문제를 인식 · 규정하기 위해 문제의 원인과 영향을 설명할 수 있고, 경험적으로 검증 가능한 체계적 진술이다. 이는 사실과 __________을/를 기초로 시작된다.
8. 샤프(Sharf, 2014)에 의하면, 좋은 이론의 기준은 ① 정확성 · 명료성, ② __________, ③ 검증 가능성, 그리고 ④ __________을/를 갖추고 있다.
9. 20세기에 들어서면서 __________치료의 메커니즘을 갖춘 프로이트의 정신분석을 비롯하여 행동주의와 인본주의에 입각한 치료적 접근들이 속속 세상에 모습을 드러냈다. 이 중에서도 정신분석과 행동주의적 접근은 각각 생물학적 · 심적 결정론과 __________결정론을 토대로, 인본주의적 접근은 인간에게 __________이/가 있다는 신념을 바탕으로 발전을 거듭했다.
10. __________접근이란 상담자의 임상 경험, 상담지식, 또는 기타 전문적 선호성에 기반하여 각각의 내담자를 위해 서로 다른 치료방법들을 복합적으로 적용하는 방식을 말한다. 반면, __________접근은 한 가지 치료모델(이론)을 임상 작업의 기반으로 사용하되, 다양한 이론의 기법과 개념들을 계획적으로 차용하여 내담자의 욕구충족을 돕기 위한 접근으로 가공 · 적용하는 방식을 말한다.

## 소집단 활동

**나의 상담 스타일** 상담자의 유형을 크게 네 가지로 나눠 본다면, 각자 어떤 유형에 해당할 것인지 알아보자. 이 검사를 완성한 후, 검사 결과를 토대로 소감을 적어 보거나 소집단으로 나누어 소감을 나누어 보자.

| 상담유형 | 특징 |
|---|---|
| 1. 경청형 | ❍ 내담자의 말에 느낌을 통해 귀 기울임으로써 그의 관점을 이해하고 공감을 보여 주는 것을 좋아하거나 중시한다. |
| 2. 분석형 | ❍ 특정 상황에 대해 탐색 · 조사하여 분석함으로써 내담자의 어려움을 이해하는 지적 과정에 참여하기를 좋아하거나 중시한다. |
| 3. 문제해결형 | ❍ 내담자의 문제를 정의하고, 목표를 세우며, 해결을 위해 실행하는 것을 좋아하거나 중시한다. |
| 4. 직면형 | ❍ 내담자를 밀어붙이고 도전하여 세상을 다르게 볼 수 있게 하는 것을 좋아하거나 중시한다. |

각자 자신이 가장 잘할 수 있다고 생각하는 조력방식과 임상적으로 가장 중요하고 도움이 된다고 믿고 있는 조력방식을 10점 척도로 평정해 보세요(1점=전혀 중요하지 않음, 10점=매우 중요함). 그런 다음, 조력방식의 점수와 순위를 적어 보세요.

| | 임상적으로 유용한 상담방식 | | 내가 좋아하는 상담방식 | |
|---|---|---|---|---|
| 상담유형 | 점수 | 순위 | 점수 | 순위 |
| 1. 경청형 | 점 | | 점 | |
| 2. 분석형 | 점 | | 점 | |
| 3. 문제해결형 | 점 | | 점 | |
| 4. 직면형 | 점 | | 점 | |

**소감** ______________________________

______________________________

______________________________

**나는 누구인가?** 다음의 활동지에 제시된 미완성 문장을 완성해 보자.

1. 내가 가장 소중히 여기는 것은 ______________________.
2. 나의 삶을 한마디로 표현한다면 ______________________.
3. 나의 삶에서 가장 성공적인 경험은 ______________________.
4. 나의 삶에서 꼭 시도해 보고 싶은 것은 ______________________.
5. 나의 일대기를 그린 영화에 붙이면 좋을 제목은 ______________________.

7~8명으로 구성된 소집단으로 나눈 다음, '나는 누구인가?'의 활동지를 작성한다. 활동지 작성을 마치면, 원으로 둘러앉아 각자의 활동지 내용과 그 이유를 돌아가면서 발표한다. 발표를 모두 마치면, 소집단활동을 하고 난 소감(경험학습)을 나눈다.

**소감** ______________________

| 02 |

# 상담자 윤리와 법

*Counselor Ethics and Law*

상담자는 정신건강 전문가로서 윤리적 · 법적 책임에 합당한 서비스 제공을 통해 사회적 책무를 성실히 이행하여야 한다. 상담자에게는 사회구성원들의 변화와 성장을 돕는 특권과 사회에 대한 책무성이 있다. 이러한 책무성의 온전한 실행을 위해 상담 관련 학회에서 제정한 윤리강령은 상담자의 품행과 책임에 대한 기본 틀을 제공한다. 윤리강령은 정부를 비롯한 다른 권력기관의 간섭 회피를 목적으로 제정된 상담자의 품행과 책임에 관한 조항들로 구성되어 있다.

윤리적 · 법적으로 합당한 서비스를 제공하는 것은 내담자와의 관계에서 보여야 할 전문가로서의 품행 기준 또는 합의된 규정에 따른 행위를 실천하는 것이다. 따라서 상담자가 상담자 윤리기준과 관련 법률에 대해 잘 알고 있어야 하는 것은 내담자뿐 아니라 자신을 보호하기 위한 필수적인 일이다. 이 장에서는 ① 상담자 윤리강령, ② 윤리적 의사결정, ③ 상담의 윤리적 쟁점, ④ 상담자의 법적 책임으로 나누어 윤리적 상담에 관해 살펴보기로 한다.

## 상담자 윤리강령

상담자의 전문성은 지식과 윤리적 상담을 통해 표출된다. 상담자 윤리강령은 상담자의 행위에 대해 전문가 집단의 일원으로서 옳고 그름을 판단할 수 있는 품행에 관한 조항들로 구성되어 있다. 전문가 집단에서 윤리강령을 제정하는 목적은 구성원들에게 자기통제와 조절의 기초를 제공함으로써, 정부와 법률의 간섭에서 벗어나 자율성을 확보하는 것이다(강진령 외, 2009). 이에 상담자는 최소한 자신의 전문영역에 관한 윤리기준을 숙지해야 하고, 윤리적 양심과 도덕적 책임을 깊이 인식하고 치료적 작업에 임해야 한다. 상담자 윤리강령의 기능은 [글상자 2-1]과 같다.

**[글상자 2-1] 상담자 윤리강령의 기능**

1. 정부의 간섭으로부터 전문직을 보호한다. ☛ 법에 의한 통제보다 전문가가 스스로 조절하고 자율적으로 기능하게 한다.
2. 직업의 전문적 정체성과 성숙함을 대변한다.
3. 직무에서 지향하는 가치를 반영하는 행동을 하도록 안내한다.
4. 윤리적 의사결정의 틀을 제공한다.
5. 업무상 과실[malpractice]로 소송을 당했을 때 방어 수단이 된다. ☛ 상담자가 윤리강령에 따라 행동했다면, 그의 행동은 윤리적으로 적절하다는 판결이 내려진다.

[글상자 2-1]에 제시된 것 외에도, 윤리강령은 전문직의 고결성에 대한 대중의 신뢰를 높이는 한편, 자격이 없거나 무능력한 상담자로부터 내담자를 보호하는 기능을 한다(Swanson, 1983). 상담자의 비윤리적 행동에는 명백히 계획적인 것으로 보이는 것이 있는 반면, 미묘하면서도 고의성이 없어 보이는 것도 있다. 그렇지만 해로운 결과를 초래한다는 공통점이 있다. 상담과정에서 종종 발생하는 상담자의 비윤리적인 행동은 [글상자 2-2]와 같다(ACA, 2014).

**[글상자 2-2] 상담에서 발생하는 상담자의 비윤리적 행동**

1. 비밀유지 위반
2. 전문적 능력의 한계를 벗어나는 행위
3. 직무태만
4. 소유하지 않은 전문성이 있다는 주장
5. 내담자에게 가치관을 주입하는 행위
6. 내담자의 의존성을 심화시키는 행위
7. 내담자와의 성적 행위
8. 이해 갈등(예 다중관계)
9. 미심쩍은 재정적 합의(예 상담료 과다청구)
10. 부적절한 홍보
11. 표절

그러나 윤리기준이 아무리 잘 만들어졌다고 하더라도 모든 경우에 적용하기에는 한계가 있다. 상담자가 윤리적으로 책임 있는 방식으로 행동하고 있는지는 [글상자 2-3]에 제시된 질문을 통해 확인할 수 있다.

### [글상자 2-3] 상담자의 윤리적 행동 여부를 확인하는 질문

1. 개인 또는 전문가로서 정직한가?
2. 내담자가 가장 관심을 가진 주제를 다루고 있는가?
3. 상담자는 악의 또는 개인적 이득 없이 행동하고 있는가?
4. 현재의 행동을 정당화할 수 있는가?

상담자는 내담자와의 관계에서 개방적인 태도를 보여야 한다. 숨겨진 문제hidden agenda 또는 의식하지 못한 감정은 상담관계를 저해하는 동시에, 비윤리적 행위 발생 가능성을 높이기 때문이다. 또 개인적 · 직업적으로 호감이 가는 내담자와의 특별한 관계 형성을 피해야 한다. 윤리적 판단 오류는 상담자의 개인적 관심이 내담자와 부적절한 관계 형성으로 이어질 때 발생할 수 있다.

윤리적 갈등의 예방 · 해결방안으로는 윤리강령 숙지, 최근에 출간된 사례집과 문헌 참조, 워크숍 참석, 동료자문, 수퍼비전 등이 있다. 급변하는 사회적 흐름은 사회 구성원들에게 적응에 대한 압력으로 작용한다. 상담자와 전문학회는 급변하는 사회적 가치에 걸맞게 윤리강령을 시의적절하게 업데이트해야 하는 압박을 받고 있다. 이러한 이유로, 미국상담학회(ACA)의 경우, 2014년 다섯 번째로 윤리강령을 개정했다. 새로 개정된 **윤리강령**code of ethics은 전반적으로 원격상담, 과학기술, 사회적 매체의 중요성과 융합을 강조하고 있다(예 기록의 백업을 통한 전자기록의 안전성 확보, 원격상담의 장단점). 개정된 윤리강령에서 달라진 내용은 [글상자 2-4]와 같다.

### [글상자 2-4] 개정된 윤리강령에서 달라진 내용

1. 이론과 연구에 근거한 상담기술을 제공해야 한다.
2. 내담자가 요구하더라도 위험하고 해로운 기술은 사용하지 않아야 한다.
3. 상담료를 감당할 수 없는 내담자에게 무료서비스를 권하거나 더 저렴한 서비스에 의뢰해야 한다.
4. 내담자가 삶을 마감하려고 할 때, 상담자가 관여하지 않도록 허용한 내용 삭제(☛ 상담자의 무능력 또는 훈련 부족으로 내담자를 다른 전문가에게 의뢰할 수 있지만, 신념/가치관 차이로 상담을 거절해서는 안 된다.)
5. 내담자에게 전염성이 있고 생명을 위협하는 질병이 있다는 사실을 알았을 때, 내담자가 타인을 위험에 처하게 했는지 평가하고, 타인의 안전성을 공고하게 하며, 필요하면 타인에게 경고할 책임이 있다.

## 윤리강령의 한계

상담자 윤리강령은 제정 시점의 경험과 가치를 기반으로 행동 지침을 제공한다. 그러나 윤리강령을 적용해도 해결되지 않는 문제도 있다. 윤리강령은 책임 있는 전문가의 행동을 위한 요리책이 아니라, 일련의 사안에 대한 일반적인 지침을 제공할 뿐이기 때문이다. 또 특정 질문에 대해서는 거의 답할 수 없다는 점에서 대체로 모호하고 이상적인 면이 있어서 윤리적 딜레마를 다루는 데 한계가 있다. 이러한 상담자 윤리강령의 한계는 [글상자 2-5]와 같다.

**[글상자 2-5] 윤리강령의 한계**

1. 기본 원칙만 제시되어 있어서 다룰 수 없는 쟁점도 있다.
2. 명확성이 결여되어 정도를 헤아리기 어려운 경우가 있다.
3. 구체적인 대처 · 해결방안을 제공하지 않는다.
4. 선제적proactive이기보다는 반응적reactive이다.
5. 윤리강령을 강요하기 어렵다.
6. 전문가 학회 또는 협회마다 윤리기준이 달라서 혼란이 초래될 수 있다.
7. 같은 윤리강령에서도 상충되는 조항으로 갈등이 야기될 수 있다.
8. 같은 윤리강령에서 기준과 법, 기준과 전문가의 가치 사이에 갈등이 생길 수 있다.
9. 윤리강령 제정과정에 일반인들이 배제되어 이들의 관심이 반영되지 않았을 수 있다.
10. 소속기관의 규정과 문화적 차이로 인해 갈등이 생길 수 있다.
11. 윤리강령이 항상 최신 쟁점을 다루는 것은 아니다.

[글상자 2-5]에 제시된 것처럼, 윤리강령은 여러 측면에서 유용하지만 한계도 있다. 상담자는 자신이 속한 학회에서 제정 · 공포한 윤리강령이라 하더라도 윤리적 행위와 관련된 제반 사항이 모두 포함되어 있지 않다는 사실을 염두에 두고 있어야 한다. 그럼에도 윤리적 문제가 발생할 가능성이 있거나 실제로 발생한 경우, 상담자는 우선 자신이 처한 상황이 자신이 소속된 학회의 윤리강령에 어떻게 규정되어 있는지를 검토해야 한다. 동시에, 자신의 욕구, 신념, 가치관, 태도 등이 윤리기준의 해석에 영향을 미치지 않도록 해야 한다.

##  윤리적 의사결정

**윤리적 의사결정**ethical decision은 때로 어렵다. 상담자가 윤리적으로 합당한 결정을 내리기 위해서는 윤리강령에 관한 지식뿐 아니라 "인성character, 진실성integrity, 도덕적 용기moral courage 같은 미덕"(Welfel, 1998, p. 9)이 요구된다. 이러한 미덕은 특히 상담자가 윤리적 딜레마에 처하게 되어 윤리적 의사결정을 내려야 할 때 그 진가를 발휘하게 된다. 상담자의 윤리적 갈등 영역별로 그 내용을 살펴보면 〈표 2-1〉과 같다.

표 2-1 상담자의 윤리적 갈등 영역

| 영역 | 내용 |
|---|---|
| 1. 상담관계 | ❍ 상담 서비스에 대한 물물교환<br>❍ 말기 환자 내담자와 생애 마감 결정에 대한 상담<br>❍ 이론/연구에 기반하지 않은 기술 사용<br>❍ 내담자에 대한 서비스 종용<br>❍ 내담자에게 상담자의 가치관 주입<br>❍ 의학적 진보와 관련된 내담자의 쟁점 다루기<br>❍ 내담자 진단<br>❍ 자해/타해 위험이 있는 내담자와의 상담 |
| 2. 법적 문제 | ❍ 제3자로부터 내담자 보호를 위해 진단을 내리지 않는 행위<br>❍ 내담자의 권리 보호를 위한 위법 행위<br>❍ 아동학대, 배우자 학대, 또는 노인 학대 사실에 대한 보고 여부 |
| 3. 사회문화적 문제 | ❍ 동성애자 내담자에게 성 정체성 변화를 위한 치료를 추천하는 행위<br>❍ 특정한 성별 또는 문화권 내담자만 상담하는 행위<br>❍ 특정한 집단에 관한 지식이 없는 상태로 상담에 임하는 행위 |
| 4. 경계문제 | ❍ 내담자의 공식적 행사(예 결혼식, 약혼식, 졸업식 등) 참여<br>❍ 내담자와의 신체적 접촉(예 포옹)<br>❍ 내담자에게 상담자의 물품을 판매하는 행위(예 서적, CD 등)<br>❍ 현재 또는 과거의 내담자와 성적 관계에 연루됨<br>❍ 다른 조력관계(예 가족상담)에 있는 내담자를 상담하는 행위 |

| | |
|---|---|
| 5. 비밀유지 | ❍ 개인, 집단, 커플, 가족에 대한 비밀유지 의무를 저버리는 행위<br>❍ 자녀에 관한 정보를 요구하는 부모/보호자의 요청을 거절하는 행위<br>❍ 내담자에게 자신의 상담기록을 보지 못하게 하는 행위<br>❍ 임상 수퍼바이저가 아닌 동료와 내담자의 사적 정보를 공유하는 행위 |
| 6. 사전동의 | ❍ 부모/보호자의 동의 없이 미성년자 또는 임신한 십대를 상담하는 행위<br>❍ 사전동의를 얻지 않고 상담 서비스를 제공하는 행위 |
| 7. 전문적 관계 | ❍ 상담 관련 학회 또는 협회에 가입하지 않는 행위<br>❍ 상담료를 적절치 않게 책정하는 행위<br>❍ 정신건강의 특성 변화를 업데이트하지 않는 행위<br>❍ 비윤리적 행위를 한다고 판단되는 동료 상담자에게 먼저 알리지 않고 소속학회 윤리위원회에 비윤리적 행위를 보고하는 행위<br>❍ 자격을 허위로 진술하는 행위 |
| 8. 과학기술 | ❍ 인터넷상에서 상담 또는 임상 수퍼비전 서비스를 제공하는 행위<br>❍ 컴퓨터에 저장된 내담자 기록에 대한 안전성을 확보하지 않는 행위<br>❍ 인터넷으로 내담자의 정보를 전달하는 행위 |

상담 활동에서 상담자는 다양한 윤리적 결정을 내려야 하고, 갖가지 윤리적 딜레마 상황과 마주하게 된다. 게다가, 사회 분위기의 급격한 변화는 상담자의 윤리적 판단을 더 어렵게 할 수 있다. 그렇다면 상담자들이 가장 빈번하게 직면하는 윤리적 딜레마는 무엇일까? APA 회원을 대상으로 무선 표집한 결과, 응답자들이 경험한 윤리적 딜레마를 빈도수별로 정리하면 〈표 2-2〉와 같다(Pope & Vetter, 1992).

표 2-2 상담자들이 직면하는 윤리적 딜레마의 빈도별 결과

| 영역 | 예시 |
|---|---|
| 1. 비밀유지 | ❍ 아동학대가 의심되거나 다른 이유로 제3자의 실제적 또는 잠재적 위협으로 비밀유지 원칙을 위반함 |
| 2. 다중관계 | ❍ 치료적 경계를 유지할 수 없을 정도의 이중 또는 갈등 관계<br>❍ 개인적 관계와 직업적 관계를 구분할 수 없을 정도의 모호한 관계 |
| 3. 비용 지불 | ❍ 비용의 출처, 상담료 납부 계획과 방법에 관한 문제<br>❍ 응급 내담자라는 이유로 부적절한 보험 적용 |

이 외에도 교육과 훈련의 딜레마, 법정 심리학, 연구, 동료 상담자의 행동, 성 문제, 평가, 의심의 여지가 있거나 해가 될 수 있는 개입, 전문성 순으로 나타났다. ACA(2014)는 윤리강령에서 윤리강령을 위반하고 있다고 판단되는 상담자를 발견하는 경우, 다른 사람에게 심각한 피해가 발생했거나 가능성이 있는 경우가 아니면, 우선 해당 상담자와 비공식적으로 그 상황에 대해 논의·해결하도록 권장한다. 그러나 이러한 조치에도 불구하고 해법을 찾지 못하거나 상당한 피해가 예상된다면, 소속 학회의 윤리위원회에 보고한다.

## 윤리적 딜레마

**윤리적 딜레마**ethical dilemma란 상담자가 내담자와의 관계에서 윤리적 측면에서의 정적 유의성valence 혹은 부적 유의성 간의 세기가 유사하여 어느 한쪽으로의 결정을 어렵게 하는 상황을 말한다. 다중관계 문제, 상담자가 동의하기 힘든 신념 또는 생활양식을 지닌 내담자에 대한 상담, 상담료 산정과 수납 등, 윤리적 갈등의 여지는 곳곳에 잠재해 있다. 윤리적 딜레마 해소를 위한 중요한 자원으로는 키치너(Kitchner, 1986)가 제안한 윤리적 의사결정을 위한 원칙이 있다. 이 원칙은 ① 자율성 존중respect for autonomy, ② 무해성nonmaleficence, ③ 선의beneficience, ④ 공정성justice, ⑤ 충실성fidelity으로 구성되어 있는데, 이에 관한 설명은 〈표 2-3〉과 같다.

캐런 키치너
(Karen S. Kitchner, 1943~2016)

표 2-3 키치너의 윤리적 의사결정을 위한 원칙

| 원칙 | 내용 |
|---|---|
| 1. 자율성 존중 | ❍ 내담자가 행동을 스스로 결정·처리할 수 있는 자율적 존재임을 인정한다.<br>❍ 내담자가 행동에 책임을 질 것을 기대·존중한다. |
| 2. 무해성 | ❍ 다른 사람에게 해·손해를 입히거나 위험에 빠뜨리지 않고, 그런 행동을 적극적으로 피한다. |
| 3. 선의 | ❍ 타인에게 선행을 베풀겠다는 의도로 행동한다.<br>❍ 무능하거나 부정직하면 내담자의 성장 또는 복지에 도움을 줄 수 없다는 사실을 인식한다. |

| | |
|---|---|
| 4. 공정성 | ❍ 인종, 성별, 종교 등을 이유로 내담자를 차별하지 않는다.<br>❍ 시민은 누구나 모든 서비스를 동등하게 받을 권리가 있다는 사실을 알고 있다. |
| 5. 충실성 | ❍ 내담자를 돕는 일에 열정을 가지고 충실하게 임하며, 약속을 잘 지킨다.<br>❍ 계약 위반(예 사전 통보 없이 상담약속 취소 또는 비밀유지 위반) 또는 내담자의 신뢰를 저버리는 행위를 하지 않는다. |

키치너의 윤리적 의사결정 원칙은 상담자가 윤리적 갈등 상황에 놓이게 될 때, 윤리규정으로 대처할 수 없거나 누락된 부분을 처리하기 위한 지침 역할을 한다. 이 원칙 중 무해성 원칙은 상담 분야에서 가장 주된 윤리적 책임으로 구분하기도 한다. 무해성 원칙은 현존하는 피해 예방뿐 아니라, 향후 피해 예방과 잠재적 피해의 수동적 회피를 포함하고 있다. 이 원칙은 자해/타해 가능성이 있는 내담자 또는 동료 상담자의 비윤리적 행위에 대응해야 하는 근거가 된다.

## 상담의 윤리적 쟁점

상담자가 흔히 직면하게 되는 윤리적 쟁점으로는 ① 비밀유지, ② 사전동의, ③ 다중관계, ④ 가치관 주입, ⑤ 전문적 역량과 책임을 들 수 있다.

### 비밀유지

첫째, **비밀유지**confidentiality는 상담이 진행되는 동안 드러난 정보는 무단으로 공개되지 않을 것임에 대해 내담자와의 계약 또는 약속을 지킬 윤리적·법적 의무다. 이는 상담관계에서 알게 된 내담자의 사적인 정보를 내담자의 동의 없이 제3자에게 누설하지 않을 것이라는 약속을 의미한다. **사생활권**privacy은 시간, 환경, 사적 정보에 대해 공유하거나 하지 않을 정도를 선택할 개인의 권리를 인식하는 법적 개념이다. 의도적이든 비의도적이든 이 원칙이 파기되는 순간, 윤리적 제재뿐 아니라 법적 소송의 원인이 된다. 비밀유지 원칙 준수가 중요한 이유는 내담자가 상담과정에서 말한 내용이 제3자에게 노출되지 않을 거라고 확신할 때, 내담자는 상담자를 신뢰하고 진정성 있는 대화를 할 수 있기 때문이다. 그러므로 상담 초기에 상담자는 내담자에게 내담자의 사적인 정보는 내담자의 허락 없이는 공개하지 않을 것임을 알려야 한다. 비밀유지 원칙과 관련하여 내담자의 사생활 보호의 범위는 [글상자 2-6]과 같다.

**[글상자 2-6] 내담자의 사생활 보호의 범위**

1. 내담자가 상담을 받고 있다는 사실
2. 대기실에서 누구인지 알려지지 않게 하는 것
3. 제3자에게 상담 회기 녹음을 포함하여 상담기록을 노출하지 않는 것
4. 검사 결과 관련 서류와 파일을 내담자의 동의 없이 알리지 않는 것

비밀유지 원칙의 예외. 상담자는 내담자와 예외 없는 비밀유지를 약속해서는 안 된다. 비밀유지 원칙에는 예외가 있기 때문이다. 그러므로 상담자는 비밀유지 원칙이 파기될 수 있는 내담자의 잠재적 상황에 대해 소통할 필요가 있다. 단, 비밀유지 원칙은 집단상담 또는 가족치료에는 엄격하게 적용되지 않지만(Wheeler & Bertram, 2008), 상담자는 집단상담 또는 가족치료 참여자들의 비밀유지에 대한 윤리적 관심사를 유념해야 한다. 비밀유지 원칙이 파기될 수 있는 경우는 [글상자 2-7]과 같다.

**[글상자 2-7] 비밀유지 원칙의 예외상황**

1. 상담자와 내담자 사이에 분쟁이 발생하는 경우
2. 내담자가 법적 소송에서 정신상태 문제를 제기하는 경우
3. 내담자의 상태가 자해 또는 타해 위험이 있는 경우
4. 내담자의 아동학대 또는 방치에 관한 사실이 밝혀지는 경우
5. 내담자가 범죄를 저지르고자 하는 사실을 알게 되는 경우
6. 법원이 심리적 진단/평가를 명령한 경우
7. 비자발적 입원이 필요한 경우
8. 내담자가 범죄 피해자라는 사실을 알게 되는 경우
9. 취약한 성인에게 해가 되는 경우

아마도 가장 논란이 많은 윤리적 행동 영역은 비밀유지 원칙 파기의 허용 가능성에 관한 것일 것이다. 비밀유지 원칙 제한의 중요성을 반영하는 획기적인 사건은 1976년 타라소프 집안과 캘리포니아 대학이사회 사이에 진행된 재판「Tarasoff v. Board of Regents of the Univ. of California」의 결과였다. 이 판례는 상담자, 그리고 그와 관련된 사람들이 내담자의 잠재적 상해 가능성을 잠재적 피해자에게 경고하지 않은 것과 관련된 사건에서 비롯되었다. 이 판례의 원인이 되는 사건의 개요는 [글상자 2-8]과 같다.

**[글상자 2-8] 타라소프 판례의 요지**

프로센짓트 포다Prosenjit Poddar는 캘리포니아 대학 버클리 캠퍼스Univ. of California, Berkeley 재학생으로, 학생건강 서비스의 자발적 외래환자였다. 그는 상담을 받던 중, 자신의 상담자에게 전 여자 친구였던 타티아나 타라소프Tatiana Tarasoff가 휴가를 마치고 학교로 돌아오는 대로 살해할 것이라는 자신의 계획을 알렸다. 상담자는 자신의 수퍼바이저와 상의한 후, 곧바로 이 사실을 대학경찰에 신고했다. 신고를 받은 대학경찰은 포다를 체포하여 그의 계획에 대해 심문했다. 그러나 그는 타라소프를 살해하겠다고 말한 사실을 철저히 부인했고, 정신감정에서도 행동상에 아무런 문제를 보이지 않아 결국 풀려났다.

그 후, 포다는 자신의 상담자에게 상담받기를 거부했다. 그럼에도 그의 살인계획을 저지하기 위한 조치는 취해지지 않았다. 그로부터 2개월 후, 포다는 상담자에게 밝힌대로 타라소프를 총으로 살해했다. 타라소프의 부모는 의도된 범죄 가능성을 잠재적 피해자인 딸에게 알리지 않았다는 혐의로 캘리포니아 대학 이사회, 상담자, 수퍼바이저, 그리고 경찰을 상대로 법적 소송을 제기했다. 캘리포니아주 대법원은 상담자는 일반대중을 보호해야 할 의무가 있고, 이는 내담자에 대한 비밀유지 의무보다 우위에 있다고 판결함으로써, 원고인 피해자 부모의 손을 들어 주었다. 타티아나의 부모는 심리학자에게 포다의 정신감정을 의뢰하는 조치를 했던 경찰을 제외한 전원에게 승소했다.

**경고의무**duty to warn에 관한 법률 제정의 모태가 된 타라소프 판례는 상담자는 내담자의 자해 또는 타해 방지를 위해 모든 노력을 다해야 한다는 의미로 해석되고 있다. 여기서 흥미로운 점은 대학경찰이 피해자에게 해를 입힐 위험이 없다고 판정·방면한 근거로 당시 잘 알려지고 입증된 심리검사 사용을 증거로 내세워 소송에서 이겼다는 사실이다. 이는 어떤 결정이 불행한 상황을 초래하더라도 최선의 실행원칙을 따른 것이라면, 법정도 그 결정에 손을 들어 줄 가능성이 크다는 것을 보여 준다.

미성년 내담자 부모의 권리. 상담자는 미성년자의 부모 또는 보호자의 권리를 존중해야 한다. 법률상 미성년자는 만 19세에 달하지 않은 사람을 뜻한다. 「형법」에 의하면, 14세가 되지 않은 자를 '**형사미성년자**'라 하여 그 행위를 형사 처벌하지 않는다. 미성년자를 무능력자로 하여 법정대리인을 두는 것은 각국의 입법이 일치하나, 성년의 시기는 동일하지 않다. 미성년자 상담은 대체로 ① 부모의 동의, ② 부모의 강제, 또는 ③ 법원 명령으로 이루어진다. 전자의 두 경우는 부모의 동의가 요구되는 반면, 법원 명령은 부모의 동의가 필요 없지만, 적어도 부모 또는 보호자에게 통보되어야 한다.

만일 부모의 동의를 받지 않는다면, 상담자는 동의 미획득 또는 아동 유인 등의 사유로 고소당할 수 있다. 미성년자의 부모가 이혼한 경우에는 양육권자의 허가를 받은 학교와 관련 기관의 동의를 얻어야 한다. 미성년자 상담에서 비밀유지는 복잡한 문제다. 만일 부모나 보호자가 정보공개를 요구한다면, 상담자는 상담회기에 대한 정보를 개방할 법적 의무가 있기 때문이다(Remley & Herlihy, 2014).

기록관리의 보안. 비밀유지 원칙은 상담 장면에서 노출된 내담자의 사적인 정보도 포함된다(Remley & Herlihy, 2014). 그러므로 상담자는 구두 또는 서면으로 취득한 내담자에 관한 비밀을 보장해야 하고, 보안을 철저히 해야 하며, 내담자의 허락 없이 타인과 공유해서는 안 된다. 단, 교육을 목적으로 수퍼바이저와 정보를 공유하거나 법원에 증인으로 소환되는 경우, 또는 부모가 미성년자 자녀에 관한 정보를 요구하는 경우는 예외다(Neukrug, 2017). 만일 미성년자의 기록을 내담자를 보호하고 있는 다른 기관과 공유하고자 한다면, 서면으로 부모나 보호자의 허락을 얻어야 한다. 이러한 조치는 내담자의 사생활 권리보장과 상담자를 법적 소송으로부터 보호해 주는 이중효과가 있다.

이외에도, 내담자에 관한 기록은 반드시 자물쇠가 있는 문서 보관함 등의 안전한 공간에 보관해야 한다. 상담기록을 컴퓨터에 저장한다면, 해당 파일은 상담자만 접근하게 해야 한다. 내담자에 관한 기록에 대한 비밀유지는 비임상직원들에게도 예외가 아니다. 상담 관련 기관의 장은 이들에게 비밀유지의 중요성을 이해시키는 한편, 기관 외부에서 내담자에 관한 이야기를 하지 않겠다는 서약서에 서명하게 한다. 보존이 필요한 상담기록은 〈표 2-4〉와 같다.

**표 2-4** 보존이 필요한 상담기록

| 상담기록 | 내용 |
|---|---|
| 1. 인적사항 | ❍ 이름, 성별, 생년월일, 주소, 전화번호, 직업 등 |
| 2. 사정/평가 | ❍ 심리평가, 사회/가족력, 병력/건강력 등 |
| 3. 치료계획 | ❍ 주 호소내용, 행동계획, 목표 행동에 도달하기 위한 단계 등 |
| 4. 사례기록 | ❍ 합의된 목표 성취까지의 회기별 진전 상황 등 |
| 5. 종결요약 | ❍ 치료 결과, 최종 진단, 향후 계획 등 |
| 6. 기타 자료 | ❍ 내담자가 서명한 치료동의서, 서신 사본, 특이한 내담자 개입, 행정상의 문제 등에 관한 근거 표기 |

## 사전동의

둘째, **사전동의**informed consent란 상담자가 상담에 대해 충분하고 적절하게 설명한 것에 근거하여 내담자가 상담에 동의하는 것을 말한다(**'설명동의'** **'고지동의'**로도 불림). 상담에 대한 설명을 통해 상담자는 내담자가 상담에서 무엇을 얼마만큼 말할 것인지에 대해 스스로 결정하도록 돕는다. 이 원칙은 의료판례법에서 환자의 **자기결정권**self-determination **존중 원칙**에서 파생된 것으로, 환자가 의사로부터 치료에 앞서 향후 받게 될 치료가 무엇이고, 잠재적 위험성 등에 관해 설명해 주는 것이다.

예를 들면, 상담내용을 녹음/녹화하기에 앞서, 내담자와 부모에게 그 취지를 설명하고 서면 허락을 받는 것이다. 만일 내담자나 그의 부모가 녹음/녹화를 거부한다면, 내담자 또는 부모의 의사를 존중해야 한다. 설령 사전동의를 받았더라도 상담내용에 대한 비밀을 보장하고 내담자를 위한 목적에만 활용해야 한다. 사전동의가 합법적으로 이루어지려면, [글상자 2-9]에 제시된 요건이 충족되어야 한다.

**[글상자 2-9] 사전동의가 법적 의미를 갖기 위한 요건**

1. 내담자가 심사숙고하여 합리적인 결정을 내릴 수 있어야 한다.
2. 상담자가 설명하는 내용을 내담자가 충분히 이해할 수 있어야 한다.
3. 내담자가 자유롭게 의사결정을 할 수 있어야 한다.

내담자의 정보공개 여부는 어떤 경우에도 심사숙고하여 결정해야 한다. 1999년 제정된 미국의 **그래슬리 수정법안**Grassley Amendment에는 미성년자에게 설문지, 관찰 분석, 또는 평가의 일부로 질문지를 작성하게 하려면 사전에 부모의 동의를 구해야 한다는 조항이 명시되어 있다. 그래슬리 수정법안은 국내의 상담자들에게도 의미하는 바가 크다. 이 법안에서 미성년자들에게 금지하는 질문의 초점은 [글상자 2-10]과 같다.

**[글상자 2-10] 그래슬리 법안에서 부모/보호자의 동의 없이 미성년자에게 금하는 질문** 

1. 성 행동
2. 가족의 수입
3. 가족의 심리적 문제
4. 정치 또는 지지 정당
5. 자신 또는 가족구성원들의 불법 행위 및/또는 품격을 떨어뜨리는 행동
6. 변호사, 목사, 의사와 공유하고 있는 개인적인 정보
7. 가족구성원 또는 가족의 친구들에 대한 평정 또는 중요한 평가자료

## 다중관계

셋째, **다중관계**multiple relationship란 상담자가 내담자와 동시에 또는 연속해서 두 가지 또는 그 이상의 역할을 맡게 되는 것을 말한다(ACA는 '**비전문적 관계**nonprofessional relationship'로 명명함). 이는 두 가지 또는 그 이상의 전문적 역할 또는 전문적 역할과 비전문적 역할이 혼합되는 것을 포함한다. 다중관계를 비윤리적이라고 규정짓는 이유는 이전의 관계가 전문가로서 객관적인 관계 형성을 저해하고, 전문적 노력을 무력화할 수 있기 때문이다(Corey et al., 2014).

다중관계의 예로는 내담자에게 돈을 빌리거나, 내담자와 사회적 관계(예 교제, 데이트)를 맺거나, 내담자에게 값비싼 선물을 받거나, 내담자와 사업관계를 맺거나, 물품과 상담 서비스를 맞교환하거나, 수퍼바이저 역할과 상담자 역할을 겸하거나, 또는 친구, 고용주, 친지 등에게 상담서비스를 제공하는 것이다. 만일 상담이 진행되는 중에 상담자와 내담자 사이에 사업상의 거래가 이루어졌다면, 이와 관련된 생

각이나 감정은 상담관계에 영향을 주게 된다. 그러므로 상담자는 이전 또는 현재의 내담자와의 사업/거래, 선물 수령, 또는 가족, 친구, 제자, 연인, 고용주 등과 상담관계를 맺는 것을 피해야 한다.

다중관계는 내담자에 대한 착취로 변질되어 상담자와 내담자에게 심각한 상처를 남길 수 있다. 만일 다중관계를 피할 수 없다면, 사전동의를 구하거나, 다른 전문가에게 의뢰하거나, 자신의 행위를 기록으로 남겨 다중관계를 통해 내담자에게 해를 입힐 가능성을 제거 또는 최소화하도록 조치해야 한다. 또 지역사회 규모가 작아서 주민들끼리 서로 잘 알고 지내거나, 내담자를 의뢰할 만한 전문가가 없거나, 상담자가 담임 또는 교과목 담당교사를 겸하는 경우, 다중관계가 상담관계에 영향을 미치지 않도록 해야 한다. 그러나 아무리 다중관계가 잠재적 위험을 내포하고 있더라도 이러한 관계가 항상 비윤리적이고, 서로에게 해가 되며, 착취적 관계로 발전한다고 결론지어서는 안 된다. 왜냐하면 이러한 관계 중에는 진실하게 시행될 경우 내담자에게 이익이 될 수도 있기 때문이다(Zur, 2007).

## 가치관 주입

넷째, 상담자는 자신의 가치관, 계획, 결정 또는 신념을 내담자에게 주입해서는 안 된다. **가치관 주입**value imposition이란 상담자가 내담자의 가치관, 태도, 신념, 행동을 직접적으로 제한하려는 시도를 말한다. 상담자가 상담관계에서 자신의 가치관을 내담자에게 주입하거나 받아들이도록 명시적 · 암묵적으로 압력을 넣는 행위는 비윤리적이다. **가치관**value은 개인의 세계관과 문화적 배경을 반영한다. 가치관은 상담자의 개인적 · 전문적 삶에서 행동에 영향을 미치는 신념이기도 하다. 이는 무엇이 좋고 나쁘고, 옳고 그르며, 즐겁고 괴로운지에 대한 자신만의 고유한 해석이며, 사람마다 다른 양상을 보인다. 그러므로 상담자는 상담과정에서 **가치배제**value-free/**가치중립적**value-neutral **입장**을 취함으로써, 자신의 문화적 배경과 가치관이 내담자의 의사결정에 영향을 미치지 않도록 해야 한다. 이를 위해 자신의 가치관, 태도, 신념을 파악하는 한편, 내담자에게 어떻게 소통되는지 살펴야 한다. 가치관으로 인한 갈등 예방을 위한 방안은 [글상자 2-11]과 같다.

**[글상자 2-11] 상담자의 가치관으로 인한 갈등 예방을 위한 방안**

1. 자신과 다른 삶의 방식과 태도를 존중한다.
2. 장애가 있거나 성적 선호도가 다른 집단에 대한 편견을 버린다.
3. 상대의 의견에 동의하지 않더라도 항상 최상의 서비스를 제공한다.
4. 자신의 가치관에 일치시키려고 상대의 가치관 변화를 시도하지 않는다.

상담과정에서 가치관에 관한 사안을 다루게 되는 경우, 내담자에게 그 자신에게 가치 있고 중요한 것을 스스로 결정할 권리와 책임이 있음을 강조한다. 그럼에도 피할 수 없다고 판단한 문제를 다뤄야 한다면, 내담자를 다른 전문가에게 의뢰한다.

## 전문적 역량과 책임

끝으로, **전문적 역량**competence과 **책임**responsibility이란 상담자에게 요구되는 역량, 즉 전문성 정도(능력ability)와 이를 실제로 현장에서 행동으로 실천할 수 있는 정도('수행력performance')를 습득 · 유지할 뿐 아니라, 전문적 역량을 지속적으로 업데이트해야 할 책임이 있음을 의미한다. 상담자에게 요구되는 전문적 역량의 핵심은 다음 네 가지에 관한 것이다.

첫째, 자신이 받은 훈련과 자격에 대해 정확하게 밝혀야 한다. 상담자는 '적극적으로' 자신이 받은 훈련과 전문성에 대해 정확하게 나타낼 의무가 있다. 만일 특정한 훈련 또는 수퍼비전을 충분히 받지 못했다면, 치료나 평가를 시도해서는 안 된다. 자신의 전문성에 의구심이 든다면, 그 분야에 경험이 풍부한 임상가의 수퍼비전을 받아야 한다.

둘째, 내담자의 성별, 민족, 인종, 나이, 성적 지향성, 종교, 장애, 사회경제적 수준 등이 서비스 제공 또는 평가에 영향을 미칠 수 있음을 민감하게 인식해야 한다.

셋째, 만일 직무수행에 영향을 줄 수 있는 개인적 문제 또는 성격상 민감한 부분이 있을 수 있다면, 이러한 문제가 내담자와의 관계에 부정적 영향을 주지 않도록 해야 한다.

넷째, 다양한 교육과 연수 기회를 통해 전문지식과 효과적인 상담에 필요한 기술과 기법을 지속적으로 갈고 닦아야 한다. 이는 상담 관련 자격증이 있고 숙련된 전문가들도 각종 학술대회, 세미나, 워크숍 등에 참석하여 전문지식을 업데이트해야 함을 의미한다.

## 상담자의 법적 책임

상담자는 상담업무 수행에 있어서 윤리적 책임뿐 아니라 법적 책임도 있다. 법[law]은 "국가 또는 지역사회가 구성원들에 대해 인정한 구속력 있는 일련의 규칙"(Shertzer & Stone, 1980, p. 386)이다. "법은 사전에 준비되지 않고, 명확하고 확실하지도 않으며, 명백하고 정확하지도 않다"(Van Hoose & Kottler, 1985, p. 44). 다만, 개인과 당사자들 사이에서 타협점을 찾을 뿐이다. 윤리강령과 마찬가지로 법 역시 거의 명확한 답을 제시하지 않을 뿐 아니라 예외를 제공하기도 한다. 더욱이, 정신건강 전문가들만을 대상으로 제정된 법은 없다. 그럼에도 수많은 판결과 법령은 상담에서의 법적 판단에 영향을 준다.

**책임 있는 전문가**란 도움이 필요한 사람의 심리적 고통을 완화해 주는 기술과 능력을 상담에 적용하여 긍정적인 성과를 산출해 낼 수 있고, 전문가로서 반드시 준수해야 할 일과 해서는 안 되는 일을 구분하여 직무를 완수하는 사람을 말한다. 현재 국내에서는 상담자의 위법 행위에 대한 소송은 비교적 드물지만, 개업상담자 수의 증가에 따라 위법 행위에 대한 소송도 더욱 빈번해질 전망이다. 이에 상담자는 잠재적인 법적 소송으로부터 선제적 · 적극적으로 자신을 보호해야 할 것이다.

### 업무상 과실

상담에서의 **업무상 과실**[malpractice]이란 상담행위에서의 실수, 기법 결여, 능력을 벗어난 행위, 부도덕하고 불법적 행위 등으로 내담자에게 손해를 끼친 경우를 말한다('**직무상 과실**'로도 불림). 약물처방권이 없는 상담자가 내담자에게 향정신성 약물을 권장 또는 제공하는 행위가 그 예다. 상담자는 때로 민사사건으로 법정에 출두하여 내담자에 대한 소견서를 제출하거나, 기록유지 과정에서 내담자로부터 구두 비방,

문자 비방, 또는 명예훼손 혐의로 고소당하기도 한다. 이 경우, 명예훼손에 의한 손상을 입증하는 일이 쉽지 않지만, 소송이 진행되면 대체로 상담자가 불리해진다. 법정에서 자기방어를 위해 시간과 돈을 들여야 할 뿐 아니라, 승소하더라도 적잖은 비용과 손상된 명예가 쉽게 회복되지 않기 때문이다. 이러한 상황에서 자기보호를 위해서는 전문가 윤리기준과 관행을 준수해야 한다(Wheeler & Bertram, 2008).

## 법적 소송 방지를 위한 지침

**법적 소송**lawsuit은 법률 재판으로 원고와 피고 사이의 권리, 의무 등의 법률관계를 확정해 줄 것을 법원에 요구하는 절차를 말한다. 이 절차는 종종 상담자의 전문적 지위를 위협한다. 그러므로 상담자는 내담자와의 작업에서 최상의 결정을 내리는 데 필요한 임상 지식과 도구를 토대로 상담에 임해야 한다. 법정에서 상담자가 직무수행 과정에서 최상의 실행기준을 이행했음을 입증하는 일은 승소에 중요한 역할을 한다. 윤리지침은 비록 법적 문서는 아니지만, 상담자가 속한 전문가 협회/학회의 윤리강령 준수는 최상의 실천을 수행했음을 보여 주는 중요한 증거가 될 수 있다. 상담자를 법적 소송으로부터 보호하기 위한 지침은 [글상자 2-12]와 같다(Corey et al., 2014).

[글상자 2-12] **법적 소송을 피하기 위한 조치사항**

1. 관련 법률을 숙지한다.
2. 상담 관련 기록을 잘한다.
3. 약속을 잘 지킨다.
4. 기록의 안전성을 공고히 한다.
5. 내담자와의 관계에서 전문성을 유지한다.
6. 상담절차를 문서화한다.
7. 상식에 부합하는 이론적 접근을 적용한다.
8. 기록의 비밀을 지킨다.
9. 내담자에게 사전동의를 구한다.
10. 법이 요구하는 대로 학대 사례를 기록으로 남긴다.
11. 자신의 역량 범위 내에서 상담한다.
12. 자신의 가치관 또는 영향력을 내담자에게 행사하지 않는다.
13. 미성년자 상담 시, 자필로 서명된 부모/보호자의 동의서를 받는다.

14. 의뢰가 내담자에게 최상의 이익이 된다면, 다른 전문가에게 의뢰한다.
15. 내담자의 요구에 주의를 기울이고, 존중을 바탕으로 상담에 임한다.
16. 현재 또는 이전의 내담자와 성적 관계로 엮이지 않는다.
17. 내담자에게 제시하는 정보를 확실히 이해시킨다.
18. 다른 사람에게 자문을 구할 때, 내담자로부터 동의를 구한다.
19. 내담자가 원하면 언제든지 상담을 종결할 수 있음을 확실히 이해시킨다.
20. 내담자를 평가하고, 진단과 치료계획을 알려 주되, 위험성과 이익에 관해 설명해 준다.
21. 역전이가 일어나는 경우, 내담자에 대한 자신의 반응을 점검한다.
22. 물물교환 및 선물교환과 관련된 문화적 · 임상적 쟁점을 숙지한다.
23. 적절한 경계를 유지하고, 다중관계의 한계를 숙지한다.
24. 자신의 전문성을 개방하고, 상담과정에 대해 사전동의를 구한다.
25. 자해 또는 타해 위험이 있는 내담자를 적절히 평가할 수 있는 역량을 갖추고, 내담자가 이런 위험이 있다고 판단될 때 취해야 할 행동을 숙지한다.

## 핵심어

| | | |
|---|---|---|
| • 상담자 윤리강령 | • 비윤리적 행동 | • 윤리기준의 한계 |
| • 윤리적 의사결정 | • 경계문제 | • 비밀유지 |
| • 사전동의 | • 전문적 관계 | • 윤리적 딜레마 |
| • 다중관계/이중관계 | • 자율성 존중 | • 선의 |
| • 비유해성 | • 공정성 | • 충실성 |
| • 전문성 | • 매력도 | • 신뢰성 |
| • 사생활권privacy | • 비밀유지 원칙의 예외 | • 타라소프 판례 |
| • 경고의무duty to warn | • 그래슬리 수정법안 | • 가치관 주입 |
| • 가치관 | • 가치배제/가치중립적 | • 전문적 역량과 책임 |
| • 책임 있는 전문가 | • 업무상 과실 | |

## 복습문제

※ 다음 밑줄 친 부분에 들어갈 말을 쓰시오.

1. 상담자 ___________은/는 상담자의 행위에 대해 전문가 집단의 일원으로서 옳고 그름을 판단할 수 있는 품행에 관한 조항들로 구성되어 있다.
2. 전문가 집단에서 윤리강령을 제정하는 목적은 구성원들에게 ___________와/과 조절의 기초를 제공함으로써, 정부와 법률의 간섭에서 벗어나 ___________을/를 확보하는 것이다.
3. 웰펠(Welfel, 1998)은 상담자가 윤리적으로 합당한 결정을 내리기 위해서는 윤리강령에 관한 지식뿐 아니라, ___________, 진실성, ___________같은 미덕이 요구된다고 강조했다.
4. 제3자로부터 내담자 보호를 위해 진단을 내리지 않는 행위, 아동 · 배우자 · 노인 학대 사실에 대한 보고에 관한 사항은 상담자의 윤리적 갈등에서 ___________영역에 속하는 반면, 상담 서비스에 대한 물물교환, 이론/연구에 기반하지 않은 기술 사용, 내담자에게 상담자의 가치관 주입은 ___________영역에 해당한다.
5. 상담자가 내담자와의 관계에서 윤리적 측면에서의 정적 유의성 또는 부적 유의성 간의 세기가 유사하여 어느 한쪽으로의 결정을 어렵게 하는 상황을 ___________(이)라고 한다. 키치너(Kitchner, 1986)는 이러한 상황에서 올바른 윤리적 의사결정을 위해 ① ___________, ② ___________, ③ 선의, ④ 공정성, ⑤ 충실성을 실천할 것을 권고했다.
6. 상담자가 흔히 직면하게 되는 윤리적 쟁점 중 하나인 ___________은/는 상담이 진행되는 동안 드러난 정보가 무단으로 공개되지 않을 것임에 대해 내담자와의 계약 또는 약속을 지킬 윤리적 · 법적 의무인데 비해, ___________은/는 시간, 환경, 사적 정보에 대해 공유하거나 하지 않을 정도를 선택할 개인의 권리를 인식하는 법적 개념이다.
7. 미국에서 ___________에 관한 법률 제정의 모태가 된 ___________판례는 상담자가 내담자의 자해 또는 타해 방지를 위해 모든 노력을 다해야 한다는 의미로 해석되고 있다.
8. 상담자는 미성년자의 부모 또는 보호자의 권리를 존중해야 한다. 법률상 미성년자는 ___________세에 달하지 않은 사람을 뜻하고, 「형법」에 의하면, ___________세가 되지 않은 자를 ___________(이)라 하여 그 행위를 형사 처벌하지 않는다.
9. ___________(이)란 상담자가 상담에 대해 충분하고 적절하게 설명한 것에 근거하여 내담자가 상담에 동의하는 것을 말한다. 이 원칙은 의료판례법에서 환자의 ___________존중 원칙에서 파생된 것으로, 환자가 의사로부터 치료에 앞서 향후 받게 될 치료가 무엇이고, 잠재적 위험성 등에 관해 설명해 주는 것이다.
10. 상담자가 내담자와 동시에 또는 연속해서 두 가지 또는 그 이상의 역할을 맡게 되는 윤리적 쟁점을 ___________(이)라고 한다. 이러한 쟁점을 미국상담학회(ACA)에서는 ___________로 명명했다.

## 소집단 활동

**윤리적 딜레마** 3~5인 1조로 편성된 조별로 상담 장면에서 흔히 발생할 수 있는 윤리적 딜레마를 제시해 주고 윤리강령에 근거해서 그 해결방안을 논의해 보자. 각 집단별로 수렴된 의견을 전체 집단에서 발표하고, 담당교수와 다른 집단의 구성원들과 함께 각 윤리적 딜레마별로 논의해 보자.

**소감**

**내 삶의 VIP's** 7~8인 1조로 나누어, 조별로 둘러앉아 잠시 눈을 감는다. 그런 다음, 지금까지의 삶을 되돌아볼 때, 오늘날의 자신이 있기까지 자기 자신에게 가장 큰 영향을 끼친 세 사람을 떠올려 본다. 3분 정도의 시간이 지나면, 모두 눈을 뜨고, 각자 선정한 인물들이 어떤 방식으로 자신에게 영향을 주었는지에 관해 이야기를 듣는다. 모두 발표를 마치면, 서로 소감을 나눈다.

**소감**

# | 03 |

# 정신분석

*Psychoanalysis*

지그문트 프로이트
(Sigmund Freud,
1856~1939)

지그문트 프로이트는 오스트리아의 프라이부르크[Freiburg](현재는 체코에 속함)에서 유대인 사업가 야콥 프로이트[Jakob Freud]와 20년 연하의 아말리에[Amalie]의 두 번째 결혼에서 3남 5녀의 장남으로 태어났다. 당시 어머니 나이는 21세였고, 부모 둘 다 유대인이었다. 경제적으로 어려운 가운데서도 지적으로 뛰어났던 장남에 대한 기대가 남달랐던 어머니는 아들의 재능을 키워 주기 위해 1860년 비엔나로 이주했다. 프로이트는 1873년 17세 되던 해에 뛰어난 성적으로 비엔나 대학교 의과대학에 진학하여 1881년 신경학 전문의, 4년 뒤에는 모교의 교수가 되었다. 1885년 파리로 건너가 현대 신경의학의 창시자 장 마르탱 샤르코(Jean-Martin Charcot, 1825~1893)와 최면치료를 통한 히스테리 치료법을 연구했다. 당시 여성들 사이에 흔했던 히스테리는 성적 불만으로 인한 신체적 질병으로 여겨졌다. 이 시기에 성적 욕동을 심리적인 병으로 여겨 대화치료[talk therapy]를 시작했는데, 당시로서는 매우 획기적인 방법이었다. 1886년 비엔나로 돌아와 마르타 베르나이스[Martha Bernays]와 결혼하여 슬하에 6남매를 두었는데, 그중 막내가 아동 정신분석가 안나 프로이트[Anna Freud]다.

프로이트는 1893년 요제프 브로이어(Josef Breuer, 1842~1925)와 히스테리 증상발달에 관해 연구했다. 특히 다양한 증상(사지마비, 비정상적 안구떨림, 시력저하, 머리를 똑바로 들지 못하고, 구토, 음료 섭취 곤란, 언어장해, 착각, 환각)을 나타냈던 안나 오[Anna O]를 온정적으로 대하며 최면과 자유연상을 통해 자신이 돌봤던 아버지의 죽음이 자신에게 책임이 있다고 생각함으로써 벌의 형태로 무의식적 마비를 일으킨다는 사실을 발견했다. 환자 안나는 '대화치료'로 억압되었던 감정을 털어 냄으로써 증상이 완화되었다.

그 후, 프로이트는 브로이어와 이 치료과정을 '히스테리 연구'라는 제목의 논문으로 발표했고, 자신의 임상경험을 바탕으로 평생 정신분석 완성을 위해 헌신했다. 특히 40대에 겪은 정서문제, 신체화 장애, 그리고 죽음에 대한 공포를 통해 자기분석의 계기를 마련했다. 꿈의 의미를 탐색하는 과정에서 성격발달의 역동에 대한 통찰을 얻었는가 하면, 유년기 시절 아버지에 대한 강한 적대감과 어머니에 대한 성적 감정의 이해를 정신분석의 이론적 토대로 삼았다. 이는 거의 매일 18시간 이상을 집필 등과 같은 작업에 몰입한 산물이었다. 프로이트의 창의적이고 생산적인 작업은 1939년 턱암으로 런던에서 세상을 떠날 때까지 계속되었다.

찰스 다윈
(Charles R. Darwin, 1809~1882)

정신분석Psychoanalysis(PA)은 최초의 성격발달이론이자 포괄적인 심리치료 모델이다(엄밀히 말하면, '심리분석'으로 번역되어야 함). 정신은 마음의 작용을 나타내고, 사상은 시대정신Zeitgeist을 반영한다. 정신분석은 시대정신을 반영하여 탄생했다. 1859년 찰스 다윈은 저서 『종의 기원(The Origin of Species)』을 통해 인간이 신에 의해 창조된 것이 아니라, **적자생존**survival of the fittest에 따라 진화되어 온 생물학적 존재라고 주장했다. 프로이트는 인간을 이러한 생물학적 존재로 보고 본능이론instinct theory을 바탕으로 정신분석을 창안했다.

정신분석은 후속 이론들의 이론적 토대가 되었을 뿐 아니라, 비판 대상이 되면서 새로운 이론 태동의 촉매 역할을 했다. 이 이론은 사람들이 알고 있는 의식 영역보다 모르고 있는 무의식 영역을 더 강조한다는 점에서 **심층심리학**depth psychology으로도 불린다. 또 쾌락을 추구하는 본능과 현실세계와의 마찰에서 비롯된 불안을 처리하는 과정에서 겪는 갈등을 다룬다는 점에서 **갈등심리학**conflict psychology이라고도 한다.

프로이트는 인간을 ① 결정론과 ② 무의식적 동기의 관점에서 보았다. 첫째, **결정론**은 개인의 모든 행동에는 의미와 목적이 있다는 것이다. 이로써 정신분석에서는 내담자의 평범한 행동, 기괴한 행동, 꿈, 말 실수, 설단현상 등 모두가 중요하고 의미 있는 자료로 활용된다. 둘째, 인간의 행동은 비이성적인 힘, 즉 **무의식적 동기**와 생물학적 · 본능적 욕동drive에 의해 결정된다는 것이다. 이 요소들은 생애 첫 5~6년 동안 진행되는 심리성적발달단계(구강기, 항문기, 남근기)를 거치면서 발달한다.

이로써 정신분석에서는 인간 문제의 원인이 생애 초기에 형성된 무의식적 성격구조에서 비롯된다고 본다. 즉, 장해가 있는 행동의 주원인은 무의식 때문이므로, 치료는 무의식의 의식화에 초점을 둔다. 프로이트는 이 가정을 통해 이전에 설명되지 않았던 많은 심리적 현상을 설명할 수 있었다. 정신분석에서 건강한 행동은 개인이 자신의 동기를 이해하는 행동이다.

## 핵심개념

정신분석(PA)의 핵심개념으로는 ① 의식구조, ② 성격구조, ③ 본능, ④ 불안, ⑤ 방어기제가 있다.

### 의식구조

프로이트는 인간의 정신세계를 **마음의 지형도**topographical map(**정신적 빙산**), 즉 지구 표면의 형태, 구조, 생성원인, 발달을 연구하는 지형학의 모형을 정신세계에 적용하여 각 수준의 역할과 수준 간의 역학관계를 체계적으로 밝히고자 했다(강진령, 2022).

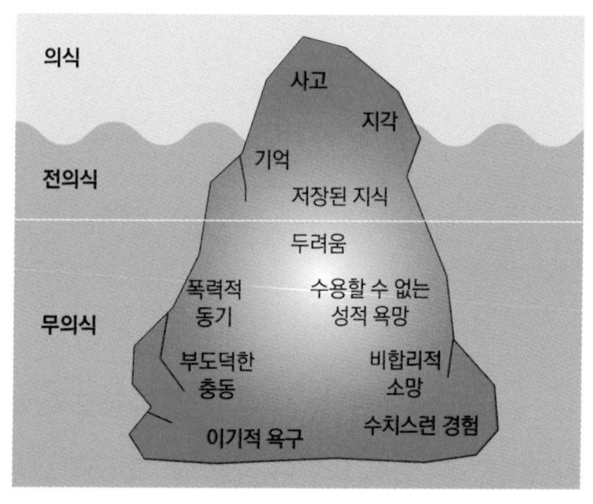

[그림 3-1] 마음의 지형도: 정신적 빙산

인간의 정신세계, 즉 **의식구조**는 ① 의식, ② 전의식, ③ 무의식으로 구성되어 있다. **의식**consciousness이 순간순간 알거나 느끼는 모든 경험과 감각이라면, **전의식**preconsciousness은 보통 의식되고 있지는 않지만, 조금만 노력하면 곧 의식될 수 있는 정신세계('이용 가능한 기억')다. 반면, **무의식**unconsciousness은 가장 강력하고 이해하기 어려운 부분으로, 불안을 막기 위해 의식으로부터 배제된 욕동, 동기, 감정, 생각, 사건 등으로 구성되어 있다.

프로이트에 의하면, 사람들이 알고 있는 의식 세계는 빙산의 일각에 불과하다. 즉, 자신이 모르는 무의식 영역이 훨씬 더 자신을 지배하고 있다는 것이다. 이는 자신도 모르는 자신의 큰 부분이 자신의 행동, 생각, 감정에 영향을 주고 있다는 의미다. 사람들이 일상생활에서 하는 행동은 주로 무의식적 동기와 욕동에 따라 결정된다.

## 성격구조

프로이트가 창안한 **성격의 삼원구조론**tripartite theory of personality에 의하면, 성격은 ① 원초아, ② 자아, ③ 초자아로 구성되어 전체로서 기능한다.

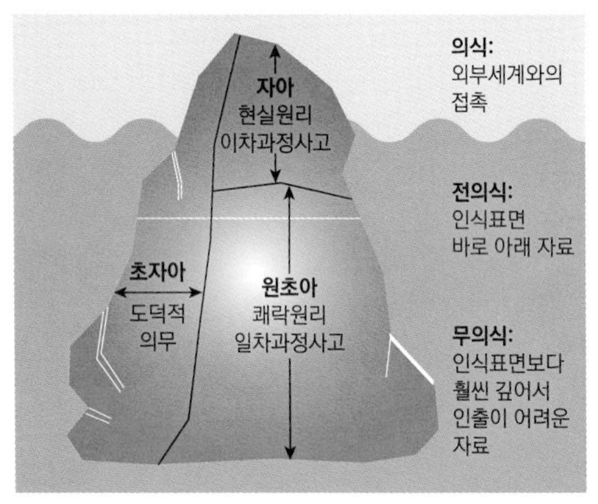

[그림 3-2] 의식수준 및 성격구조 도식

원초아. **원초아**id는 태어날 때부터 존재하는, 길들여지지 않은 욕동으로, 성격의 깊고 접근할 수 없는 정신에너지의 저장소다. 원초아는 세 요소 중 가장 강력한 힘이 있고, 본능의 지배를 받는 생물적 충동(성, 섭식, 수면, 배변)으로 구성되어 있으며, **쾌락원리**pleasure principle(상황과 결과를 고려하지 않고 본능적 욕구의 즉각적인 충족을 추구함)에 따라 작동한다. 또 본능을 바탕으로 만족 또는 쾌락을 추구한다는 점에서 '**본능자아**instinct ego'로도 불린다. 쾌락을 추구하는 본능의 욕구는 자아와 마찰을 빚는다.

자아. **자아**ego는 의식과 무의식으로 구성되어 있고, 주로 개인의 경험을 통해 형성된다. 이는 현실과의 접촉을 통해 발달하고, 원초아와 현실세계의 요구를 중재하는 **현실원리**reality principle(현실적 · 논리적 사고를 통해 욕구충족을 위한 계획을 수립 · 실행함)에 따라 기능한다. 자아는 현실원리에 따라 기능한다는 점에서 '**현실자아**reality ego'로도 불린다. 자아 역시 쾌락을 추구하지만, 현실에서 불쾌감을 느끼지 않기 위해 노력한다. 즉, 외부세계에서 경험하는 현실과 쾌락을 원하는 원초아를 조정하며 만족을 추구한다.

초자아. **초자아**superego는 현실자아에서 분리되어 나타나며, 의식과 무의식으로 구성되어 있다. 이는 어린 시절 부모의 영향을 받은 가치, 도덕, 양심, 규범, 이상이 내면화된 부분이다. 초자아는 양심 또는 도덕원리에 지배된다는 점에서 '**도덕자아**moral ego'로도 불린다. 이는 자아가 원초아의 충동을 억제하고, 이상적인 목표를 수립하여 부모나 사회의 지시를 따르는 보상행위를 통해 완벽을 추구하게 한다. 초자아 역시 인간으로서 지켜야 할 외부의 요구와 본능적 자아의 쾌락 추구 간에 갈등을 겪는다.

원초아와 초자아의 공통점은 과거의 영향에 의해 형성된다는 것이다. 원초아가 유전의 영향을 받는다면, 초자아는 3~5세경 오이디푸스/엘렉트라 콤플렉스를 해결하면서 부모 또는 중요한 타인의 영향을 받아 형성된다. 즉, 남아는 아버지와의 동일시를 통해, 여아는 어머니와의 동일시를 통해 초자아가 형성된다. 이 세 가지 자아의 갈등은 불안의 원인이 된다. 그러므로 인간은 살아 있는 한 불안을 피할 수는 없다.

## 본능

**본능**instinct은 개인을 기능하게 하는 에너지를 생성하며, 개인과 인류의 생존을 위해 사용된다. 리비도libido는 본래 성적 추동 에너지를 지칭했으나, 이후 모든 생의 본능을 포함하는 힘 또는 동기의 원천을 나타내는 개념이다. 본능은 ① 생 본능(에로스)과 ② 죽음 본능(타나토스)으로 나뉜다. **생 본능**life instincts/Eros은 신체적 충동(성, 갈증, 배고픔)으로, 행동의 긍정적 · 건설적 측면의 기초가 되고, 문화(문학, 음악, 예술)의 창조적 요소로 작용한다. 반면, **죽음 본능**death instinct/Thanatos은 행동의 어두운 측면으로, 공격행동, 신경증 환자의 강박적인 자기파괴적 행동, 전쟁을 반복하는 인간의 무능성을 설명하는 토대가 된다. 본능은 관찰 · 측정할 수 없지만, 정신분석에서 모든 행동은 본능으로 설명된다. 프로이트의 사후, 리비도는 성적 에너지를 지칭하는 개념에서 성장, 발달, 창의성을 지향하는 힘으로 의미가 확대되었다.

## 불안

사람은 누구나 세상에 태어나면서 생물학적으로 **출생 외상**birth trauma이라는 엄청난 사건을 경험한다. 삶은 죽음을 전제하고, 죽음은 불안을 야기한다. **불안**anxiety은 개인이 처해 있는 내 · 외적 위험을 알려 주어 자아가 이를 피할 수 있게 하는 대처기능이다. 즉, 위급한 상

황에 적절한 방법으로 대처하도록 원초아 또는 초자아가 자아에게 위험을 알리는 경고신호다. 불안은 ① 신경증 불안, ② 도덕불안, ③ 현실불안으로 나뉜다.

**신경증 불안**neurotic anxiety은 원초아가 자아를 압도하는 상태로, 성욕/공격성의 압력을 받은 원초아의 본능적 충동이 의식화되어 자아가 이를 통제할 수 없을 것에 대한 두려움과 긴장감에 따른 정서 반응이 원인이다. 신경증 불안이 심하면, 신경증neurosis이나 정신병psychosis으로 발달한다. **도덕불안**moral anxiety은 초자아가 자아를 압도하는 상태로, 자아가 초자아에게 처벌받을 것에 대한 두려움이다. 이는 심한 죄책감으로 이어져 정신병리의 원인이 되기도 한다. **현실불안**reality anxiety은 실제로 존재하는 외부 위협의 지각에 따른 반응으로, 자아가 유해 상황의 감지와 처리를 위해 동기화될 때 발생하는 두려움이다('객관적 불안objective anxiety'으로도 불림). 자아는 불안감소를 위해 방어기제 사용을 비롯하여 현실적 적응을 위한 기능을 한다.

## 방어기제

**방어기제**defense mechanisms는 위협적 충동이나 외부 위협을 직시하기보다 자아 보호를 위해 사용하는 무의식적 책략이다. 사람들은 흔히 자신을 잘 알고 있다고 생각한다. 그렇다면 자신의 행동을 설명할 수 있어야 한다. 그러나 안타깝게도 자신의 행동을 이해하지 못할 때가 있다. 이처럼 문제가 되는 것은 바로 의식하지 않기 위해 자기도 모르게 억눌러 무의식에 숨겨 버린 내용이다. 이는 직면하면 괴롭거나 두렵거나 불안해지므로, 떠올리기 싫은 내용이다. 사람들은 불안을 원치 않는다. 이에 불안을 피하기 위해 방어기제를 사용한다.

방어기제는 크게 ① 기만형, ② 대체형, ③ 도피형으로 나뉜다. **기만형**은 불안이나 위협을 감정이나 태도를 변경시킴으로써 인식을 달리하려는 기제다(합리화, 억압, 투사, 억제). **대체형**은 불안이나 위협을 그럴듯한 것으로 대신하려는 기제다(보상, 전치, 치환, 반동형성, 승화, 지성화). **도피형**은 불안이나 위협적인 현실에서 탈출, 비현실적 세계로의 도피를 통해 만족과 위안을 추구하려는 기제다(고착, 퇴행, 부인, 동일시). 방어기제에 관한 설명은 〈표 3-1〉과 같다.

표 3-1 방어기제

| | |
|---|---|
| □ 기만형 | |
| 1. 합리화 | ❍ 인식하지 못한 동기에서 나온 행동을 지적으로 이치에 닿는 이유를 내세움으로써 그 행동이 정당하고 인정받을 만하다는 것을 증명하려는 현상 |
| 2. 억압 | ❍ 의식에서 용납하기 힘든 욕망, 충동을 무의식 속으로 눌러 넣어 버리는 현상 |
| 3. 투사 | ❍ 용납하기 어려운 충동을 인정하기보다는 타인이나 외부에 돌려 버리려는 현상 |
| 4. 억제 | ❍ 의식적 노력 과정이 포함된 기제로, 의식적/반의식적으로 잊기 위해 노력하는 현상 |
| □ 대체형 | |
| 5. 보상 | ❍ 결함/약점(성격, 지능, 외모 등)으로 인한 좌절을 다른 데서 과잉충족함으로써 자존심을 세우려는 현상 |
| 6. 전치 | ❍ 원래의 무의식 대상에게 주었던 감정을 그 감정을 주어도 덜 위험한 대상에게로 옮기는 현상 |
| 7. 치환 | ❍ 에너지를 바라던 목표에서 대용의 목표로 전환함으로써 불안이나 위기의식을 방출시키는 현상 |
| 8. 반동형성 | ❍ 위험하고 불안한 욕구 노출을 막기 위해 욕구나 생각과 정반대되는 태도나 행동을 과장하여 나타내는 현상 |
| 9. 승화 | ❍ 본능적 욕구나 참아내기 어려운 충동의 에너지를 사회적으로 용납되는 형태의 다른 목표나 욕구를 충족시킴으로써 만족을 얻는 현상 |
| 10. 지성화 | ❍ 불안, 자아의 위협, 불편감, 충동을 억누르기 위해서 이를 직접 경험하는 대신 인지과정을 통해 해소하려는 현상 |
| □ 도피형 | |
| 11. 고착 | ❍ 불안이나 자아의 위협에서 벗어나기 위해 발달의 특정 단계에 멈추는 현상 |
| 12. 퇴행 | ❍ 심한 좌절로 인해 만족이 주어졌던 초기 발달단계의 덜 성숙된 반응을 보이는 현상 |
| 13. 부인 | ❍ 의식화되면 감당 못할 정도의 생각, 욕구, 충동, 위협적 현실을 지각하지 않는 현상 |
| 14. 동일시 | ❍ 우월하다고 여겨지는 인물이나 집단과 강한 정서유대 형성을 통해 만족을 추구하는 현상 |

방어기제의 특징은 현실왜곡과 무의식적으로 작동된다는 것이다. 즉, 불안을 일으킬 만한 내용을 감쪽같이 무의식으로 눌러 버리거나 변형시켜 버리는 것이다. 그렇다고 해서 억압된 내용이 사라지지는 않는다. 그러나 적절하게 방어기제를 사용하여 생활 속에서 겪는 불안을 처리하며 살아간다면, 이는 **대처기제**coping mechanism가 된다('**적응기제**adjustment mechanism'로도 불림). 그렇지 않고 지나친 방어기제 사용으로 자신의 불안을 의식하지 못한다면, 본능자아의 영향으로 인해 신경증 불안으로 고통받게 된다. 이러한 문제를 예방하기 위해서는 자기수용이 요구된다. 삶과 더불어 비극은 시작되었다. 이러한 비극을 극복하는 방법은 일과 사랑을 통한 승화sublimation다.

## 성격발달/심리성적발달이론

프로이트는 인간의 성격발달을 **심리성적발달이론**으로 설명했다. 그에 의하면, 초기 세 개 단계(구강 · 항문 · 남근기)에서 주로 발달한다. 정신분석은 주로 이 세 단계에서의 억압을 통해 무의식에 감추어진 내용을 밝혀 내담자의 **성격**을 **재건**reconstruction하는 작업이다. 치료과정에서 의식을 통해 기억할 수 없는 어린 시절의 경험을 중시하는 것은 바로 이러한 이유에서다. 심리성적발달이론은 리비도(성적 추동) '**에너지의 집중**cathexis'이 신체의 어떤 부위에 위치하느냐에 따라 발달단계를 설명한다. 본능의 욕구는 쾌락추구다. 리비도의 집중이 이루어지는 첫 번째 신체 부위는 입이다.

1단계: 구강기. **구강기**oral stage(출생~18개월)에 입mouth은 쾌락의 근원으로, 물고 빨고 내뱉는 행위는 입술과 구강의 촉각을 자극한다. 태아는 탯줄을 끊는 순간 생물학적으로 독립한다. 그러나 이 시기에 중요한 타인의 돌봄이 없으면 태아의 생존은 불가능하다. 태아는 생존, 기쁨, 즉각적인 만족을 위해 어머니의 젖꼭지를 빤다. 빨아야 할 때, 빨 것이 없으면 소리 내어 우는 것으로 감정을 표현한다. 구강기에 형성된 자아는 **구강자아**mouth ego로 불리며, 이후 행동특성의 원형prototype이 된다. 구강기에 수유가 지나치게 규칙적이거나 조기에 젖을 떼면, **구강고착**oral fixated 또는 **구강의존 성격**oral dependent personality(섭식, 흡연, 음주에 집착하거나 타인에 대해 지나치게 비판적이거나, 반대로 의존적이어서 타인의 말을 여과 없이 받아들여 잘 속는 성격)이 형성된다.

2단계: 항문기. **항문기**anal stage(18개월~3세)에 실시되는 **배변훈련**toilet training(배설, 배설 보류)은 사회적 권위와 압력과의 첫 대면이다. 배변훈련의 실시 연령과 방법, 배변 또는 청결에 대한 중요한 타인의 태도가 영아의 성격발달에 영향을 준다. 이 시기에 영아(3세 미만의 어린이)는 배설하는 때와 장소를 학습한다. 영아의 배변 관련 행동에 대한 칭찬은 영아에게 생산적인 사람이라는 인식을 심어 주게 되어 창의적인 성격 형성의 기초가 된다. 반면, 배변훈련이 너무 엄격하면, **항문고착 성격**anal fixated personality(청결 · 질서 · 절약에 집착, 인색, 고집이 세고 욕심이 많으며, 외부 압력에 저항하는 적대적 태도와 행동이 특징)이 형성된다. 반면, 배변에 의한 쾌감에 고착되면, **항문폭발 성격**anal explosive personality(자유분방, 낭비벽, 잔인, 방종, 파괴적, 짜증을 잘 내는 것이 특징)이 발달한다.

3단계: 남근기. **남근기**phallic stage(3~6세)의 유아에게는 감각적인 충동이 이성 부모에게 향해 있고 동성 부모에게는 공격적 충동이 있는 **오이디푸스 콤플렉스**Oedipus Complex(OC) 또는 **엘렉트라 콤플렉스**Electra Complex(EC)가 발달한다. 전자는 보편적 성향의 남아가 어머니를 독차지하고 아버지를 제거하고 싶은 욕구를, 후자는 여아가 아버지를 독차지하고 어머니를 제거하고 싶은 욕구를 의미한다. 이 시기에 유아는 리비도의 본능을 초자아 발달을 통해 적절한 성역할과 행동양식을 학습한다.

특히 남아의 경우, 아버지와 비교할 때 자신의 절대적인 열세를 인식하게 되면서 **거세불안**castration anxiety(아버지가 자신의 어머니에 대한 성적 욕망의 원천인 남근을 잘라 버릴지 모른다는 두려움에서 유발된 불안)을 갖게 되지만, 동성 부모와의 동일시와 억압으로 갈등을 해결한다. 반면, 여아는 자신이 무언가 잘못하여 잃은 것은 아닐까 하는 **남근선망**penis envy(남아의 거세불안에 대응되는 개념으로, 여아가 남자 형제에게 있는 남근이 자신에게는 없음을 알고 실망하여 자신도 남근을 갖기를 원하게 된다는 개념)을 발달시킨다.

4단계: 잠복기. **잠복기**latency stage(6~12세)는 성에 관한 관심이 성격의 배경으로 잠복하게 되면서 오히려 자아를 확장하는 시기다. 이 시기의 아동은 더 이상 일차과정적 사고에 지배되지 않고 충동을 자제하는 법을 습득한다. 이전 단계에서 오이디푸스/엘렉트라 콤플렉스를 성공적으로 해결한다면, 아동은 자신감을 가지고 학교와 사회의 요구에 부응할 능력을 갖추게 된다. 잠재된 성충동은 부모에 대한 적개심, 가족의 정서적 유대 와해, 그리고 오랜 기간 좌절의 원인으로 작용한다.

5단계: 성기기. **성기기**genital stage(12세 이후)의 청소년은 호르몬 변화가 나타나고 성적으로 성숙하게 되면서 성에 관한 관심을 가지게 되고 성숙한 방식으로 사랑할 수 있게 된다. 성인이 되면서 원초아, 자아, 초자아가 조화롭고 균형 있게 기능하게 되면, 욕동drive과 좌절감을 조절할 수 있는 안정된 삶을 영위하게 된다. 이 시기에는 남근기에 나타났던, 행동의 일차 동력인 성적 욕구와 공격적 충동이 다시 나타나면서 이성, 그리고 가족 외의 사람들과의 관계에 관심을 가지게 되고, 결혼과 가정형성에 압력을 받게 된다. 또 적절한 방어기제 사용을 통해 비교적 안정된 삶을 영위하게 된다.

## 상담목표

정신분석(PA)의 목표는 무의식의 의식화(불안을 야기하는 억압된 충동 자각)를 통한 **성격 재건**reconstruction이다. 목표의 기저에는 내담자의 행동이 무의식적 동기와 생애 초기 경험의 결과라는 가정이 깔려 있다. 이에 내담자와 **치료동맹**therapeutic alliance('**작업동맹**working alliance'으로도 불림)을 토대로, 내담자의 무의식에 묻혀 있는 과거의 내적 갈등이 현재의 성격 기능에 미치는 영향에 초점을 맞추고, 상담에서 반복되는 상징적인 방식으로 원가족을 재정립함으로써 미결과제를 훈습한다. 이때, 생후 5~6년간의 생애 경험들이 현재 겪고 있는 문제의 원천으로 간주한다. 정신분석의 세 가지 목적은 [글상자 3-1]과 같다.

[글상자 3-1] **정신분석의 목적**

1. 자신의 삶이 비극적이라고 생각하는 것을 일상적인 갈등에서 비롯된 것이라는 생각으로 대체하도록 돕는다.
2. 무의식에 깊숙이 숨겨 두어 의식하지 않으려 하는 것을 의식하도록 돕는다.
3. 부적응 상태에서 벗어나 자신에게 필요한 일과 사랑을 하도록 돕는다.

# 상담기법

정신분석은 행동의 근원 탐색에 있어서 무의식적 동기와 갈등에 초점을 맞추고, 과거 경험의 분석을 중시한다. 정신분석에서 주로 사용되는 기법으로는 ① 자유연상, ② 꿈 분석, ③ 해석, ④ 저항 분석과 해석, ⑤ 전이 분석과 해석이 있다. 이 기법들은 내담자의 자각 증진, 통찰 유도, 성격 재구성을 위한 훈습을 돕는다.

## 자유연상

첫째, **자유연상**free association은 내담자가 의식적으로 자신의 억압된 생각을 내려놓고, 비이성적 · 선정적이거나 고통스러운 것이라도 머릿속에 떠오르는 대로 말하게 하는 기법이다. 이 기법은 자아를 침묵하게 하고, 원초아에게 말할 기회를 제공하여 무의식적 소망 · 환상 · 동기의 굴레에서 벗어나도록 돕는다. 전통적인 정신분석에서 내담자는 몇 차례 면대면 회기를 거쳐, 긴 소파에 누워 자유연상에 참여한다.

자유연상에서 소파를 사용하는 이유는 내담자의 감정, 경험, 기억, 공상이 의식의 검열을 받지 않게 하고, 내적 갈등 내용에의 접촉을 방해할 자극을 최소화하며, 분석가의 표정에 영향을 받지 않게 하기 위해서다. 억압된 자료는 장기간의 자유연상과 꿈 분석을 통해 의식화된다. 그러나 오늘날 단기 정신분석에서는 전통적인 정신분석과는 다르게 긴 소파(카우치)를 사용하지 않는다.

## 꿈 분석

둘째, **꿈 분석**dream analysis은 꿈의 의미를 여러 조각으로 나누어, 표현적 내용에 나타난 상징을 명료하게 하는 기법이다. 이 기법은 내담자의 무의식적 욕동 탐색과 이해, 그리고 미해결 문제에 대한 통찰을 돕기 위해 사용된다. 프로이트는 꿈을 '**무의식으로 통하는 왕도**the royal road to the unconsciousness'로 보았다. 꿈을 통해 내담자의 무의식적 욕구, 소망, 두려움이 표현되기 때문이다. 이들 중에는 용인될 수 없다는 이유로 가장되거나 상징 형태로 표출되는 것도 있다.

꿈은 **잠재몽**manifest dream과 **현재몽**latent dream으로 나뉜다. 수면 중에는 자아의 방어벽이 허술해져 억압된 감정이 표면화된다. 즉, 잠재몽이 의식으로 올라오는데 이것이 현재몽이다. 현재몽이 꿈에 나타난 내용 그 자체라면, 잠재몽은 현재몽에 숨겨진 상징적인 무의식적 동기, 소망, 두려움이다. 이러한 내용은 의식에서 용인되기 어려운 것이므로, 치환, 퇴행 등의 방어기제를 통해 왜곡·변형된 것으로, 형태를 바꾸어 의식으로 올라오게 된다. 이처럼 잠재몽이 덜 위협적인 현재몽으로 전환되는 과정을 **꿈 작업**dream work이라고 한다. 꿈 분석을 통해 치료자와 내담자는 현재몽의 의미를 분석·해석함으로써, 꿈의 가장된 의미를 탐색·이해한다.

## 해석

셋째, **해석**interpretation은 꿈, 자유연상, 저항, 그리고 상담과정에서 나타난 내담자의 생각, 감정 또는 사건과 관련된 가능한 의미를 설명해 주는 기법이다. 해석 내용은 내담자의 내면세계에 대한 진실이라기보다는 가설hypothesis(어떤 문제에 대한 잠정적 결론)이다. 이 기법은 사건, 행동, 감정에 의미를 부여하여 무의식 현상을 의식화하기 위한 도구다(Rutan et al., 2014).

해석은 내담자의 자기이해와 의식 확장을 돕는다. 그러나 단순 가설이라는 점에서 반박당하기 쉽기 때문에 타이밍이 중요하다. 시의적절하지 않은 해석은 내담자의 수용을 기대할 수 없기 때문이다. 내담자가 해석의 수용을 거부하는 것은 저항이라기보다는 해석이 부정확하기 때문일 수 있다. 그러므로 해석은 내담자가 미처 인식하지 않은, 인정하고 받아들일 수 있는 소재를 대상으로 하되, 표면에서 시작하여 내담자가 기꺼이 들어갈 수 있는 깊이만큼 한다(Corey, 2016).

## 저항 분석과 해석

넷째, **저항 분석과 해석**은 억압된 충동과 감정을 자각하게 되면서 발생하는 견디기 힘든 불안으로부터 자아를 보호하려는 무의식적 역동의 자각·처리를 돕기 위한 기법이다. **저항**resistance은 과거에 억압/부인되었던 위협적인 무의식적 내용이 의식의 표면으로 올라오는 것을 꺼리는 심리적 현상이다. 즉, 무의식적 자료가 의식화될 때, 불안으로부터 자아를 보호하려는 무의식적 시도다.

저항의 세 가지 원인은 ① 변화의 두려움, ② 무의식적 소망과 욕구 충족을 지키기 위함, ③ 무의식적 갈등에 직면하는 것에 대한 두려움 때문이다. 이는 치료의 진척을 막는 동시에, 무의식적 내용을 의식화하지 못하게 방해하는 모든 시도다. 이러한 무의식적 시도는 치료에 대한 저항이라기보다는 억압된 충동/감정을 인식하게 되면서 나타나는 정서적 고통으로부터 자아를 보호하기 위해 대항하는 방어과정이다(Rutan et al., 2014). 정신분석에서 저항은 불안을 막기 위한 무의식적 역동으로, [글상자 3-2]에 제시된 것 같은 행동으로 나타난다.

**[글상자 3-2] 내담자의 저항으로 표출되는 행동의 예**

1. 단순 사교를 위한 상담 참여
2. 만성 지각 또는 결석
3. 무관심한 태도
4. 지성화
5. 불신 행동
6. 비협조적 행동
7. 부적절한 충동 행동(예 불손한 언행 또는 태도)

[글상자 3-2]에 제시된 행동은 내담자의 무의식에 내재된 부분을 인식하고 다루는 것에 대한 두려움의 표출로 볼 수 있다. 내담자는 정서적 고통 수준에 상관없이 일단 친숙한 양식을 고수하는 경향이 있다. 따라서 저항은 불안에 대한 내담자의 방어를 나타내는 치료적 가치가 있는 신호이므로, 치료자는 이를 인정하고 치료의 단서로 삼는 한편, 안전한 환경을 조성하여 내담자가 저항을 탐색 · 인식할 수 있도록 돕는다(McWilliams, 2014).

## 전이 분석과 해석

다섯째, **전이 분석과 해석**은 내담자가 중요한 타인과의 미해결된 문제로 인해 현재 상황을 왜곡시켜 과거 중요한 타인에 대한 감정을 상담자에게 투사하는 감정의 재경험을 돕는 기법이다. 이 기법은 내담자의 심리내적인 삶을 설명하는 방법이다

(Wolitzsky, 2011). **전이**transference는 생애 초기의 중요한 인물과의 관계에서 비롯된 정적/부적 감정, 신념, 태도, 욕망, 환상을 무의식적으로 치료자에게 옮겨 표출되는 심리적 현상이다. 이는 어린 시절에 부모와 관련된 환상적 소망을 치료자에게 나타내는 고도의 정서적 태도다. 프로이트가 상담과 심리치료 분야에 가장 크게 공헌한 것의 하나는 바로 전이현상의 발견이다.

상담은 전이반응의 탐색이 가능한 공간으로, 내담자의 과거 경험과 초기에 습득된 왜곡패턴이 현재의 치료자와의 관계를 왜곡시킨다(Luborsky et al., 2011). 상담과정에서 내담자는 종종 상담자를 부 또는 모 같은 중요한 인물로 보게 되면서, 강렬한 감정을 촉발하는 과거의 미해결된 문제가 재현된다. 이로써 내담자는 무의식 속에 묻어 두었던 충동과 감정을 표출하게 된다. 이 작업을 통해 내담자는 자신이 치료자, 과거의 중요한 타인, 그리고 현재의 중요한 인물들과의 관계에서 동일한 행동패턴을 어떻게 반복하고 있는지 깨닫게 되는데, 이러한 일련의 과정은 성격변화로 이어진다. 전이 분석과 해석은 내담자의 과거가 현재 기능에 미치는 영향에 대한 '지금 여기'의 통찰을 얻을 수 있게 한다는 점에서 정신분석의 핵심과정이다.

## 상담과정

정신분석(PA)에서 치료자는 분석적 틀을 유지한다. **분석적 틀**analytic framework이란 치료자의 익명성 · 중립성 · 객관성 유지, 주기적이고 일관된 만남, 회기 시작과 종료 시각 엄수, 수수료의 명확성, 치료자의 자기개방, 가치주입, 조언 지양 등 분석 작업의 효과를 극대화하기 위한 제반 요건을 말한다. 이러한 요건들은 정신분석에서 지향하는 **빈 화면 접근법**blank screen approach을 위해 필수적인 것으로, 내담자가 분석가에게 자신의 감정과 경험의 투사를 위한 관계를 촉진한다. 정신분석은 ① 시작, ② 전이발달, ③ 훈습, ④ 전이해결 순으로 진행된다.

## 1단계: 시작

**시작단계**에서 치료자는 내담자와의 만남을 통해 내담자의 문제 또는 관심사에 관한 대화를 시작한다. 이 단계는 심리적으로 취약한 패턴을 인식하기 좋은 시기다. 이에 치료자는 자유연상처럼 내담자가 즉흥적으로 떠오르는 생각과 감정을 자유로이 표출할 뿐 아니라, 의미 있는 과거 사건들을 재현할 수 있도록 안전하고 중립적인 환경을 제공한다.

내담자의 패턴 인식은 전이 이해를 통해 가능해진다. 전이는 이미 내담자와 상담자가 상호작용을 시작하면서부터 다양한 형태로 나타난다. 치료자는 상담과정에서 발생하는 전이와 역전이를 치료적 도구로 활용한다. 상담회기가 거듭되면서 치료자와 내담자 사이에 신뢰 관계가 형성된다. 이는 내담자가 무의식적 갈등 문제를 표출하기 시작하는 것으로 간주된다.

## 2단계: 전이발달

**전이발달단계**에서는 전이가 나타난다. 전이는 생애 초기의 관계 경험이 깊은 정형화 과정을 거쳐 현재의 삶에 드러나는 현상(Luborsky et al., 2011)이다. 이는 내담자가 재경험하게 되는 사랑, 성, 적대감, 불안, 분노 같은 강력한 감정을 치료자에게 투사하게 되면서 발생한다. 이 과정에서 내담자는 사회적 관계 패턴을 재현한다. 이때 치료자에 대해 정적 · 부적 감정과 반응이 혼합되어 나타난다.

치료가 진행됨에 따라 내담자는 과거 어린 시절의 감정과 갈등을 의식화하면서 감정적으로 퇴행한다. 이때 내담자가 치료자에게 자신의 **중요한 타인**significant others인 것처럼 반응하는 정도를 인식하게 함으로써, 내담자가 겪는 갈등의 본질에 대한 통찰을 돕는다. 무의식에 억압되어 있던 감정이 의식화되어 치료자에게 전이되면서 내담자는 비로소 미해결된 문제를 이해 · 해결할 수 있게 된다. 상담과정에서 치료자가 관심 있게 다루어야 할 내담자의 쟁점은 [글상자 3-3]과 같다.

**[글상자 3-3] 치료자가 관심을 가지고 다루어야 할 내담자의 쟁점**

1. 성격 형성에 있어서 영향력 있는 요인
2. 삶의 전환점과 위기
3. 삶의 결정적 시기에 내린 결정/선택과 위기를 해결한 방법
4. 삶에서 계속해서 주어지는 주제
5. 현재 문제와 미결된 갈등
6. 현재 문제와 생애 초기의 주요 사건 간의 관계
7. 현재 삶의 진행 방향

## 3단계: 훈습

**훈습단계**는 내담자가 문제의 중심에 도달할 때까지 한 층씩 벗겨 가는 과정이다. 그 중심에는 심리성적발달과정에서 발생한 장해disturbance가 자리하고 있다. **훈습**working-through은 치료자의 반복적인 해석과 저항 극복을 통해 내담자의 역기능적 패턴을 변화시키고, 통찰을 바탕으로 새로운 삶을 선택하는 것을 말한다. 이는 생애 초기에서 비롯된 무의식적 내용과 방어에 대한 반복적이고 정교한 분석을 통해 이루어진다. 훈습을 통해 내담자는 자신의 방어 메커니즘이 어떤 목적으로 사용되었는지 인식하게 된다(Rutan et al., 2014). 이로써 내담자는 교정적 · 통합적 경험인 치료자와의 관계 발달을 통해 이전 문제를 해결하고, 새로운 삶을 위한 선택을 한다.

그러나 훈습이 제대로 이루어지지 않는다면, 내담자는 전적인 사랑과 수용을 원하는 유아기적 욕구를 또 다른 인물에게 전이시키게 된다. **전이의 훈습**은 ① 반복repetition, ② 정교화elaboration, ③ 확대amplification 순으로 이루어진다. 훈습 과정은 흔히 양파껍질에 비유되는데, 양파껍질을 벗기는 것은 변화와 성장을 막는 방어기제와 치료에 저항하는 자아의 일부에 대한 분석, 즉 원초아에 무엇이 숨겨져 있고, 왜 숨겨져 있는지를 밝히는 것으로 구성된다. 지속적인 자유연상, 꿈 분석, 저항과 전이 분석과 해석을 통해 내담자의 신경증적 갈등 문제에 대한 통찰은 점차 심화된다.

### 4단계: 전이해결

**전이해결** 단계는 전이 분석과 해석이 종결되는 시기다. 이 시기에 치료자는 자신에 대한 내담자의 무의식적 · **신경증적 애착**neurotic attachment을 해결하고, 신경증 해소에 박차를 가한다. 이를 통해 내담자는 자신의 미해결된 갈등 또는 오래된 패턴이 현재 어떤 방식으로 자신의 역기능적 행동 또는 대인관계 패턴에 영향을 주고 있는지에 대한 통찰을 얻게 된다. 또 부적 감정이 해소되면서 내담자는 적절한 언어 반응과 자아 통찰을 얻게 된다.

그러나 오늘날 분석가들은 내담자의 과거를 현재와 미래를 연결하여 이해하려고 노력한다. 왜냐하면 과거는 현재와 미래에 영향을 줄 때 의미가 있기 때문이다(Rutan et al., 2014). 정신분석의 치료 기간과 관계없이 개인의 영 · 유아기 욕동과 외상의 흔적은 결코 완전히 지워지지 않는다. 즉, 아무리 임상경험이 풍부한 분석가라 하더라도 전문적 작업을 통해 활성화되는 미해결된 갈등과 개인적 취약성으로 인해 내담자와의 관계에서 발생하는 역전이 반응을 완전히 피할 수는 없다(Corey, 2016).

## 정신분석의 최근 동향

오늘날 고전적 정신분석은 전통적으로 기간이 긴 상담과정이 단축 · 간소화되어 **정신역동치료**psychodynamic therapy로 거듭났다(Luborsky et al., 2011). 고전적 정신분석에서 분석가는 내담자와의 관계 밖에 위치하여('중립적 입장') 이에 대한 견해를 말하고, 통찰을 끌어내는 해석을 제공한다. 반면, 정신역동치료의 경우, 분석가는 지금 여기의 전이에 초점을 두고, 과거를 현재 관계로 가져와서 내담자의 과거를 새로운 관점에서 조망한다(Wolitzky, 2011). 또한 매 회기 순간순간 발생하는 감정, 인지, 행동에 초점을 맞춘다(McWilliams, 2014).

정신역동치료자는 내담자의 자기 인식, 이해, 탐색 증대에 핵심적인 역할을 한다. 이 이론을 적용하는 치료자들은 전이 징후에 대해 민감하고, 꿈의 의미 탐색 · 발견, 과거와 현재의 무의식적 내용 탐색, 방어와 저항 해석을 중시하면서 전통적인 정신분석가들에 비해 덜 자주 전이를 해석하는 한편, 더 자주 지지적인 개입을 한다(Wolitzky, 2011). 전통적인 정신분석과 비교할 때, 정신역동치료의 특성을 요약 · 정리하면 [글상자 3-4]와 같다.

**[글상자 3-4] 정신역동치료가 전통적인 정신분석과 다른 점**

1. 성격 재구성보다 더 축소된 상담목표를 설정한다.
2. 카우치(긴 소파)를 사용하지 않는다.
3. 주당 치료 회기 수가 더 적다.
4. 지지적인 개입방법(공감, 지지, 제안 등)이 더 자주 사용된다.
5. 지금 여기에서의 관계를 더 강조한다.
6. 치료자가 자기개방에 더 자유롭다.
7. 치료자의 중립성을 덜 강조한다.
8. 전이와 역전이의 상호발현에 초점을 둔다.
9. 상징적 내용보다는 실제 문제에 더 초점을 둔다.

## 핵심어

| | | |
|---|---|---|
| • 정신역동적 접근 | • 정신분석 | • 히스테리 연구 |
| • 심적 결정론 | • 무의식적 동기 | • 의식수준 |
| • 안나 O | • 욕동 | • 무의식 |
| • 의식 | • 전의식 | • 성격의 삼원구조론 |
| • 리비도 | • 성격구조 | • 초자아 |
| • 원초아 | • 자아 | • 본능 |
| • 쾌락원리 | • 현실원리 | • 불안 |
| • 생의 본능 life instincts/Eros | • 죽음 본능 death instincts/Thanatos | • 도덕불안 |
| • 현실불안/객관적 불안 | • 신경증 불안 | • 대체형 |
| • 자아 방어기제 | • 기만형 | • 억압 repression vs. 억제 suppression |
| • 도피형 | • 합리화 rationalization | • 전치 displacement |

| | | |
|---|---|---|
| • 투사projection | • 보상compensation | • 승화sublimation |
| • 치환replacement | • 반동형성reaction formation | • 퇴행regression |
| • 지성화intellectualization | • 고착fixation | • 심리성적발달단계 |
| • 부인/부정denial | • 동일시identification | • 구강의존 성격 |
| • 구강자아 | • 구강고착 성격 | • 오이디푸스 콤플렉스 |
| • 항문고착 성격 | • 항문폭발 성격 | • 남근선망 |
| • 엘렉트라 콤플렉스 | • 거세불안 | • 훈습 |
| • 성격 재구성 | • 치료동맹 | • 꿈 해석 |
| • 잠재몽 | • 자유연상 | • 저항 분석과 해석 |
| • 저항 | • 현재몽 | • 전이 |
| • 역전이 | • 전이 분석과 해석 | • 분석적 틀 |
| • 신경증적 애착 | • 감정 정화 | • 빈 화면 접근법 |

## 복습문제

※ 다음 밑줄 친 부분에 들어갈 말을 쓰시오.

1. 정신분석에 의하면, 인간의 의식구조에서 순간순간 알거나 느끼는 모든 경험과 감각은 ______(이)고, 이용 가능한 기억, 즉 보통 의식되고 있지는 않지만 조금만 노력하면 곧 의식될 수 있는 정신세계는 ________(이)다.
2. 프로이트(S. Freud)가 창안한 성격의 ________에 의하면, 성격은 세 가지 요소로 구성되어 전체로서 기능한다. 이 중에서 ________은/는 태어날 때부터 존재하는, 길들여지지 않은 욕동으로, 성격의 깊고 접근할 수 없는 정신에너지의 저장소로, 세 요소 중 가장 강력한 힘이 있고, 본능의 지배를 받는 생물적 충동으로 구성되어 있으며, ________에 따라 작동한다.
3. 정신분석에서 ________은/는 개인이 처해 있는 내·외적 위험을 알려 주어 자아가 이를 피할 수 있게 하는 대처기능이다. 이 중에서도 ________은/는 초자아가 자아를 압도하는 상태로, 자아가 초자아에게 처벌받을 것에 대한 두려움이다.
4. 위협적 충동 또는 외부 위협을 직시하기보다 자아 보호를 위해 사용하는 무의식적 책략을 ________(이)라고 한다. 이는 크게 ① ________, ② 대체형, ③ 도피형으로 나뉜다.
5. ________은/는 원래의 무의식 대상에게 주었던 감정을 그 감정을 주어도 덜 위험한 대상에게로 옮기는 현상인 반면, ________은/는 에너지를 바라던 목표에서 대용의 목표로 전환함으로써 불안이나 위기의식을 방출시키는 현상으로, 둘 다 ________형에 해당한다.
6. 방어기제의 특징은 ________와/과 무의식적으로 작동된다는 것이다. 그러나 이를 적절하게 사용하여 생활 속에서 겪는 불안을 처리하며 살아간다면, 이는 ________기제가 된다. 그렇지 않고 지나친 방어기제 사용으로 자신의 불안을 의식하지 못한다면, 본능자아의 영향으로 인해 ________불안으로 고통받게 된다.
7. 정신분석에서 성격발달은 ________이론으로 설명된다. 이 이론에 의하면, 구강기에 수유가 지나치게 규칙적이거나 조기에 젖을 떼면, ________성격이 형성되어, 섭식·흡연·음주에 집착하거나 타인에 대해 지나치게 비판적이거나, 반대로 의존적이어서 타인의 말을 여과 없이 받아들여 잘 속는 성격이 형성된다.
8. 남근기의 유아에게는 감각적인 충동이 이성부모에게 향해 있어서, 동성 부모에게는 공격적 충동이 있는 콤플렉스가 발달한다. 즉, ________콤플렉스는 보편적인 남아가 어머니를 독차지하고 아버지를 제거하고 싶은 욕구를, ________콤플렉스는 여아가 아버지를 독차지하고, 어머니를 제거하고 싶은 욕동을 의미한다.
9. 정신분석의 목표는 ________의 의식화를 통한 ________이다. 이 목표의 기저에는 내담자의 행동이 ________와/과 생애 초기 경험의 결과라는 가정이 깔려 있다.
10. 정신분석의 핵심 개념 중에는 내담자가 과거에 억압/부인되었던 위협적인 무의식적 내용이 의식의 표면으로 올라오는 것을 꺼리는 심리적 현상을 의미하는 ________와/과 생애 초기의 중요한 인물과의 관계에서 비롯된 정적/부적 감정, 신념, 태도, 욕망, 환상을 무의식적으로 치료자에게 옮겨 표출되는 심리적 현상인 ________이/가 포함되어 있다.

## 소집단 활동

**무의식** 2인 1조로 나누어 다음의 글을 읽고 난 다음, 다른 집단원들과 서로의 의견과 소감을 나누어 보자.

> 프로이트(S. Freud)에 의하면 사람의 문제는 생애 초기의 경험에서 비롯된다. 이 문제를 해결하려면 과거에 억압하여 무의식에 묻어 놓은 갈등 경험을 이해해야 한다. 즉, 건강하게 사는 방법은 자신이 무의식적으로 하는 부정적 전이를 알아채서 해결해야 한다는 것이다. 또 개인이 지나치게 사용하는 방어기제를 인식함으로써, 삶의 과정에서 불안을 유발하는 상황에서 방어기제를 사용하기보다는 직면을 통해 직접적인 방식으로 문제를 해결할 필요가 있다. 프로이트는 무기력한 유아가 전지전능한 힘을 가진 부모와의 관계에서 형성하는 태도는 그의 삶에 결정적인 영향을 준다고 보았다.

**소감** ______________________________

______________________________

______________________________

______________________________

______________________________

**방어기제** 각자 주로 사용한다고 생각되는 방어기제들을 열거해 보자. 그런 다음, 2인 1조로 나누어 각자 열거한 방어기제에 관해 의견과 소감을 나누어 보자.

**소감** ______________________________

______________________________

______________________________

______________________________

______________________________

**욕구 투사** 5인 1조로 나누어 조별로 둘러앉는다. 소집단별로 원의 중앙에 빈 의자를 놓는다. 그런 다음, 각자의 가족, 친구, 동료, 또는 특정 참여자에게서 듣고 싶은 말을 한 문장으로 생각해 본다. 잠시 후, 한 사람씩 빈 의자에 자기 자신이 앉아 있다고 상상하면서, 자신에게 말을 할 사람에 관해 간략히 소개한 후, 자신이 그 사람이 되어 듣고 싶은 말을 한다. 활동을 마치면 서로 소감을 나눈다.

**소감** ____________________

# | 04 |

# 분석치료

*Analytical Psychotherapy*

칼 구스타프 융
(Carl Gustav Jung, 1875~1961)

칼 구스타프 융은 스위스 동북부의 케스빌Kesswil이라는 마을에서 태어났다. 조부는 의사, 외조부는 신학자, 외숙부 중 8명이 목사였다. 아버지Paul Jung 역시 목사로, 자상하고 친절하여 교인들의 존경을 받았으나, 가정에서는 쉽게 화를 내고 감정조절을 잘하지 못하는 성품이어서 융은 아버지에 대해 몹시 혼란스러워했다. 어머니Emily는 영혼과 대화를 하곤 했고 정서불안과 잦은 기분변화로 융의 어린 시절 수개월을 바젤의 정신병원에서 지내야 했다. 융은 어려서부터 종교, 마술, 주문에 대한 깊은 관심을 보였던 가족과 공동체의 영향을 받으며 자랐다. 학교에서는 또래들과 어울리기보다는 혼자 하는 놀이(불장난, 블록 쌓기)를 하거나 점차 백일몽, 환상, 종교, 신, 의미에 관한 사색을 하며 지냈다. 때로 나무로 인형을 만들고는 그 인형에게 글을 쓰며 위안을 얻곤 했다. 또 자신이 만든 인형이 원시 또는 고대 부족들이 새긴 형상들과 유사한 형태를 띠고 있음을 알게 되면서, 사람들에게 보편화된 진화 경험에 관한 이미지들의 저장고가 있다고 믿게 되었다. 이러한 경험은 '집단무의식' 개념의 토대가 되었다. 융은 어린 시절 학교에서 한 아이가 갑자기 뒤에서 미는 바람에 넘어져 정신을 잃은 적이 있었다. 이 일이 있고 나서부터 등교 또는 숙제에 부담을 느낄 때 정신을 잃곤 하여 6개월 남짓 집에서 쉬었다. 이 경험을 통해 신경증에 눈을 떴고, 복학하면서 내면에 두 인격이 존재하고 있음을 알게 되었다. 하나는 패션감각도 없고 일상만 관리하는 평범한 학생이었고, 다른 하나는 자기주장이 강하고 권위적인 18세기 남성이었다. 이 경험으로 자신이 18세기 성격과 연결되어 있거나 환생한 영혼이라고 생각했다. 이렇게 개인의 특성을 구별하는 경향성을 원형이라고 명명했다.

바젤 대학교 의과대학에 진학한 융은 독일의 정신의학자 크라프트-에빙의 저서, 『성 정신병리(Psychopathia Sexualis)』의 서문에 '정신병은 인격의 병'이라는 문구에 영향을 받아 정신의학을 전공했다. 1902년 정신의학 전문의 오이겐 블로일러가 운영하는 취리히의 부르크횔츨리Burghölzli 정신병원에서 근무했다. 1903년에는 부유한 집안 출신의 엠마 라우센바흐Emma Rauschenbach와 결혼하여, 슬하에 1남 4녀를 두었다. 히스테리 환자에게 자유연상을 사용했으나, 이 기법이 지나치게 개인의 어둡고 부정적인 측면에 초점을 둔다는 인상을 받았다. 이 시기에 단어연상검사를 개발하여 자극 단어들에 대한 환자들의 반응을 점검했다. 이 과정에서 삶의 영역에서 문제가 되거나 신경증적 반응과 관련된 것으로 보이는 단어에 대한 개인의 특이하고 지연된 반응을 콤플렉스라고 명명했다. 이로써 초기에 자신의 이론을 '콤플렉스 심리학'으로 명명했다가, '해석심리학'으로 변경했고, 프로이트와 결별 후 '분석심리학'으로 재변경했다. 그 후 동양철학에 심취했고, 세계 곳곳을 여행하면서 사람들의 꿈, 신화, 우화, 민화, 종교적 작품, 문화재, 상징물을 비롯하여 영지주의Gnosticism(영혼의 초월성과 관련된 정신발달), 점성술(천체의 상대적 위치에 의한 인간의 본성 이해), 연금술(영생을 얻을 수 있는 액체 혼합물 발견)에도 깊은 관심을 보였다. 1955년 아내와 사별 후, 융은 점차 은둔생활을 했고, 1961년 스위스 자택에서 세상을 떠났다.

**분석치료**Analytical Psychotherapy(AP)는 프로이트의 결정론에 반대하여 주관적 체험과 현상학을 바탕으로 창안한 융의 **분석심리학**Analytical Psychology에 기초한 이론이다. 이 이론에 의하면, 사람은 온전한 존재, 즉 충분히 기능할 수 있도록 모든 필요한 요소들을 갖추고 태어난다. 다만, 심리기능의 균형이 깨지면서 콤플렉스가 발생하고, 외상 경험을 억압하게 되면서 정신이 손상·분열되며, 기능이 분리된 것처럼 행동하는 무의식적 인격이 발달한다. 이때 발생하는 **증상**symptom은 개인에게 무언가 잘못되어 가고 있고, 충족이 필요함을 알려 주는 무의식의 메시지이자 억압된, 잃어버린 자기를 되찾으려는 열망의 표현이다.

분석치료에서 정신적 고통은 전체로서 타고난 자신에 충실하고 집단무의식의 주인인 자기의 요구에 귀 기울이지 않을 때 발생한다. 무의식적 목소리인 자기의 요구를 무시한 채 지나치게 현실적 요구에 따를 때, 정신적 균형은 파괴되고 고통이 따른다. 분석치료에서는 정신병리를 질병이나 정상에서의 이탈로 보지 않고 다만 마음에서 일어나는 사실과 경험에 초점을 둘 뿐, 그것의 옳고 그름, 선과 악, 좋고 나쁨을 판단하지 않는다. 또 관념은 그것이 존재하는 한 심리학적으로 사실로 간주하면서, 인간을 '~ 때문에'(과거의 원인), 그리고 '~을 위해'(미래의 목적) 행동하는 존재로 본다.

## 핵심개념

분석치료(AP)의 핵심개념으로는 ① 정신세계, ② 원형, ③ 개성화, ④ 상징, ⑤ 성격발달이 있다.

### 정신구조

첫째, **정신세계**psyche는 외부에서 내면으로 ① 의식, ② 개인무의식, ③ 집단무의식 층으로 구성되어 있다. 의식과 무의식은 정신세계를 구성하는 주 영역으로, 상호 소통할 수 있게 연결되어 있다. **의식**은 무의식이라는 광활한 바다 위에 떠 있는 작은 조각배에 불과하다. **자아**는 의식의 중심을 이루고, 자아가 억압한 개인의 경험은 바로 아래층의 **개인무의식**에서 그림자로 존재한다. 아니마와 아니무스는 더 깊은 **집단무의식**에 존재하고, **자기**self는 정신의 중심에 위치하며, 정신 전체를 포함하고 있다.

개인의 내면에는 위대한 존재가 내재되어 있는데, 이 존재는 주로 꿈을 통해 개인이 어떤 방향으로 나아가야 하는지 내밀한 암시로 전달한다. 건강한 삶은 이 존재를 내면적 동반자로 삼아, 그의 암시에 귀 기울여 진정한 자기를 실현해 가는 것이다. 인간의 정신구조를 실체화하기는 어렵다. 그렇지만 정신세계의 이해를 돕기 위해 도식으로 나타내면 [그림 4-1]과 같다.

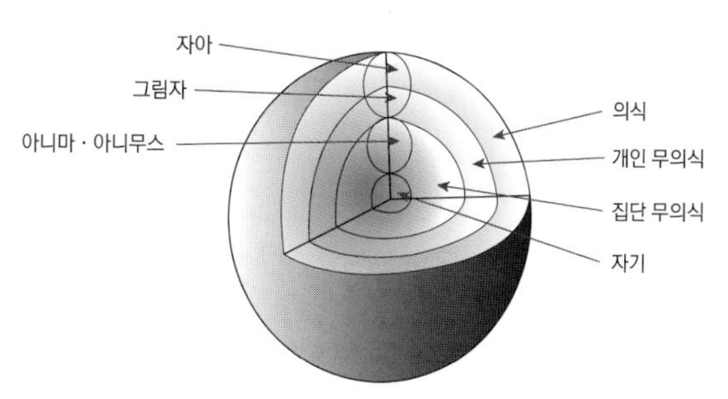

[그림 4-1] 정신구조 도식

의식. **의식**conscious은 개인이 지각 · 경험하는 모든 것이다. 이는 개인이 직접 알 수 있는 유일한 부분으로, 평생 타인과 구별되는 고유한 존재로 발달한다('개성화'). 의식발달은 개인이 심리기능을 얼마나 사용하는지와 관련 있다. 의식은 출생 직후부터 발달하는데, 그 중심에는 자아가 있다. **자아**ego는 심리기능에 대한 선호를 기반으로 의식에 남길 경험과 개인무의식으로 전환할 경험을 분류한다('의식의 문지기').

따라서 개인은 자아가 다양한 경험의 의식화를 허용하는 범위 내에서 개성화를 이룬다. 개인의 심리기능과 태도가 경험을 의식 또는 개인무의식으로 전환하는 방식이 **'성격'** 또는 **'개성'**이다(Ekstrom, 1988). 태극도와 음양 문양을 활용한 정신기능의 설명을 위한 도식은 [그림 4-2]와 같다(Pascal, 1992).

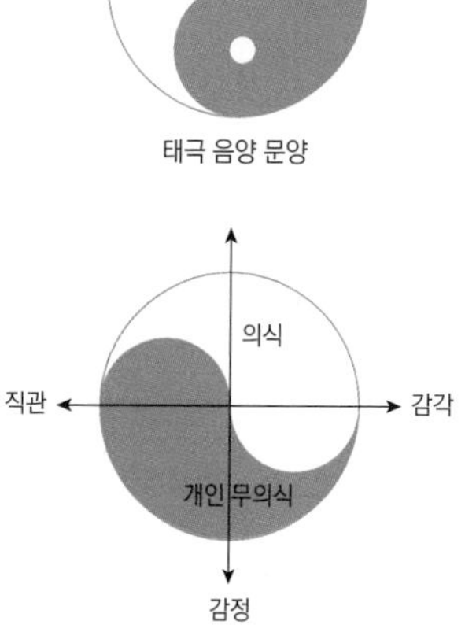

[그림 4-2] 태극음양 문양을 통해 정신기능을 나타낸 도식

[그림 4-2]의 우측 그림은 사고기능이 주요소, 감정 기능이 하위요소로, 직관과 감각이 의식과 무의식 사이에 존재하고 있음을 나타내고 있다. [그림 4-2]에 제시된 문양은 우주의 유일한 존재도 변화하므로, 개인은 그 변화에서 조화를 이루며 살아가는 법을 배워야 함을 뜻한다. 또 우주에서 상반되는 두 힘이 상호 보완하다가 시간이 흐르면서 합일을 이루게 되는 것을 의미한다(예 남성이 여성과 여성이 남성과 통합됨).

개인무의식. **개인무의식**personal unconscious은 자아에게 인정받지 못한 경험, 사고, 감정, 기억을 말한다. 여기에는 현재의 삶과 무관하거나 중요하지 않은 것으로 여겨지는, 개인이 기억하지 못하는 생각과 행동이 저장된다. 또 심리적 갈등, 미해결된 도덕적 문제, 불쾌감을 일으키는 생각 등 억압된 내용이 저장되어 꿈을 만들어 낸다. 프로이트와는 달리, 융은 무의식이 충동적인 성적 욕동이 아니라 진정한 자기실현으로 이끄는 지혜의 보고寶庫(보물창고)로 보았다. 즉, 인간은 본능적 욕구(성욕)에 지배된 존재가 아니라, 개성화를 향해 끝없이 나아가려는 존재라는 것이다.

집단무의식. **집단무의식**collective unconscious은 태초부터 모든 개인에게 전수되어 온 인류 보편적 · 원초적 차원의 심리적 성향과 구조를 말한다('**비개인무의식**impersonal unconscious'으로도 불림). 즉, 인류가 영속하면서 겪은 과거 경험이 누적된 무의식이다. 예컨대, 사람들이 뱀이나 어둠을 두려워하는 이유는 인류의 조상 원시인들이 뱀이나 어둠 때문에 겪은 위험한 경험이 누적되어 있기 때문이다. 이런 것들은 사람들의 꿈, 환상, 신화, 예술에서 반복적으로 나타난다. 이러한 정신적 이미지를 **원형**이라고 한다. 집단무의식은 개인의 경험이나 인식 내용이 저장된 개인무의식과는 달리, 본능과 원형이라는 원초적 이미지로 구성되어 있다. 본능이 행동을 일으키는 충동이라면, 원형은 경험을 지각 · 구성하는 방식이다.

## 원형

둘째, **원형**prototype은 내용은 없고 형태만 있는 심리적 반응양식이다. 이는 끊임없이 무의식적으로 개인에게 좋지 않은 영향을 주고, 콤플렉스에 에너지를 공급한다. 예컨대, 어려서 아버지에게 신체적 학대를 당한 사람에게는 아버지 콤플렉스가 형성된다. 학대 경험은 억압되어 개인무의식에 여전히 존재하며, 아버지에 대한 원형적 이미지에 추가되어 콤플렉스로 자리 잡는다. 그 후, 이 콤플렉스는 개인이 권위를 지닌 다른 모든 남성에게 분노를 느끼게 되는 등 삶에 좋지 않은 영향을 미치게 된다. 원형에는 5개 유형, 즉 ① 페르소나, ② 그림자, ③ 아니마 · 아니무스, ④ 자기, ⑤ 콤플렉스가 있다.

페르소나. **페르소나**persona는 라틴어로 '가면'이라는 뜻으로, 개인이 타인에게 자신을 드러내는 방식이다. 예컨대, 개인은 부모에게는 아들/딸로, 자녀에게는 부/모로, 직장에서는 직장인의 가면('역할')을 쓴다. 역할수행 방식은 타인에게 어떻게 보이고 싶은지, 그리고 타인이 개인에게 어떻게 행동하기를 원하는지에 따라 달라진다. 이러한 특성 때문에 페르소나는 개인이 특정 상황에서 감정, 사고, 행동을 조절하는 법의 습득에 유용하다. 단, 과도하게 페르소나를 중시하는 경우, 개인은 진정한 자기로부터 멀어져 형식적 · 피상적 삶을 살게 되어 진정한 감정 경험이 어려워진다.

그림자. **그림자**shadow는 개인이 의식적인 성격으로 인식하는 것과 반대되는 특성이다. 이는 의식되지 않는 자아의 어두운 부분('자아의 분신')이다. 여기에는 개인이 의식적으로 받아들이기 힘든 동물적 · 공격적 충동이 들어 있다. 이러한 점에서 그림자는 원초아id와 유사하다. 그러나 그림자는 잠재적으로 가장 위험하고 강력한 콤플렉스로, 자아가 이를 정신세계로 받아들여 줄 수 있는지는 개인의 정신건강에 중요하다. 그림자를 적절한 방식으로 표출하면 창조, 활력, 영감의 원천이 되는 반면, 과도하게 억압하면 표현력이 억제되어 진정한 자기에게서 멀어져 불안과 긴장 상태에 빠진다. 이는 그림자를 의식화하여 인식 · 표현 · 방출하도록 도움으로써 해결된다.

아니마. **아니마**anima는 남성에게 내재된 여성성(온정적 · 감성적 성향), **아니무스**animus는 여성에게 내재된 남성성(논리적 · 합리적 성향)이다. 이 두 요소는 집단무의식 속에 있고, 모든 사람이 이 두 요소를 지니고 있다. 남성호르몬과 여성호르몬이 남녀 모두에게서 분비된다는 사실이 이를 뒷받침한다. 남성은 아니마를, 여성은 아니무스를 무의식에서 끌어내어 접촉 · 수용함으로써 조화롭고 온전한 성품을 소유할 수 있다. 그렇지 않으면, 개인은 자신의 성 정체성에 해당하는 역할에 갇혀 긴장 상태에 빠질 수 있다.

자기. **자기**self는 의식과 무의식이 통합된 정신 전체의 중심으로, 정신을 구성 · 통합하는 에너지를 공급한다. 자아가 의식의 중심이라면, 자기는 정신 전체의 중심이면서 정신 전체를 포함하고 있다. 진정한 '나', 즉 자기는 집단무의식 속에 있다. 개성화가 일어나지 않은 미성숙한 사람들은 자기가 무의식의 중심에 파묻혀 다른 원형과 콤플렉스를 인식하지 못한다. 그러나 성숙 · 발달 및 개성화되면서 자아와 자기의 관계가 밀착되면, 전체 성격구조에 대한 인식이 확대되어 자기실현을 삶의 궁극적 목표로 삼게 된다. 개인이 자신의 성격기능을 완전히 발현할수록, 자기 원형과 접촉하여 무의식에 저장된 내용을 의식으로 더 많이 가져올 수 있게 된다.

융에 의하면, 개인은 무의식을 의식으로 통합하여 온전해지게 되면 불교 또는 힌두교의 만다라 같은 상징물을 그리게 된다. **만다라**mandala는 상징의 형식을 그림으로 나타낸 불화佛畫의 일종으로, 수 세기 전부터 신, 존재, 온전함 등을 표현하는 원형 그림을 말한다. 융은 만다라가 개성화 과정에서 이루어지는 그림으로 믿었고, 신경증과 조현병 환자에게 만다라를 그리게 하는 치료법이 효과가 있음을 입증하기도 했다.

[그림 4-3] 만다라 도식

콤플렉스. **콤플렉스**complex는 개인무의식의 고통스러운 생각, 기억, 감정들이 특정 주제를 중심으로 연합되어 심리적 복합체를 이룬 것이다. 이 개념은 단어연상검사를 통해 발견한 심리구조를 지칭하기 위해 창안된 것으로, **원형적 핵**archetypal core을 강조한다는 점에서 다른 이론에서의 개념과 구분된다. 즉, 분석치료에서의 콤플렉스는 개인무의식과 집단무의식의 요소를 지니고 있고, 원형과 관련된 핵심 주제(예 아버지 콤플렉스, 어머니 콤플렉스, 순교자 콤플렉스, 구세주 콤플렉스)를 중심으로 구성된다. 이는 개인이 의식하지 못하는 상태에서 부정적인 영향을 미치므로, 콤플렉스를 의식화하는 것은 치료의 중요한 목표가 된다.

## 개성화

셋째, **개성화**individuation란 개인의 심리기능, 태도, 콤플렉스, 억압된 자기의 부분들에 대한 의식의 발달을 말한다('**개별화**'라고도 함). 이는 의식의 중심인 자아가 정신의 중심인 자기를 향해 나아가는 것을 뜻한다. 개성화는 **자기실현**self-actualization의 과정이다. 자기실현의 과정은 '나를 찾아 떠나는 여행'이다. 자기를 찾는 것은 삶의 목표다. 자아가 자기를 찾으러 떠나는 여행이 바로 삶이다. 개성화는 타고난 자율적 과정이다. **신경증**neurosis은 개성화/자기실현을 향한 성장이 멈춘 심각한 질환이다. 그러면 자기를 찾아 떠나는 여행은 언제 떠나야 할까? 융은 젊은 시기에는 불가능하다고 보았다. 사회생활을 하려면 감출 건 감추고, 가면을 쓸 때는 써야 하기 때문이다. 그러나 중년이 되면 비로소 자기실현의 기회가 온다.

자기실현을 위해서는 이전에는 보지 못했던 자신의 무의식을 들여다봐야 한다. 그러기 위해서는 용기 있게 마음의 문을 열고, 자신의 무의식과 대면하며, 페르소나 속에 있는 자기를 들여다봐야 한다. 그리고 자신의 심리적 · 정신적 양성성을 인정해야 한다. 즉, 남성은 내면의 아니마를 인식하고, 여성은 내면의 아니무스를 알아야 한다. 이를 통해 남성성 또는 여성성이라는 굴레에서 벗어나게 되면, 의식적 · 무의식적으로 참자기를 만나게 된다. 이러한 자기실현의 여행('개별화 과정')은 개인의 생명이 다할 때까지 계속된다. 자기는 무한한 가능성과 잠재성을 가지고 있다. 자아는 죽을 때까지 자기가 가지고 있는 잠재성과 무한한 가능성을 열어야 한다.

## 상징

넷째, **상징**symbol이란 무의식에 있는 원형을 투사한 내용을 말한다. 원형은 끊임없이 개인의 꿈, 환상, 환영, 신화, 민화, 예술, 동화 등에서 상징으로 표현된다. 상징은 정신의 표현인 동시에 인간성의 모든 면이 투영되는, 자기가 무의식을 의식화하기 위해 사용하는 방법이다. 또 상징은 원형에서 비롯되어 정신에 의해 변형된 것으로, 온전해지기 위해 자각 · 통합할 필요가 있는 자기의 중요한 부분을 나타낸다. 이에 사람들은 삶에서 계속해서 상징을 발견하게 된다. 상징은 의식화를 통해 그 의미를 이해할 수 있고, 의식화할 수 있는 만큼 더 온전한 삶을 영위할 수 있게 된다.

## 성격발달

다섯째, 분석심리학에서 성격이론의 핵심은 전체성이다. **전체성**totality이란 개인은 여러 부분의 합이 아니라, 하나의 통합적 전체라는 의미다. 이 이론에서 개인의 성격은 **정신세계**psyche로 불린다. 사람은 전체성을 지니고 태어나 분화와 통합을 반복하면서 전체성을 발현한다. 전체성에는 개인의 사고, 감정, 행동, 의식과 무의식이 포함된다. 이는 무의식과 그 영향력을 중시한다는 점에서 정신분석과 맥을 같이하고 있다.

게다가 무의식의 의식화 과정이 개인의 성숙에 중요함으로 강조하는 것 역시 공통적이다. 단, 정신분석에서는 무의식을 성욕처럼 미숙하고 비합리적인 것으로 여기는 반면, 분석심리학에서는 개인의 삶의 방향을 제시하는 지혜로 간주한다. 또 전자에서는 증상을 과거 상처의 결과로 보지만, 후자에서는 미래에 나아갈 방향을 알려 주는 신호로 본다.

분석심리학에서는 인간의 발달과정을 ① 아동기, ② 청소년기, ③ 중년기, ④ 노년기로 나누고, 단계별 성격발달을 무의식의 변화과정에 초점을 맞춘다.

아동기. **아동기**childhood는 출생에서부터 사춘기('성적 성숙기')에 해당한다. 이 시기의 아동은 주로 본능 에너지에 의해 행동하는 동시에 자아가 형성되기 시작한다. 이러한 이유로 아동의 정서적 안정과 질서 있는 생활을 위해 아동의 에너지 방향을 잡아 주는 부모의 역할이 요구된다. 학령기가 시작되면서 아동은 부모의 품을 벗어나게 되고 '**심리적 자궁**psychological womb'에서 빠져나오기 위한 노력을 시작한다.

청소년기. **청소년기**adolescence(사춘기~청년기)는 이차 성징기인 사춘기의 생리적 변화에서 시작된다. 이 시기에 청소년은 생리적 변화뿐 아니라, 정신적으로도 급격히 성장한다('**정신적 탄생기**'). 청년기로 이어지면서 개인은 사회생활 적응을 위한 다양한 방법을 축적한다. 그러나 아동기의 환상에 집착하여 현실을 인식하지 못해 적응 방식을 제대로 습득하지 못하는 경우, 청소년은 적응에 어려움을 겪게 된다. 특히 이 시기에 청소년과 청년들에게는 성적 욕구에 의한 심리적 혼란, 그리고 과민성과 정서적 불안으로 인한 열등감이 형성될 수 있다. 즉, 성인으로 발돋움하기보다 어린아이 상태로 머무르려는 경향성이 심리적 문제의 원인으로 작용한다('**아동 원형**child prototype').

중년기. **중년기**middle age(35세~40대 후반)는 융이 깊은 관심을 보였던 시기다. 이 시기에 융은 심한 정신적 위기를 겪으면서 자신의 내면 탐색, 즉 꿈과 창조적 작업을 통해 무의식 탐색에 몰입했다. 또 삶에서 중요하다고 여겼던 것들이 더 이상 중요하지 않게 느꼈고, 삶이 공허하고 무의미하다는 생각에 빠지는 등, 중년기 특유의 적응문제를 겪었다. 이 와중에도 그는 우울증을 호소하는 사회적으로 성공한 중년기 환자들을 치료했다.

중년기의 특징은 젊은 시절 외향적이고 물질지향적 태도로 외부세계에 적응하기 위해 투입되었던 에너지가 내향적 · 정신적 관심과 가치로 변화 · 확대되는 것이다. 즉, 내면적 사색과 명상을 통한 자기실현과 진정한 삶의 의미 탐색에 관심을 갖게 된다. 중년기 문제에 깊은 관심을 보였다는 점에서 분석치료는 '생애 후반기 심리학'으로도 불린다.

노년기. **노년기**old age는 자신의 무의식 세계에 깊은 관심을 가지는 시기다. 인간의 심리적 발달은 이 시기에도 계속된다. 이 시기는 삶의 성찰을 통해 삶의 경험과 의미를 이해하고, 내세에 관심을 가지게 되면서 지혜를 쌓아 간다. 융은 내세afterlife를 무의식에 바탕을 둔 다양한 종교와 신화의 공통 주제로 보았다. 그에 의하면, 심리치료는 내담자가 내면의 삶을 탐색하여 성격을 확장하고, 자신의 존재에 대한 영적 또는 종교적 태도를 개발해 가는 과정인 동시에 지속적인 나에 대한 분석의 반영이다.

## 상담목표

분석치료(AP)의 궁극적 목표는 **개성화**와 **성격통합**이다. 개성화는 무의식과 의식의 통합을 통해 자기실현을 성취하는 것이다. 이는 분화과정에서 상실한 전체성을 회복하는 것이다. 이러한 목표성취는 개인이 그동안 경험되지 않았던 자기의 부분들, 억압되었던 자기의 측면들, 분열된 자기의 부분들에 대한 탐색 · 발견을 통해 이루어진다. 이는 '사고' 유형의 개인은 '감정' 측면과의 접촉, 태도가 내향적이면 외향적 측면의 발견, 기억과 콤플렉스를 억압했다면 이들과의 접촉을 위해 노력해야 한다.

분석치료에서는 정상과 비정상, 건강과 질병을 구분하기 위한 기준, 증상 확인 · 기술 · 명명을 중시하지 않는다. 대신, 특정한 심리적 문제의 정의와 발생 원인을 설명하고 있는데, 그 내용은 〈표 4-1〉과 같다.

표 4-1 심리적 문제에 대한 분석치료의 관점

| 심리적 문제 | 정의 및 원인 |
|---|---|
| □ 신경증 | ☛ 증상의 의미를 찾지 못한 마음의 고통 |
| 1. 히스테리 | ❍ 과도한 외향적 태도를 내향적으로 전환하기 위해 나타나는 신체 증상 |
| 2. 우울증 | ❍ 자아의식이 과도하게 페르소나와 동일시하면서 내적 인격을 외면한 결과 |
| 3. 신경쇠약 | ❍ 내향적 태도에 대한 과도한 집착으로 인한 장애 |
| 4. 조현병 | ❍ 복합적 감정을 지닌 콤플렉스의 활동으로 인한 장애 |

〈표 4-1〉에 제시된 것 외에도, 융은 우울 증상을 의식에서 사용할 수 있는 정신적 에너지의 고갈상태를 가리키는 것으로 보았다. 그는 자신의 경험을 통해 신경증 증상에는 반드시 의미가 있음을 알게 되었다. 이러한 증상은 미래 지향적 의미가 있고, 그 의미를 탐색 · 인식하도록 돕는 것이 분석치료의 핵심이다.

분석치료의 목표는 내담자의 경험, 성격, 삶의 의지에 따라 다르다. 즉, 대체로 생애 전반기 내담자의 치료는 현실(가정, 직장) 적응을 위한 자아 강화에, 후반기(중년기 이후) 내담자는 자기실현(삶의 의미 발견, 내면적 존재 경험)에 초점을 둔다. 상담목표를 성취하기 위해 상담자는 내담자의 무의식을 의식화하여 분열된 마음의 요소를 통합하고 전체성을 회복하여 자기실현을 돕는다.

## 상담기법

사람들의 문제는 정신내적 갈등에서 비롯된다. 사람은 타고난 본성의 소리에 귀를 기울여야 한다. 정신병리는 내담자가 정신적으로 겪고 있는 고통의 의미를 밝히는 것이다. 내담자의 정신적 고통을 해결하려면 정신에 대한 끊임없는 자기분석이 필요하다. 분석치료의 주요 기법으로는 ① 꿈 분석, ② 전이 · 역전이 분석, ③ 적극적 상상이 있다.

꿈 분석. **꿈 분석**dream analysis은 무의식 탐색을 위해 꿈을 분석 · 해석하는 기법이다. 꿈은 개인의 정신세계를 나타내는 자원으로, 상징과 심상을 통해 무의식 상태와 변화를 보여 준다. 정신분석에서 꿈 분석은 억압된 성적 욕동과 무의식적 갈등 탐색이 목적이라면, 분석치료에서는 마음 깊은 곳에서 들려오는 지혜로운 존재의 메시지 탐색에 의미를 둔다.

꿈 분석은 일련의 꿈들을 연결하여 분석 · 해석하기도 하는데, 내용이나 주제가 반복되는 꿈들은 개인에게 중요한 의미가 있는 원형의 발현으로 해석된다. 어린 시절의 꿈 또는 악몽처럼 강한 감정이 내재된 꿈은 개인의 삶에서 중요한 요인과 연관된 무의식이 표출된 것으로 본다. 이처럼 분석치료에서 꿈은 내담자의 콤플렉스를 이해 · 해소하는 데 필요한 자원을 얻는 통로인 동시에 진정한 본성에의 접속 방법으로 간주한다.

전이 · 역전이 분석. **전이 · 역전이 분석**은 개인의 무의식을 타인에게 투사하여 내보이는 것에 대한 의미를 명료하게 설명해 주는 작업이다. 전이와 역전이에는 내담자와 치료자의 개인무의식과 집단무의식에서 발현된 원형의 주제가 포함되어 있다. **전이**는 통합되지 못하거나 억압된 부분이 치료자에게 투사 · 재현되는 것으로, 내담자의 내면 상황, 기대, 콤플렉스, 공상, 감정을 드러내면서 과거와 현재를 이어 준다.

전이분석을 통해 어떤 원형이 내담자에게 영향을 주었는지 이해할 수 있고, 이와 관련된 꿈 또는 환상을 통해 해결의 단서를 찾을 수 있다. 상담과정에서 상담자 역시 내담자에게 역전이를 나타낼 수 있다. **역전이**는 내담자에 대한 치료자의 반응을 반영하는 것으로 유용한 정보를 담고 있다. 이 속에는 치료자의 무의식을 자극하는 내담자의 심리적 속성과 무의식의 내용이 반영되어 있다.

적극적 상상. **적극적 상상**active imagination은 무의식적 주제가 의식화되도록 자극하는 일련의 방법이다. 이 방법은 융의 자기분석을 바탕으로 창안된 기법이다. 적극적 상상에서 내담자는 내면적 심상이 활성화될 수 있도록 마음에 집중함으로써, 자신의 내면적 심상과 변화를 관찰한다. 심상의 움직임이 멈추면, 내담자는 자신의 경험을 글, 그림, 춤 등으로 나타낸다. 그러나 이 기법은 무의식에 휩쓸리지 않을 만큼 자아의 기능이 강하거나, 성숙한 내담자에게만 적용할 수 있다는 한계가 있다. 분석치료에서는 무의식 과정의 의식화를 위해 다양한 활동을 활용한 창조적 기법들이 사용된다(예 그림 그리기, 조각, 놀이 등).

## 상담과정

분석치료(AP)에서는 내담자가 자신의 문제와 증상 해소뿐 아니라 정신세계를 통합하여 진정한 자기실현을 하도록 돕는다. 개인이 심리적 문제를 겪게 되는 이유는 정신세계가 통합되지 못하고 여러 체계로 분화 · 분열되어 기능하기 때문이다. 분석치료는 일정한 상담과정과 방법을 적용하기보다는 내담자에 따라 4단계(① 고백, ② 해석, ③ 교육, ④ 변환)로 진행된다(Jung, 1954).

### 1단계: 고백

**고백**confession 단계에서 내담자는 자신의 억압된 강렬한 감정 또는 숨겨진 비밀 등을 치료자에게 토로하고 치료동맹을 형성한다. 이는 카타르시스를 유발하여 내담자는 개인무의식에 억압되어 있던 그림자를 알아차림으로써 치유 효과를 얻게 된다. 그러나 만일 내담자가 의식에만 집착한 나머지 자신의 고통에 대해 합리적 · 이성적인 설명을 늘어놓거나 무의식에 고착되어 같은 주제를 반복한다면, 치유 효과는 기대할 수 없다.

## 2단계: 해석

**해석**interpretation 단계에서 치료자는 내담자의 꿈, 환상, 전이, 소망 등의 무의식적 의미에 대한 해석을 통해 내담자가 자신의 무의식에 대한 이해를 확대 · 심화할 수 있도록 돕는다. 이 단계에서 무의식의 의미에 대한 치료자의 부연설명은 내담자의 삶이 긍정적으로 변화하는 데 도움을 준다. 그러나 무의식을 이해했다고 해서 곧바로 구체적인 행동 변화로 이어지는 것은 아니다. 이를 위해서는 교육 같은 추가적인 개입이 요구된다.

## 3단계: 교육

**교육**education 단계에서 치료자는 내담자의 변화에 필요한 지식과 정보를 전달한다. 무의식에 대해 통찰 또는 이해했다고 해서 오랜 기간에 걸쳐 내담자에게 형성된 습관은 쉽게 변화되지 않으므로, 교육을 통해 실질적인 행동 변화를 촉진한다. 이는 무의식에 대한 통찰을 현실세계에 적용하여 내담자의 행동변화를 촉진하는 것으로, 정신분석의 훈습과 유사하다.

## 4단계: 변화

**변환**transformation 단계에서 치료자와 내담자는 깊은 수준의 인격적 교류와 상호작용을 통해 내담자의 변화를 유발한다. 이러한 변화는 치료자도 예외가 아니어서, 두 사람은 서로의 깊은 무의식 세계와 접촉하며 상호 영향을 미치게 되면서 심리적 변환이 일어난다. 융은 이 과정을 두 종류의 화학물질이 혼합되어 새로운 속성이 창조되는 현상으로 보았다.

## 핵심어

| | | |
|---|---|---|
| • 정신세계 | • 의식 | • 자아 |
| • 개인무의식 | • 집단무의식/비개인무의식 | • 개성화 |
| • 자기실현 | • 원형 | • 페르소나persona |
| • 그림자 | • 아니마 | • 아니무스 |
| • 자기 | • 만다라 | • 콤플렉스 |
| • 원형적 핵 | • 아버지 콤플렉스 | • 어머니 콤플렉스 |
| • 순교자 콤플렉스 | • 구세주 콤플렉스 | • 개별화 과정 |
| • 상징 | • 동시성 | • 전체성 |
| • 꿈 분석 | • 전이 · 역전이 분석 | • 적극적 상상 |

※ 다음 밑줄 친 부분에 들어갈 말을 쓰시오.

1. 분석치료에 의하면, 사람은 ____________한 존재, 즉 충분히 기능할 수 있도록 모든 필요한 요소들을 갖추고 태어난다. 다만, 심리기능의 균형이 깨지면서 ___________이/가 발생하고, 외상 경험을 억압하게 되면서 정신이 손상·분열되며, 기능이 분리된 것처럼 행동하는 ___________적 인격이 발달한다.
2. 융은 ___________을/를 개인에게 무언가 잘못되어 가고 있고, 충족이 필요함을 알려 주는 ___________의 메시지이자 억압된, 잃어버린 자기를 되찾으려는 열망의 표현이다. 그리고 정신적 고통은 전체로서 타고난 자신에 충실하고 집단무의식의 주인인 ______의 요구에 귀 기울이지 않을 때 발생한다.
3. 정신세계는 외부에서 내면으로 3개 층으로 구성되어 있는데, ___________은/는 가장 안쪽에 위치한다. ___________은/는 무의식이라는 광활한 바다 위에 떠 있는 작은 조각배에 불과하다. 자아가 억압한 개인의 경험은 ___________에서 그림자로 존대한다.
4. ___________은/는 라틴어로 '가면'이라는 뜻으로, 개인이 타인에게 자신을 드러내는 방식이다. 예를 들어, 개인은 부모에게는 아들/딸로, 자녀에게는 부/모로, 직장에서는 직장인이라는 가면(역할)을 쓴다. 이를 과도하게 중시하는 경우, 개인은 진정한 자기로부터 멀어져 형식적이고 피상적인 삶을 살게 되어 진정한 ___________경험이 어려워진다.
5. ___________은/는 개인이 의식적인 성격으로 인식하는 것과 반대되는 특성으로, 의식되지 않는 자아의 어두운 부분, 즉 자아의 분신이다. 여기에는 개인이 의식적으로 받아들이기 힘든 동물적·공격적 충동이 들어 있다는 점에서 프로이트가 주장한 성격의 3요소 중 ___________와/과 유사하다.
6. ___________은/는 내용은 없고 형태만 있는 심리적 반응양식이다. 이 반응양식에 있는 5개 유형 중, ___________은/는 남성에게 내재된 여성성(온정적·감성적 성향), ___________은/는 여성에게 내재된 남성성(논리적·합리적 성향)이다.
7. ___________은/는 의식과 무의식이 통합된 정신 전체의 중심으로, 정신을 구성·통합하는 에너지를 공급한다. 자아가 의식의 중심이라면, 이것은 정신 전체의 중심이면서 정신 전체를 포함하고 있으며, ___________속에 위치한다.
8. 개인의 심리기능, 태도, 콤플렉스, 억압된 자기의 부분들에 대한 의식의 발달을 ____________(이)라고 한다. 이는 ____________의 과정, 즉 자아가 자기를 찾으러 떠나는 여행이다. 이를 위해 개인은 자신의 ___________을/를 들여다봐야 하고, 자신의 심리적·정신적 양성성을 인정해야 한다. 이를 통해 남성성 또는 여성성이라는 굴레에서 벗어나게 되면, 의식적·무의식적으로 ___________을/를 만나게 된다.
9. 융은 성격발달단계 중에서 ____________기에 깊은 관심을 보였다. 이 시기에 융은 심한 정신적 위기를 겪으면서 자신의 내면 탐색에 몰입했기 때문이다. 이 시기의 발달적 문제에 깊은 관심을 보였다는 점에서 분석치료는 '___________심리학'으로도 불린다.
10. 분석치료의 주요 치료기법으로는 ____________이/가 있다. 이 기법은 융이 자기분석을 바탕으로 창안한 것으로, 무의식적 주제가 의식화되도록 자극하는 일련의 방법이다.

## 소집단 활동

**동시성** 다음은 칼 융(C. Jung)이 관심을 가졌던 동시성에 관한 글이다. 5인 1조로 나누어 각자 다음의 글을 읽고 난 다음, 다른 조원들과 서로의 의견과 소감을 나누어 보자.

> **동시성**synchronicity이란 관계가 없는 것 같은 두 개의 사건이 어떤 관련이 있는 것처럼 동시에 일어나는 현상을 말한다. 이전에 한번 가 본 것 같은 느낌이 들거나, 우연히 만난 사람이 어디선가 본 듯하다거나, 꿈에 나타났던 지인이 세상을 떠났다는 소식을 접하게 되는 것이 그 예다. 동시성 현상은 우연히 발생하는 것이 아니라, 우리가 모르는 어떤 작용에 의해 발생하는 것이다('우연처럼 보이는 필연'). 물질세계에서 벌어지는 사건들은 인과관계가 있다. 즉, 하나의 사건이 원인으로 작용해서 다른 사건이 결과 사건으로 나타난다. 이때 원인이 되는 사건과 결과가 되는 사건은 시간적 · 공간적 제약을 받는다. 그러나 융은 정신세계에서 일어나는 사건들은 시공간의 제약을 받지 않는다고 보았다.

**소감** ______________________________

| 05 |

# 아들러치료

*Adlerian Therapy*

알프레트 아들러 (Alfred Adler, 1870~1937)

**알프레트 아들러**는 오스트리아의 비엔나 근교 펜지히Penzig에서 중산층 유대인 곡물상의 6남 2녀 중 둘째로 태어났다. 어려서 구루병과 후두염을 앓았고, 3세 때 함께 자던 남동생이 옆 침대에서 세상을 떠났다. 이듬해에는 폐렴으로 죽음의 문턱을 넘나들어 커서 의사가 되겠다고 결심했다. 어린 시절 수학 성적이 저조하여 교사로부터 구두제조공의 도제로 들어가는 것이 좋겠다는 말을 듣기도 했다. 이를 극복하기 위해 공부에 전념하여 수학을 잘하게 되었고, 1895년 비엔나 대학교 의과대학에서 의학사 학위를 받았다. 그 후, 안과, 신경학을 전공했으나, 결국 정신과 전문의가 되었다. 1902년 프로이트를 주축으로 창립된 비엔나 정신분석학회에 초청받게 되면서 명성이 알려지게 되었다. 그러나 삶에 대한 동기 에너지로 생물적 충동이나 성적 욕동sexual drive보다는 주관적 감정의 중요성을 중시했고, 정신분석과는 달리 희망적인 이론을 발전시켜, 1912년 개인심리학회Society of Individual Psychology를 창립하면서 프로이트와 결별했다.

아들러는 1922년 비엔나의 학교에 의사, 심리학자, 사회사업가로 구성된 아동지도클리닉Child Guidance Clinics 설립을 주도했는데, 결국 이 운동은 다른 유럽 국가에까지 확대되었다. 이 경험은 자신의 이론을 꾸준히 가다듬는 계기가 되었다. 히틀러가 집권하자, 위협을 느껴 1932년 미국의 롱아일랜드 의과대학 의학심리학 교수가 되면서 1935년 미국으로 이주했다. 1937년 5월 28일 스코틀랜드의 애버딘Aberdeen에서 강연을 앞두고 산책 중, 아내, 두 딸, 그리고 아들을 남기고 심장병으로 세상을 떠났다. 그의 나이 67세였다. 아들러의 사후, 드라이커스Rudolph Dreikurs는 개인심리학을 미국으로 옮겨와 이론을 완성했다.

아**들러치료**Adlerian Therapy(AT)는 아들러가 자신의 **개인심리학**Individual Psychology을 토대로 창시한 이론이다. 이 이론에 따르면 인간은 나눌 수 없고('전체적'), 타인들과의 관계 속에서 의미를 부여하며('사회적'), 허구적 목적성에 따른 행위를 하며('현상적') 살아가는 창조적 힘이 있는('창조적') 존재로 간주한다. 개인심리학이라는 명칭은 사람은 분할할 수 없는indivisible의 의미의 라틴어 'individuum'에서 원용한 것으로, 인간이 분리할 수 없는, 통합적으로 기능하는 존재임을 강조하기 위해 붙여졌다. 이러한 점에서 내담자는 치료가 필요하지 않거니와 부분적으로 이해될 수 없고, 사회적 맥락(가족, 문화, 학교, 직장 등)에서 전체적으로 이해되어야 한다(Carlson & Johnson, 2016). 아들러치료의 기본가정은 [글상자 5-1]과 같다.

**[글상자 5-1] 아들러치료의 기본가정**

1. 인간은 본성적으로 전체적 · 사회적 · 현상학적 · 목적론적 · 창조적 존재다.
2. 개인의 모든 행위에는 목적이 있고, 사회적 힘에 의해 동기가 강화된다.
3. 무의식보다 행동의 의식적 측면이 성격발달에 영향을 미친다.
4. 행동은 유아기에 가족과의 사회적 상호작용 결과로 형성된다.
5. 인간은 누구나 불완전하고, 열등감을 느끼는 존재다.
6. 개인은 자기, 삶, 타인에 대한 독특한 관점을 발달시키고, 단기 · 장기 목표를 세워 행동에 동기를 부여하고, 그것이 발달에 영향을 미친다.
7. 열등감은 더 높은 통제력과 능력 성취를 위한 원동력이다('우월성 추구').
8. 출생순위(맏이, 둘째, 중간, 막내, 외둥이)는 성격발달에 영향을 미친다.

아들러치료는 심리교육에 초점을 두고, 현재 · 미래 지향적이며, 단기적 접근이다. 이 접근에서는 내담자의 긍정적 자질을 개발하고, 뚜렷한 목적의식과 노력을 통해 내담자를 새로운 방향으로 안내 · 변화를 돕는다. 아들러에 의하면, 인간은 각자 삶이라는 소설을 쓰는 존재로, 소설을 어떻게 써 나갈지는 전적으로 자신에게 달려 있다.

그러나 **정신적으로 건강하지 않은 사람**은 ① 용기, ② 사회적 관심, ③ 상식이 결여되어 있다. 첫째, 용기의 결여는 용기를 잃고 삶을 포기한 상태다. 이 상태는 낙담된 상태로, 아낌없는 격려를 통해 용기를 회복시킬 필요가 있다. 둘째, 사회적 관심의 결여는 타인을 배려하거나 공감하지 못하고, 자신의 이익만을 생각하며 사는 것이다. 셋째, 상식의 결여는 비정상적인 상태로, 이러한 사람들은 정상분포곡선의 극단에 치우쳐서 열등 콤플렉스 또는 우월 콤플렉스에 빠져 자해 또는 타해 같은 이상행동을 보일 수 있다.

## 핵심개념

아들러치료(AT)의 핵심개념으로는 ① 사회적 관심, ② 생활양식, ③ 열등 콤플렉스와 보상, ④ 우월성 추구, ⑤ 허구적 목적론, ⑥ 가족구도와 출생순위, ⑦ 기본실수가 있다.

## 사회적 관심

첫째, **사회적 관심**Gemeinschafts-gefühl/social interest이란 사회참여를 통한 공감, 타인과의 동일시, 타인지향의 이타심을 말한다('**공동체 감각**community sense/feeling'으로도 불림). 아들러는 사회적 관심을 '상대의 눈으로 보고, 상대의 귀로 듣고, 상대의 마음으로 느끼는 것'으로 보았다(Ansbacher & Ansbacher, 1956, p. 135). 즉, 다른 사람을 배려 · 공감하는 태도다. 사회적 관심이 높은 사람은 대인관계에서 공감적 이해를 잘하는 사람이다. 아들러는 **세 가지 생애과업**(① 사회society, ② 일work, ③ 성sexuality)을 제시하면서 사회적 관심과 공헌이 정신건강의 준거임을 강조했다.

아들러에 의하면, 인간은 성장 · 미래 · 목표 지향적이고 전인적이며 통합적으로 기능하는 존재다. 또 열등감을 극복하고 우월감을 추구하기 위해 행동하고, 타인과 유대를 맺으며, 사회적 관심이 있는 존재다. 사회적 관심이 있는 사람의 특징은 자신과 타인에게 책임감이 있고 협력적이며 자신의 정신건강에 대해서도 긍정적이다. 반면, **신경증**neurosis은 삶에서 요구되는 과제를 회피한 결과이며, **증상**symptom은 삶의 과제에서 지각된 불행한 미래로부터 개인을 보호하는 기능이 있다.

## 생활양식

둘째, **생활양식**style of life or lifestyle은 사회적 삶의 근거가 되는 기본 전제와 가정으로, 개인의 존재를 특징짓는 패턴이자 삶에 관한 이야기다. 이는 어린 시절 부모의 영향에 의해 형성된다. 개인의 문제는 생애 초기에 형성된 생활양식에서 비롯된다. 이에 아들러치료에서는 내담자의 이야기를 더 풍부하고 완전하게 만들어 이야기를 확장하도록 돕는다. 생활양식은 열등 콤플렉스에 대한 보상행동에 의해 결정되는데, 이는 열등감 극복을 위한 노력의 결정체다.

아들러에 의하면, 일은 생존에 필수적인 것으로, 개인은 경쟁보다는 협력해서 서로 돕는 법을 배워야 한다. 아들러는 영성과 자신과의 만남, 그리고 생애과업에 대해 용기 있는 직면(잘 모르는 상황에서 위기를 기꺼이 받아들이는 것)의 중요성을 강조하면서 생활양식을 4개 유형, 즉 ① 지배형ruling type, ② 기생형getting type, ③ 회피형avoiding type, ④ 사회적 유용형socially useful type으로 구분했는데, 각 유형에 대한 설명은

〈표 5-1〉과 같다.

표 5-1 생활양식의 네 가지 유형

| 유형 | 설명 |
|---|---|
| 1. 지배형 | ❍ 부모가 지배·통제하는 독재형으로 자녀를 양육할 때 나타나는 생활양식 |
| 2. 기생형 | ❍ 부모가 자녀를 과잉보호할 때 나타나는 생활양식으로, 의존성이 특징임 |
| 3. 회피형 | ❍ 매사에 소극적·부정적이며, 자신감 결여가 특징임<br>❍ 시도하기보다 주로 불평하고, 사회적 관심 결여로 고립을 자처함 |
| 4. 사회적 유용형 | ❍ 사회적 관심이 높고, 공감적이며, 전인적·통합적으로 기능함 |

아들러에 의하면, 인간은 환경의 영향을 받지만, 환경을 변화시킬 수 있는 존재 또한 인간이다. 즉, 환경이 인간을 만들지만, 인간이 환경을 만든다. 사람들은 환경의 영향을 받아 왔지만, 현재 처한 환경을 변화시켜 성장할 수 있도록 만드는 것은 각자의 책임인 것이다. 각자 지배형, 기생형, 회피형, 또는 사회적 유용형으로 살 것인가는 온전히 각자의 책임이다.

## 열등 콤플렉스와 보상

셋째, **열등 콤플렉스**inferiority complex는 주관적으로 인식된 열등감이 행동으로 표현되는 현상이다. 열등감에 사로잡혀 있는 사람은 자신보다 나은 사람과 비교하며 자기비난을 한다. 이들은 자신의 긍정적 측면을 바라보는 사고의 전환이 필요하다. 열등 콤플렉스의 원인은 아동기의 의존성과 무능감에서 오는 결핍감과 불안감이다. 열등감은 흔히 ① 열등한 신체기관, ② 부모의 과잉보호, ③ 부모의 방치로 인해 발생한다. 열등감과 우월성은 동전의 양면이다.

**열등감**inferiority feelings은 성취를 위한 초석이다. 열등감이 삶의 추진력으로, 뒤에서 밀어 주는 힘이라면, **우월성**superiority은 앞에서 끌어 주는 힘이다. 아들러는 인간을 자기실현을 위해 노력하는 존재로 보았는데, 열등감은 자기완성을 위한 필수요건이다. 사람은 자신의 부족한 점을 기꺼이 인정하고 이를 극복하려는 의지와 노력을 통해 열등감을 지배할 수 있다. 열등감에 사로잡혀 노예가 되는 순간, 열등 콤플렉스에 빠지게 된다. 열등감을 극복하려면 자신을 독특한 존재로서 수용·사랑하는 자세가 필요하다. 열등감에 대한 **보상**compensation 노력은 창조성의 원천이자 우월성 추구로 나타난다. 우월성은 바로 자기완성이자 자기실현이다.

## 우월성 추구

넷째, **우월성 추구**striving for superiority는 내담자가 지각한 '마이너스 위치minus position'에서 '플러스 위치plus position'로 끊임없이 나아가려는 인식된 동기다. 이는 단순히 열등감 극복을 위한 소극적 동기가 아니라, 적극적으로 잠재력을 충족시켜 완전과 완성을 위한 분투다. 우월성은 자기실현, 자기성장, 자기완성과 유사한 개념으로, 사회적 유용성과 결부된 것이다. 즉, 부족한 것은 채우고, 낮은 것은 높이며, 미완성 상태의 것은 완성하고, 무능한 상태는 유능한 상태로 만드는 경향성이다. 건강한 삶을 영위하는 개인은 사회적 관심이 있고, 바람직한 생활양식을 기반으로 우월성을 추구하는 특징이 있다. 이는 **성공**(자신이 할 수 있는 최선의 상태가 되는 것)**을 위한 분투**(완전상태가 되기 위한 분투striving for perfection)로 이어진다.

## 허구적 목적론

다섯째, **허구적 목적론**fictional finalism이란 내담자의 행동을 이끄는 상상 속의 허구, 이상, 또는 중심목표를 말한다('**허구적 최종목적론**'으로도 불림). 이 개념은 미래에 실재할 것이라기보다는 주관적·정신적으로 현재의 행동에 영향을 주는 노력과 이상으로, 지금 여기에 존재하지만, 현실에서 검증 또는 확인될 수 없는 가상의 목표다. 이는 언제나 허구, 즉 '마치 사실처럼' 가정하는 개인적 실현에 관한 가공적인 그림으로, 이를 통해 내담자의 심리를 이해할 수 있다.

## 가족구도와 출생순위

여섯째, **가족구도**family constellation란 가족 내에서 가족구성원 간의 관계유형 또는 자각을 발달시키는 관계체계를 말한다. 가족구도의 결정요소로는 가족구성원들의 성격 유형, 정서적 거리, 연령차, 출생순위, 상호 지배·복종 관계, 가족 규모 등이 있다. 이러한 요소들은 가족구성원의 성격발달에 영향을 준다. 가족구도의 대표적인 예는 **출생순위**ordinal birth position(맏이, 둘째, 중간, 막내, 외둥이)다. 이는 같은 부모 사이에서 태어나 자란 자녀들일지라도 출생순위에 따라 사회·심리적 환경의 차이로 인해 독특한 생활양식을 형성한다는 사실을 나타낸다. 단, 출생순위는 개인의 해석 또는 가족 내 자녀의 심리적 위치보다 덜 중요하다.

맏이. **맏이**는 태어나면서 부모의 사랑과 주변 어른들의 관심을 독차지한다. 외둥이로 지내는 동안 맏이는 관심의 중심에 있으면서 가족의 '군림하는 지배자'로, 대체로 버릇없게 자라면서 안정, 성취, 용기, 기쁨 등으로 사회화된다. 또 의존적인 경향을 보이고 남보다 앞서려는 경향이 있으며, 부모의 부재 시 책임을 느끼고 부모의 대리인 역할을 하고자 한다.

그러나 동생이 태어나면서 관심의 중심이 되던 지위를 상실하게 된다('폐위된 왕'). 이러한 경험으로 화를 잘 내게 되지만, 권력의 중요성을 깨닫게 되어 동생들의 본보기가 되고, 동생들을 부리며, 높은 성취욕으로 과거의 영화를 회복한다. 그러나 만일 자신의 지위를 되찾지 못하게 되면, 거듭된 실패로 스스로 고립되어 적응해 나가며, 애정이나 인정을 얻고자 하는 욕구에 초연해 홀로 생존해 가는 전략을 터득한다. 따라서 남들과 좋은 관계를 맺으며, 기대에 쉽게 순응하고, 사회적 책임을 잘 감당하는 특징을 보인다.

둘째 아이. **둘째 아이**는 태어나면서 맏이만큼 주위의 주목을 끌지 못한다. 힘과 권력에 별 관심을 보이지 않으면서도, 마치 육상선수가 최선을 다해 달리는 것처럼 행동하며 항시 전력을 다하는 경향을 보인다. 이는 마치 맏이를 추월하기 위해 훈련하는 것처럼 보인다. 왜냐하면 경쟁상대 맏이가 이미 앞서서 뛰고 있는 것처럼 보이기 때문이다. 두 사람의 경쟁은 성인이 되어서까지 생활양식에 영향을 미친다. 둘째 아이는 맏이보다 낫다는 사실을 입증하기 위해 경쟁적으로 노력하는 생활양식을 형성한다. 그 결과, 맏이에 비해 외향적이고, 태평하며, 창의적이고, 규칙에 영향을 받지 않는 성향을 보인다. 게다가 맏이가 어느 한 분야에 두각을 나타내면, 둘째는 다른 분야에서 인정받기 위해 노력함으로써 맏이와 상반되는 성격이 형성된다.

중간 아이. **중간 아이**middle child는 형제자매들의 중간에 끼어 있다는 점에서 압박감과 불공평한 대우를 받는다고 느끼게 된다. 이들은 스스로에게 연민을 느끼며("난 참 불쌍해!") 자라게 되어 가족 내에서 문제아가 되기 쉽다. 또 맏이나 막내와는 달리 다른 형제자매와 친밀하거나 동맹관계를 형성하지 않는다. 중간에 끼어 있는 특성 때문에 가족의 역학관계와 협상기술을 터득하여 갈등이 많은 가족에서 갈등해결의 중재자 역할을 도맡는다. 또 이 기술을 활용하여 자신이 원하는 것을 얻기 위해 상황을 조정하거나 성공 가능한 분야를 택하게 된다. 만일 네 명의 자녀가 있는 가정이라면, 둘째는 중간 아이와 같은 감정을 느끼게 되고, 셋째는 더 느긋한 성향으로 사회성이 높으며, 맏이와 친한 관계를 형성하는 경향이 있다.

막내. **막내**youngest child는 어려서부터 다른 형제들로부터 관심과 사랑을 한 몸에 받는다. 또 손아래 형제에게 지위 상실의 경험이 없어서 매력적인 귀염둥이 아기로 자라는 경향이 있다. 게다가 과잉보호로 인해 무력감이 독특한 형태로 발달하고, 타인의 도움을 받는 것을 당연시한다. 그러나 가족 중 누구도 시도하지 않은 길을 택하고, 자신만의 방식대로 살아가면서 손위 형제들에 대한 모델링을 통해 큰 성취를 이루어 이들보다 나은 삶을 살기도 한다. 반면, 가장 어린 자 혹은 가장 약한 자로서의 열등감이 성격으로 자리 잡거나, 버릇없고 의존적인 귀염둥이의 역할에 안주할 수 있다.

외둥이. **외둥이**only child는 경쟁할 형제가 없으므로 의존심과 자아중심성이 현저하게 나타나는 응석받이가 되기 쉽다. 외둥이는 강한 성취동기를 지닌 맏이와 비슷한 면을 지니면서도, 물건을 나누어 갖거나 협력에 익숙하지 않은 반면, 가족 내에서의 경험을 통해 어른을 능숙하게 다룬다. 외둥이는 부모가 애지중지 키우게 되면서 부모 중 한 명 또는 두 사람 모두에게 의존성을 보일 수 있다. 또 맏이처럼 관심의 초점이 된다는 이점이 있어서 조기에 성숙하고 높은 성취를 이루는 특징이 있다.

외둥이는 어려서부터 혼자 지내는 시간이 많아 풍부한 상상력을 발달시킨다. 반면, 응석받이로 자라거나 이기적인 성향이 나타날 수 있고, 사회화가 잘 이루어지지 않을 수 있다. 또 항상 무대의 중심에 서길 원하므로, 자신의 지위에 도전받으면 불공평하다고 느끼게 된다. 바로 위 형제와 7년 이상 터울이 지는 아이는 심리적으로 외둥이에 해당한다.

### 기본실수

끝으로, **기본실수**basic mistakes는 초기회상에서 파생되는 것으로, 생활양식의 자기파괴적 측면을 가리킨다. 이는 다른 사람들, 자기 관심, 또는 힘에 대한 욕구로부터의 회피 또는 철수를 의미한다. 사람들은 종종 자신의 강점, 내적 자원, 긍정적 특성을 인식 또는 수용하지 않는 경향이 있다. **허구**fiction로 인해 사람들이 흔히 범하는 기본실수는 ① 과잉일반화, ② 안전에 대한 그릇된 또는 불가능한 목표, ③ 생활과 생활요구에 대한 잘못된 지각, ④ 개인 가치의 최소화 또는 부정, ⑤ 잘못된 가치관으로 분류된다(Mosak & Maniacci, 2010).

## 상담목표

아들러치료(AT)의 목표는 내담자를 격려하는 것이다. 격려를 통해 내담자에게 용기를 북돋아 주어 사회적 관심을 가지게 하고, 재교육을 통해 잘못된 기본가정과 목표를 수정하며, 생활양식의 **재정향**reorientation을 돕는다. 아들러치료에 의하면, 정신병리는 용기를 잃고 자신감·책임감을 상실한 낙담에서 비롯된다. **낙담**은 자신과 세계가 변하지 않는데 왜 시도하는가와 관련된 감정 상태이고, **증상**은 시도된 해결방법/솔루션solutions이다. 상담자는 내담자가 어려운 상황에서도 좌절하지 않고, 인내하며, 끊임없이 자신을 격려하면서 용기를 잃지 않는 낙천적인 사람으로의 변화를 돕는다(Maniacci et al., 2014). 이를 위해 상담자는 내담자가 자신이 변할 수 있고, 노력할 가치가 있음을 인식하고, 자신의 강점을 인식·수용하도록 돕는다. 변화를 위한 노력은 용기를 내는 것이다.

## 상담기법

아들러치료(AT)의 주요 기법으로는 ① 격려, ② 질문, ③ 직면, ④ 마치 ~처럼 행동하기, ⑤ 수프에 침 뱉기, ⑥ 즉시성, ⑦ 단추 누르기, ⑧ 역설적 의도, ⑨ 악동 피하기, ⑩ 자기간파, ⑪ 과제가 있다.

## 격려

**격려**encouragement는 신뢰를 기반으로 내담자에게 행동변화의 가능성을 전달하고, 긍정적인 생활양식을 선택하도록 돕는 기법이다. 이는 낙담한 내담자에게 용기를 주는 것으로 개인의 신념 변화에 가장 영향력 있는 기법이다. 심리적 문제가 있는 사람들 대부분은 낙담 또는 좌절 상태에서 상담자를 찾는다. **낙담**discouragement은 희망을 잃고 맥이 풀린 상태, 즉 용기를 잃은 상태로, 용기의 상실은 역기능적 행동을 초래한다. 식물에게 물이 필요하듯, 인간에게는 격려가 필요하다(Dreikurs, 1967). 격려는 말 그대로 **용기**courage를 갖게 하고 **자신감**을 심어 준다. 격려는 상담 초기부터 전반적인 상담과정에서 낙담한 내담자에게 적용된다. 상담에서뿐 아니라 대인관계에서 사용할 수 있는 격려를 위한 지침은 [글상자 5-2]와 같다.

**[글상자 5-2] 격려를 위한 지침**

1. 수행결과를 평가하기보다 현재 행동에 초점을 둔다.
2. 과거 또는 미래보다 현재에 초점을 둔다.
3. 사람보다 행동에 초점을 둔다.
4. 결과보다 노력 또는 시도에 초점을 둔다.
5. 외적 요인보다 내부에서 비롯된 동기에 초점을 둔다.
6. 학습되지 않은 것보다 현재 학습되고 있는 것에 초점을 둔다.
7. 부정적인 것보다 긍정적인 것에 초점을 둔다.

아들러치료의 관점에서 보면, 정신적으로 건강한 사람은 끊임없이 자신을 격려하면서 용기를 잃지 않는 사람이다. 반면, 심리적으로 고통을 겪고 있는 사람은 용기를 잃고 자신감을 상실한, 낙담하는 사람이다. 어려움에도 좌절하지 않는 용기를 가진 사람은 인내와 끈기가 있다. 그렇지 않고 참아 내지 못하고 포기하는 사람은 결국 일련의 증상으로 어려움을 겪는 환자가 된다. **칭찬**compliment은 수행결과에 초점이 맞추어져 있지만, 격려는 사람에 초점이 맞추어져 있다는 점에서 차이가 있다.

## 초기기억

**초기기억**Early Recollections(ERs)은 "10세 전에 경험했다고 보고되는 사건에 관한 이야기다"(Mosak & Di Pietro, 2006, p. 1). 이 기법은 내담자가 떠올릴 수 있는 가장 어린 시절의 기억에 관해 이야기해 보게 하는 기법이다. 즉, 내담자의 생활양식과 세상을 이해하는 방식을 알아보기 위한 일종의 투사검사다. 초기기억은 대체로 10세 이전에 한 시점에서 발생한 사건으로, 잘 엮어진 일련의 작은 수수께끼다(Corey, 2016). 이는 내담자의 자기이해, 가치관, 삶의 목표, 동기, 미래에 대한 기대를 이해할 수 있는 유용한 도구다(Mosak & Di Pietro, 2006). 초기기억은 내담자의 초기 열등감을 조망할 창을 제공하고, 내담자에게 보호적인 보상과정이 형성된 이유의 이해를 돕는다. 초기기억과 관련된 질문의 예는 [대화상자 5-1]과 같다.

[대화상자 5-1] 초기기억 탐색을 위한 지시문

치료자: 당신의 초기기억에 대해 듣고 싶어요. 당신이 기억해 낼 수 있는 가장 어렸을 때로 돌아가 생각해 보세요(10세 이전). 그리고 그 시기에 어떤 일들을 겪었는지 말씀해보세요. 다른 사람에게서 들은 것이 아니라, 당신이 직접 기억하는 것을 떠올려 보세요.

내담자: (자신의 초기기억 내용을 진술한다.)

치료자: 어떤 부분이 눈에 들어오나요? 초기기억 중에서 가장 생생하게 기억나는 부분은 무엇인가요? 만일 전체 기억이 영화의 한 장면처럼 흘러가다가 한 장면에서 멈춘다면, 어떤 일이 일어나게 될까요? 그 순간 당신은 어떤 느낌이 들까요? 당신의 반응은 어떤가요?

초기기억(ERs)은 삶의 이야기를 이해하는 단서를 제공한다. 사람들은 일반적으로 10세 이전에 겪었던 많은 경험 중에서 6~12개 정도만 기억한다(Corey, 2016). 따라서 치료자는 내담자에게 최소한 세 가지 기억을 떠올려 보게 하는데, 일부 치료자들은 12가지 기억을 떠올려 보게 하기도 한다. 내담자의 초기기억에 대한 회상은 실제 사건에 기반하는 것일 수 있고, 그렇지 않을 수도 있다. 설령 내담자가 사건을 왜곡한다고 해도 이는 과거의 사건에 대한 내담자의 지각을 나타내며 그가 현재 세상을 어떻게 조망하는지에 영향을 미치고 있다고 해석될 수 있기 때문이다.

격려 외에도 상담목표를 성취하기 위해 적용하는 아들러치료의 주요 기법은 〈표 5-2〉와 같다.

표 5-2 아들러치료의 주요 기법

| 기법 | 설명 |
|---|---|
| 1. 질문 | ❍ 내담자가 미처 확인하지 못한 생활양식 검토를 위한 탐색방법 |
| 2. 직면 | ❍ 내담자의 사적 논리/신념에 도전하여 면밀한 검토를 거쳐 통찰을 돕는 기법 |
| 3. 마치 ~처럼 행동하기 | ❍ 자신이 원하는 상황에 있는 것처럼 상상하면서 행동하게 하는 일종의 역할연습 |
| 4. 수프에 침 뱉기 | ❍ 내담자의 자기패배적 행동('수프')의 감춰진 동기를 인정해 주지 않음('침 뱉기')으로써, 그 유용성을 감소시켜 이 행동을 소거하는 기법 |
| 5. 즉시성 | ❍ '지금 여기'에서 일어나는 내담자의 말과 행동의 모순점에 즉각적으로 피드백을 제공하는 기법 |
| 6. 단추 누르기 | ❍ 유쾌한 경험('파란 버튼')과 불쾌한 경험('빨간 버튼')을 차례로 떠올리게 하여 각 경험에 수반되는 감정에 주의를 기울이게 하는 기법 |
| 7. 역설적 의도 | ❍ 특정 사고 또는 행동을 의도적으로 과장하게 하는 기법 |
| 8. 악동 피하기 | ❍ 부적 감정(분노, 실망, 고통 등)의 호소로 치료자를 통제하려는 내담자의 의도를 간파하여, 그 기대와는 다른 반응을 보이는 기법 |
| 9. 자기간파 | ❍ 내담자가 허구적 목적달성을 저해하는 행동을 하고 싶은 생각이 들 때마다 이를 인식하고, 마음속으로 '중지[stop]' 또는 '그만'이라고 외침으로써, 자기패배적 행동 또는 비합리적 사고가 반복되지 않도록 돕는 기법 |
| 10. 과제 | ❍ 현실적이고 보상이 뒤따르는 행동을 실행하게 하여 내담자의 행동변화를 촉진하는 기법 |

상담자는 내담자에게 가장 적합하다고 여겨지는 기법들을 창의적으로 적용한다. 이 외에도, 아들러치료의 주요 기법으로는 초기기억이 있다.

## 상담과정

인간에게 가장 어려운 일은 자신을 알고 자신을 변화시키는 것이다(Adler, 1946, p. 11). 이에 아들러치료의 과정은 낙담 상태에 있는 내담자에게 정보를 제공하고, 가르치고, 지도 · 격려하는 것에 맞추어진다. 상담과정은 ① 관계 형성, ② 분석 · 사정, ③ 해석 · 통찰, ④ 재정향 단계 순으로 진행된다(Mosak & Maniacci, 2010).

### 1단계: 관계형성

**관계형성 단계**에서 상담자는 내담자와 신뢰를 바탕으로 따뜻하고 친근하며, 지지적 · 공감적이고, 평등한 관계를 형성한다. 평등관계는 우월한 자도 열등한 자도 없는 관계에서 내담자가 적극적인 삶의 주체임을 깨닫게 하는 효과가 있다. 이를 위한 필수기법은 **격려**encouragement다. 격려는 상담 초기부터 행동 변화와 대인관계 개선을 위한 도구로 사용된다. 격려는 ① 수행을 평가하기보다 현재 하는 것, ② 과거 · 미래보다 현재, ③ 개인보다 행동, ④ 결과보다 노력, ⑤ 외적 요인보다 내적 동기, ⑥ 학습되지 않은 것보다 현재 학습되고 있는 것, ⑦ 부정적인 것보다 긍정적인 것에 초점을 맞춘다(Sweeney, 2019).

### 2단계: 분석 · 사정

**분석 · 사정 단계**에서는 내담자에 대한 분석 · 사정을 통해 생활방식을 이해하고, 그것이 삶의 제반 과업수행에 미치는 영향을 파악한다. 이 작업은 보통 **생애사 질문지**Life History Questionnaire(LHQ)를 통해 내담자의 생활방식, 초기기억, 가족구도, 꿈, 우선순위를 비롯한 반응양식 등에 대해 이루어진다. 특히 초기기억은 내담자가 세상에 대한 견해, 삶의 목적, 동기화 요인, 가치관, 신념 등을 엿볼 수 있는 자료인 동시에, 내담자의 기본실수를 파악할 수 있다. 이에 비해, 우선순위 평가는 욕구에 대한 것으로, 내담자의 생활방식 이해에 중요한 단서를 제공한다. 이는 우월, 통제, 안락, 즐거움 욕구를 대상으로 탐색한다.

## 3단계: 해석 · 통찰

**해석 · 통찰 단계**에서 상담자는 해석을 통해 내담자의 자각과 통찰을 돕는다. 아들러치료에서 해석은 직관적 추측의 성격을 띠고 있고, 흔히 격려와 직면이 동반되며, 주로 지금 여기에서 행동의 동기에 대해 이루어진다. 특히 **직면**confrontation은 내담자의 언행 불일치, 이상과 현실의 부조화에 대한 인식 또는 통찰을 얻을 수 있게 한다. **해석**interpretation은 내담자의 자기이해, 즉 문제 발생에서의 역할, 문제 지속방식, 그리고 상황 개선을 위해 새롭게 시도할 행동에 대한 자각을 돕는다.

## 4단계: 재정향

**재정향**reorientation **단계**에서 치료자와 내담자가 함께 내담자 자신, 타인, 삶에 대한 잘못된 신념에 도전하여 삶의 새로운 방향을 정립할 수 있도록 돕는다. 이는 해석을 통해 내담자의 통찰이 실제 행동으로 전환하는 시기로, 상담자는 사회적 관심 표현을 시범적으로 보여 주고, 격려와 함께 과업 부여를 통해 내담자가 직접 다른 사람에게 적용해 볼 기회를 제공한다.

| | | |
|---|---|---|
| • 사회적 관심 | • 생활양식 | • 생활양식 조사 |
| • 열등 콤플렉스 | • 열등감 | • 보상 |
| • 우월성 추구 | • 허구적 목적론 | • 가족구도 |
| • 출생순위별 성격 | • 기본실수 | • 재정향 |
| • 격려 | • 질문 | • 직면 |
| • 마치 ~처럼 행동하기 | • 수프에 침 뱉기 | • 즉시성 |
| • 단추 누르기 | • 역설적 의도 | • 악동 피하기 |
| • 자기간파 | • 과제 | • 초기기억ERs |

## 복습문제

※ 다음 밑줄 친 부분에 들어갈 말을 쓰시오.

1. 아들러치료의 핵심개념의 하나인 ______은/는 사회참여를 통한 공감, 타인과의 동일시, 타인지향의 이타심을 의미한다. 이것이 높은 사람은 대인관계에서 ______을/를 잘한다. 아들러는 이것을 정신건강의 준거로 보면서, ① 사회, ② ______, ③ 성을 세 가지 생애과업으로 제시했다.
2. 아들러(A. Adler)는 사회적 삶의 근거가 되는 기본 전제와 가정으로, 개인의 존재를 특징짓는 패턴이자 삶의 이야기를 ______(이)라고 명명했다. 아들러치료에서 이 개념은 ______콤플렉스에 대한 보상행동에 의해 결정되며, ______ 극복을 위한 노력의 결정체로 간주된다.
3. 열등감은 흔히 ① 열등한 신체기관, ② 부모의 ______, ③ 부모의 방치로 인해 발생한다. 열등감에 대한 보상 노력은 ______의 원천이면서 ______ 추구로 나타난다.
4. 아들러치료의 목표이자 대표적인 기법은 ______(이)다. 이는 신뢰를 기반으로 내담자에게 행동변화의 가능성을 전달하고, 긍정적인 생활양식을 선택하도록 돕는 기법이다. 이 이론적 접근에 의하면, 정신병리는 용기를 잃고 자신감·책임감을 상실한 ______에서 비롯된다. 이는 자신과 세계가 변하지 않는데 왜 시도하는가와 관련된 감정 상태로, ______은/는 시도된 해결법/솔루션이다.
5. 아들러치료의 주요 기법 중, ______은/는 내담자의 자기패배적 행동('수프')의 감추어진 동기를 인정해주지 않음('침 뱉기')으로써, 그 유용성을 감소시켜 이 행동을 제거하는 기법인 반면, 은/는 부적 감정(분노, 실망, 고통 등)의 호소로 치료자를 통제하려는 내담자의 의도를 간파하여, 그 기대와는 다른 반응을 보이는 기법이다.
6. 아들러치료의 기법에는 내담자가 떠올릴 수 있는 가장 어린 시절의 기억에 관해 이야기해 보게 하는 ______이/가 있다. 이 기법은 ______세 이전에 경험했다고 보고되는 사건에 관한 이야기를 탐색함으로써, 내담자의 초기 열등감을 조망할 창을 제공하고 내담자에게 보호적인 보상과정이 형성된 이유의 이해를 돕는다.
7. 아들러치료에서 상담에서뿐 아니라 대인관계에서 사용할 수 있는 격려를 위한 지침에는 다음과 같은 내용이 포함되어 있다. 즉, ① 사람보다 ______에 초점을 둔다. ② 결과보다 ______ 또는 시도에 초점을 둔다. ③ 외적 요인보다 내부에서 비롯된 ______에 초점을 둔다.
8. 아들러치료의 목표에는 내담자에게 ______을/를 통해 잘못된 기본가정과 목표를 수정하고, 생활양식의 ______을/를 돕는 것이 포함되어 있다.
9. 아들러치료에 의하면, 어려움에도 좌절하지 않는 용기를 가진 사람은 ______이/가 있다. 그렇지 않고 참아내지 못하고 포기하는 사람은 ______이/가 된다.
10. 아들러에 의하면, ______, 즉 가족 내에서 가족원 간의 관계유형 또는 알아차림을 발달시키는 관계체계의 대표적인 예는 ______(이)다. 그는 형제자매들 중, ______은/는 힘과 권력에 별 관심을 보이지 않으면서도 마치 육상선수가 최선을 다해 달리는 것처럼 행동하며 항시 전력을 다하는 경향을 보이는 특징이 있다고 주장했다.

## 소집단 활동

**출생순위** 출생순위(맏이, 둘째, 중간, 막내, 외둥이)에 따라 조를 편성하여 조원들과 자신의 경험과 견해 등에 대해 토의해 보자. 조별 토의내용은 전체 수강생들과 함께 나누어 보자.

**소감** ______________________________

**열등감 · 우월성 추구** 아들러는 우리의 삶은 열등감을 극복하고 우월성을 추구하는 과정이라고 말했다. 둘씩 짝을 지어, 각자의 삶에서 열등감과 우월성 추구와 관련된 경험에 관해 이야기를 나누어 보자.

**소감** ______________________________

# | 06 |

# 실존치료

*Existential Therapy*

롤로 메이
(Rollo May, 1909~1994)

롤로 메이는 미국 오하이오주 에이다에서 6남매 중 둘째(장남)로 태어났다. 어린 시절 가정불화로 인해 고독하고 반항적인 청소년기를 보냈다. 1930년 오벌린 대학교에서 영어를 전공한 후, 그리스의 아나톨리아 대학에서 영어를 가르쳤다. 그러던 중, 비엔나를 여행하다가 아들러가 진행하는 세미나에 참석한 후, 정신분석에 흥미를 갖게 되었다. 그러나 그리스에 머무르는 동안 고독을 극복하기 위해 일에만 몰입한 결과 건강이 악화되었다. 1933년 유니온 신학교에 진학, 실존주의 신학자 폴 틸리히Paul Tillich의 영향을 강하게 받았다. 그 후, 목사로 잠시 활동하다가 컬럼비아 대학교의 임상심리학 학위과정에 등록하려 했으나, 결핵으로 학업을 포기하고 2년 여에 걸쳐 투병생활을 했다. 이 시기에 실존주의 철학자 쇠렌 키르케고르Søren Kierkegaard의 글에 강한 인상을 받았다. 결핵에서 회복된 1949년 컬럼비아 대학교에서 학위를 마치고, 뉴욕시의 William Allanson White Institute의 교수가 되었다. 1950년 저서 『불안의 의미(The Meaning of Anxiety)』를 출간했고, 불안이 인간을 파괴할 수 있지만, 긍정적으로도 기능한다고 보았다. 1960년대에 인본심리학회Association of Humanistic Psychology를 공동으로 창립했고, 『사랑과 의지(Love and Will)』(1969)와 『창조의 용기(The Courage to Create)』(1975)를 출간했으며, 1994년 10월 22일 85세로 세상을 떠났다.

어빈 얄롬
(Irvin Yalom, 1931~현재)

어빈 얄롬은 제1차 세계대전 직후 러시아에서 미국으로 이주한 부모 사이에서 태어나, 워싱턴 D.C. 도심의 빈민가에서 자랐다. 그곳에서의 생활은 극히 위험해서 주로 집에서 소설을 읽으며 지냈다. 그러다가 책을 빌려오기 위해 자전거로 위험을 무릅쓰고 도서관까지 오갔다. 책을 통해 만족스러운 세상이 있음을 발견하고는 소설을 쓰는 것이 사람이 할 수 있는 가장 훌륭한 일이라고 생각했다. 정신과 의사이자 집단심리치료자로서 여러 권의 책을 저술했다. 스탠퍼드 대학교 의과대학 정신의학과 명예교수로, 임상경험과 실증적 연구, 철학, 문헌들을 바탕으로 실존의 조건 또는 인간의 궁극적 관심사인 자유와 책임, 실존 고독, 무의미성, 죽음을 다루는 실존치료 체계를 구축했다. 얄롬은 심리치료에서 특정한 이론 적용에 집착하기보다 내담자의 실재/세계 내 존재에 초점을 두고, 실존적 주제를 다루는 것을 중시한다. 개인이 실존적 주제를 어떻게 다루는지는 삶의 계획과 질에 영향을 준다고 믿기 때문이다. 그는 내담자의 스토리텔링에 경외감을 느끼며, 심리치료는 끊임없이 흥미를 불러일으킨다고 고백하기도 했다. 또 내담자마다 독특한 삶의 스토리를 가지고 있어서 이들에게 서로 다른 치료적 접근이 고안되어야 함을 중시한다. 또 지금 여기의 치료적 관계와 내담자와의 관계 경험에 대한 정직성을 기반으로, 내담자의 대인관계 세계를 탐색해야 함을 강조하면서 실존적 · 대인관계적 심리치료를 수행하고 있다.

쇠렌 키르케고르
(Søren Kierkegaard, 1813~1855)

루트비히 빈스방거
(Ludwig Binswanger, 1881~1966)

**실존치료**Existential Therapy(ET)는 쇠렌 키르케고르, 에드문트 후설(Edmund Husserl, 1859~1938), 마르틴 하이데거(Martin Heidegger, 1889~1976), 장 폴 사르트르(Jean Paul Sartre, 1905~1980)를 중심으로 형성된 실존주의 철학에 뿌리를 둔 이론적 사조다. 이 사조는 루트비히 빈스방거, 빅터 프랭클, 롤로 메이, 어빈 얄롬에 의해 치료모델로 체계화되었다. 실존치료는 인간의 고통에 대한 태도이자 심리치료의 철학적 접근이다. 이 접근에서는 인간의 본질, 불안, 절망, 슬픔, 외로움, 고독, 사회적 무질서의 본질에 대한 심층적인 질문을 던지는 동시에 의미, 창조성, 사랑의 문제를 중점적으로 다룬다(Yalom & Josselson, 2014).

**실존**existence이란 인간 존재의 특유한 존재방식을 의미한다. 이 개념의 어원은 'ex'는 밖에, 'sistere'는 나타나 있는 것을 의미한다. 즉, 실존철학 역시 인간의 숨겨진 본질보다는 드러나 있는 인간의 존재방식을 묻고, 그것을 규명하려는 노력이다. 실존은 현실의 존재, 사실의 존재, 진실의 존재의 또 다른 표현이다. 실존치료는 인간의 존재, 즉 인간의 가장 직접적인 경험인 그 자신의 존재에 초점을 둔다.

실존치료에 의하면, 인간의 존재는 무에서 시작된 자유로운 존재다. 인간은 사전에 그 무엇에 의해서도 규정되어 있지 않기 때문에 자신을 규정할 수 있는 힘은 오직 자신에게만 있다. 그러므로 개인은 자신과 자유의지에 따라 선택 · 행동하고, 그 결과에 책임짐으로써 자신의 본질을 만들어 가는 존재다. 실존치료 창시자들의 강조점은 각기 차이가 있다. 그러나 현상학적 철학을 바탕으로 인간의 실존문제를 다룸으로써 치료 효과를 산출하고자 한다는 공통점이 있다. 실존치료에서 중시하는 실존의 범주는 [글상자 6-1]과 같다(Yalom, 1980).

**[글상자 6-1] 실존의 5개 범주**

1. 삶은 때로 공정하지 않고 바르지 않을 수 있음에 대한 인식
2. 삶의 고통과 죽음은 궁극적으로 피할 수 없음에 대한 인식
3. 타인에게 접근한 정도에 상관없이 여전히 삶에서 혼자라는 사실에 대한 인식
4. 삶과 죽음의 근원적 문제를 직시하면 삶에 솔직해지고 사소한 일에 신경을 덜 쓰게 된다는 인식
5. 타인들로부터 안내와 지원받은 정도와 무관하게 삶을 영위하는 방법에 대한 궁극적인 책임이 자신에게 있다는 사실에 대한 인식

개인의 삶은 진행 중인 하나의 과정이다. 사람은 자각 능력이 있고 자유로우며 자기 삶의 주인공으로서, 선택에 의해 자신을 규정하고 의미 있는 실존을 창조해 가는 존재다. 단, 자유는 선택에 대한 책임과 함께 온다. 이에 사람은 단순히 학설로 이해할 수 없고, 신경증/정신병도 일그러진 실존이다. 그러므로 상담자는 내담자의 문제보다는 내담자의 세계being-in-the-world에 들어가, 있는 그대로의 전체를 보며 생활사를 중심으로 변화를 돕는다. 이에 실존치료에서는 '치료therapy' 또는 '분석analysis'이라는 말보다는 **조명**illumination이라는 용어를 사용한다. 상담자는 산속에서 길을 잃은 사람을 계곡으로 인도하는 안내자 역할, 즉 항상 내담자와 같은 실존의 평면 위에서 내담자를 객관화하지 않고, 내담자 안에서 실존의 동반자 역할을 한다. 실존치료의 기능은 [글상자 6-2]와 같다(Yalom, 1980).

**[글상자 6-2] 실존치료의 기능**

1. 인간은 종종 죽지 않으려는 계획과 구원에 안주하여 죽음을 보지 않으려 하는데, 죽음의 부정은 인간의 본성을 거부하는 것이다. 이에 상담에서 죽음에 대한 불안을 다루고, 죽음에의 직면을 통해 내담자가 진실한 삶을 영위할 수 있도록 도울 수 있다.
2. 죽음의 각성은 죽음을 앞둔 환자에게만 생기는 것이 아니다. 오히려 젊은이들이 민감한 데 비해, 성공한 성인들은 무감각한 경향이 있다. 죽음 같은 무의식적인 실존적 관심에 참여하게 되면, 인간관계는 풍요로워지고 인생을 사랑할 수 있으며 신경증도 치유될 수 있다.
3. 사람들은 때로 제한적 실존상태, 즉 생활 상황을 다룸에 있어서 대안이 있음을 인식하지 못하고, 일정한 틀에 갇혀 무기력하게 살아간다. 이에 상담자는 내담자가 과거의 생활패턴을 인식하고, 미래 변화에 대한 책임수용을 도울 수 있다.

## 핵심개념

실존치료(ET)의 핵심개념은 ① 삶과 죽음, ② 자유와 책임, ③ 의미감과 무의미성, ④ 고독과 사랑, ⑤ 불안으로 모아진다.

### 삶과 죽음

첫째, 삶에 관해 가장 확실한 사실은 **삶**living에는 반드시 종결('죽음')이 있다는 것이다. 죽음에 대한 의식은 내담자에게 두려움을 줄 수 있는 동시에, 역설적으로 창조적 삶으로 이어질 수 있다(May, 1969). 이처럼 **죽음**dying, 즉 **비존재**non-being/Nichtsein에 대한 인식은 존재에 의미를 주고 삶에 의미를 더해 주는 조건이다. 다시 말해서, 죽음은 사람들에게 위협이 아니라, 삶을 충분히 영위하고 창조적으로 의미 있는 일을 행할 기회를 적극 활용하게 하는 요인이다(Frankl, 1963). 죽음은 현재 순간에 고마움을 느끼게 한다는 점에서 위협이 될 수 없다. 다만, 죽음의 현실을 반영함으로써 온전히 살아가는 방법을 배울 수 있다. 이러한 점에서 "죽음이 가르침을 주는 스승이라면, 삶은 일을 수행하는 숙련공이다."(Deurzen & Adams, 2011, p. 105).

인간은 언젠간 자신이 죽는다는 것을 스스로 지각하는 존재다. 죽음은 엄습해 오는 기분 나쁜 무엇으로, 실존이 불가능하게 되는 가능성이다. 그러나 죽음은 가장 '자기적'이다. 누구에 의해서도 대신 죽어 주기를 바랄 수 없는, 언제나 자기가 맞아야 할 사건이다. 이런 점에서 죽음은 자기의 궁극적인 가능성이다. 그리고 죽음은 모든 교섭의 단절이다. 죽음은 자신에 관한 것이요, 다른 무엇과도 교섭될 수 없는 것이다. 또 죽음은 넘어설 수 없고 가장 확실하며, 언제 일어날지 모르는 불안의 원천이다. 이런 점에서 실존은 죽음에의 존재요 종말에의 존재다. 그러므로 인간은 유한한 존재인 동시에 그 기저에는 **무**nothingness가 존재한다.

삶은 시간의 제약을 받기 때문에 의미가 있다. 만일 능력 실현을 위해 영원한 시간이 있다면 조급해할 필요가 없다. 그러나 죽음으로 인한 유한한 삶은 진지한 삶을 살도록 자극한다. 만일 죽음의 현실에 대해 방어적이 된다면, 삶은 지루하고 그 의미는 상실된다. 반면, 죽음을 인식하게 된다면, 각자의 과업완수에 무한한 시간이 주어지지 않으므로 현재의 중요성을 깨닫게 된다. 이로써 죽음에 대한 인식은 삶의 열정과 창의성의 근원으로 작용한다. 따라서 삶과 죽음은 상호의존적이고, 물리적인 죽음이 우리를 소멸할지라도 죽음에 대한 관념은 우리를 구원한다(Yalom, 1980, 2003).

죽음에 대한 두려움과 삶에 대한 두려움은 상호 연관이 있다. 현재의 삶을 긍정하며 살아가고자 한다면, 삶의 종결에 대한 두려움에 사로잡히지 않을 것이다. 죽음을 두려워하는 사람은 삶도 두려워한다. 죽음에 대한 직면을 두려워하는 사람은 비존재가 되는 사실로부터 도피하려고 한다. 그러나 허무와의 직면을 도피하려고 한다면 대가를 치러야 할 것이다. 죽음의 부정에 대해 치러야 하는 대가는 막연한 불안과 자기격리다. 자신을 완전히 이해하려면 죽음에 직면해야 하고, 개인적인 죽음에 직면해야 한다. 죽음은 인간 실존에 의미를 준다. 만일 우리가 영원히 살 수 있다면, 우리는 영원히 행동을 지속할 수 있다. 그러나 우리가 유한하기 때문에 우리가 지금 하는 것들은 특별한 의미를 갖는다(Frankl, 1959).

## 자유와 책임

둘째, 사람은 자유롭게 살도록 태어난다. **자유**freedom는 개인의 삶, 행동하는 것, 그리고 행동하지 않는 것에 대한 책임이 자신에게 있음을 암시한다. 자유는 변화의 기회다. 이는 내담자가 문제에서 벗어나 자신에게 직면할 기회를 제공한다. 스스로에 대한 선택에는 참여가 요구된다. **실존 죄책감**existential guilt은 참여 회피 또는 선택하지 않기로 선택한 것에 대해 인식함으로써 발생하는 감정이다. 반면, **책임**responsibility은 자신의 선택을 소유하고 정직하게 자유를 다루는 것이다. 사람은 본질적으로 자신의 운명을 선택할 자유와 그 결정에 따른 책임을 져야 하는 존재다.

책임은 변화를 위한 기본 조건이다. 그러나 "사람들은 자신에게 선택권이 없을 때는 분하게 여기지만, 막상 선택권이 주어지면 불안해한다."(Russell, 2007, p. 111). 자신의 행동 또는 문제에 대해 남을 탓하면서 책임수용을 거부하는 사람은 변화 가능성이 낮다. 자유와 책임은 서로 연결되어 있다. 사람들은 각자의 운명, 삶의 상황, 문제를 만들어 내는 삶의 작가다(Russell, 1978). 사람들은 여러 대안 중 선택할 수 있는 자유가 있고, 이는 자신의 운명을 결정짓는 데에 큰 역할을 한다.

## 의미감과 무의미성

셋째, **의미감**sense of meaningfulness은 세상에서 일어나는 사건을 해석하는 방법을 제공하고, 어떻게 살아야 하고, 어떻게 살아가기를 소망하는지에 대한 가치발달의 수단이다(May & Yalom, 1995). 삶의 의미는 삶 자체가 아니라 삶의 의미를 어떻게 창조하는지에 달려 있다. 이는 의미 없고 모순된 것처럼 보이는 세상에서 이전에 도전하지 않았던 가치에 도전하고, 갈등과 모순에서 화해하려는 노력에서 창조된다. **무의미성**meaninglessness은 이러한 욕망이 없거나 삶에 무관심한 태도를 보이는 것이다. 인간의 핵심 관심사는 삶에 방향을 제시해 줄 의미를 발견하는 것이다(Frankl, 1963). 현대사회에서 의미의 결여는 실존적 스트레스와 불안의 주요 원천이다.

**실존 신경증**existential neurosis은 바로 무의미성의 경험이다. 세상이 무의미하게 보일 때, 사람들은 계속 분투하고 삶을 지속하는 것이 가치 있는 것인지 궁금해하게 된다("결국 죽게 될 것이라면, 지금 내가 하는 것들이 의미가 있는 것인가?" "내가 지금 하는 것들이 내가 떠나고 나면 과연 기억될 것인가?" "어차피 죽을 것이라면 왜 이토록 바쁘게 살아야 하는가?"). 과연 우리의 삶은 누구도 읽으려 하지 않는, 빠르게 넘겨진 책의 한 페이지에 불과한 것인가?

삶의 무의미성은 사람들을 종종 허무와 공허감으로 점철된 **실존 공허**existential vacuum

에 빠지게 한다(Frankl, 1997). 이 상태는 사람들이 스스로를 바쁘게 하지 않을 때 불쑥 찾아온다. 이러한 사람들은 목적 있는 삶을 위한 투쟁을 회피한다. 무의미성을 경험하는 것과 의미 있는 삶의 가치를 확립하는 것은 실존치료의 핵심과업이다.

## 고독과 사랑

넷째, **고독**isolation은 자신에 대한 확인을 다른 누군가에게 의존할 수 없다는 사실을 인식할 때 경험한다. 즉, 개인이 홀로 삶에 의미를 부여해야 하고, 어떻게 살아야 할지 결정해야 할 때 경험하게 된다. 혼자일 때 견딜 수 없다면, 어떻게 타인이 자신과 함께 있는 것으로 윤택한 삶이 될 수 있다고 기대할 수 있는가? 그러므로 타인과 친밀한 관계를 갖기 전에 자신과의 관계를 경험해야 하고, 내면의 소리에 귀 기울이는 법을 배워야 한다. 타인과 진정으로 나란히 설 수 있으려면 홀로 설 수 있어야 한다.

고독은 ① 대인 간, ② 개인 내적, ③ 실존 고독으로 구분된다. **대인 간 고독**은 다른 사람들로부터 지리적, 심리적, 또는 사회적 거리를 두는 것이다. **개인 내적 고독**은 방어기제 또는 다른 방법을 사용하여 자신의 부분들을 분리하여 자신의 소망을 인식하지 못하는 상태다. **실존 고독**은 대인 간 고독과 개인 내적 고독에 비해 훨씬 더 기본적인 것으로, 세상으로부터 분리된 상태다. 이는 전적으로 혼자이면서 무기력한 느낌으로, '무無nothingness'라는 공포감을 창출한다. **사랑**loving은 **실존 고독**에 다리를 놓는 수단이다.

## 불안

다섯째, **불안**anxiety은 존재를 존속 · 유지 · 주장하기 위한 개인적인 노력에서 발생한다. 불안이 만들어 내는 감정은 인간의 조건에서 피할 수 없다. **실존 불안**existential anxiety은 존재가 주는 것들(죽음, 자유, 선택, 고독, 무의미성)과 직면할 때 나타나는 불가항력적인 결과다(Vontress, 2013).

반면, **정상 불안**normal anxiety은 직면한 사건에 대한 적절한 반응이다. 사람들은 종종 결정을 내리고, 삶의 선택에 대한 자유와 책임 수용, 의미 탐색, 죽음에 직면하면서 두려움을 경험한다. 이런 유형의 불안은 억압될 필요가 없다. 왜냐하면 변화와 성장을 향한 강력한 원동력이기 때문이다(Rubin & Lichtanski, 2015). 이러한 점에서 정상 불안은 자유로의 초대다. 그러나 불안을 극복하고 나아가지 못하면, **신경증 불안**neurotic anxiety이 발생한다. 이는 의식 밖에 있고, 사람을 꼼짝못하게 한다.

**심리적으로 건강한 사람**은 최소의 신경증 불안이 있고, 불가항력적인 실존 불안을 수용하며, 이를 다루기 위해 노력한다. 온전히 살아갈 용기는 죽음의 현실과 삶의 불확실성으로 인한 불안을 기꺼이 받아들이는 것을 수반한다. 실존 불안에 직면한다는 것은 마치 자신을 보호해 줄 것처럼 보이는 형상화된 확실성 뒤에 숨는 것이 아니라, 삶을 모험으로 바라보는 것이다.

모험적인 삶을 살기로 결단하는 것은 불안을 기꺼이 받아들이는 것이다. 모호함과 불확실성을 감내하고, 버팀목 없이 살아가는 법을 터득하는 것은 의존에서 자율로 가는 여정의 필수과정이다. 삶에 대한 자신감이 높아질수록 재앙 발생 가능성에 대한 염려로 인한 불안 발생 가능성은 낮다. 실존치료에서 다루는 기본개념으로는 이외에도 세계 내 존재being-in-the-world, 존재와 시간being and time/Sein und Zeit, 자기초월self-transcendence, 본래성 추구striving for authenticity 등이 있다.

## 상담목표

실존치료(ET)의 목표는 **제한된 실존**restricted existence 상태의 내담자가 본래성authenticity(스스로의 성격, 정신, 내면을 향해 진실한 태도를 고수하는 것)을 향해 나아가도록 돕는 것이다. 즉, 내담자가 삶의 주인으로서 자유로운 존재임을 인식 · 수용하고, 책임 있게 결정을 내리며, 자유를 누릴 수 있도록 돕는 것이다. 이때 치료는 개인의 과거 회복이 아니라, 현재의 생산적인 삶에 초점을 두는 한편, 인간의 궁극적 관심사(죽음, 자유, 고독, 무의미성)에 집중한다(May & Yalom, 1995). 또 내담자가 자유와 책임을 회피하는 방식을 탐색하도록 돕고, 사람은 누구나 자신의 삶에 책임이 있다는 신념을 기반으로 내담자의 무책임한 행동에 직면한다.

이로써 내담자는 자신의 삶이 어떻게 충분히 진정하지 못한지를 알게 되고, 자기 존재의 역량을 완전하게 실현하기 위해 무엇을 해야 하는가를 배우게 된다. 또 상담자와의 진정한 관계를 통해 자유로움을 인식하게 되면서 삶의 관찰자 위치에서 벗어나 자신의 삶에 책임을 지게 됨과 동시에 의미 있는 개인 활동의 조형자shaper가 된다.

## 상담기법

실존치료(ET)는 기법이나 절차가 없을 뿐 아니라 기법을 강조하지도 않는다. 다만, 고유한 실체로서 내담자의 경험과 이해를 강조한다. 왜냐하면 사람에게 단순히 기법으로 접근하는 것은 필연적으로 그를 조종할 수 있음을 의미하고, **조종**manipulation은 실존치료자들이 표방하는 것과도 정면으로 대치되는 것이기 때문이다(Frankl, 1963). 실존치료자는 내담자와 깊고 의미 있는 관계 형성에 집중한다. 이는 실존치료의 가장 효과적이고 강력한 효과를 지닌 치료법이다. 그러나 필요한 경우, 다른 이론의 기법(예 심상연습, 인식연습, 목표설정 활동)을 적용하기도 한다.

그렇지만 삶의 보편적인 주제를 다루는 데 있어서 내담자에게 특정한 방식으로 현실을 직시하도록 강요하지는 않는다. 다만, 인간의 존재 의미에 대한 철학적 틀을 바탕으로 내담자와의 깊고 의미 있는 관계 형성에 집중한다. 본래성, 정직성, 즉시성에 초점을 맞춘 치료자와 내담자의 깊은 관계 형성은 내담자가 자신과 타인을 알아차리도록 도울 수 있다는 점에서 상담 과정과 기법의 부재는 오히려 강점으로 작용한다. 사람은 누구나 자신의 삶에 책임이 있다는 신념을 토대로 치료자는 때로 내담자의 무책임한 행동에 직면한다. 직면의 효율성을 높이기 위해 다른 이론적 접근에서 흔히 활용되는 심상연습, 인식연습, 목표설정 활동 같은 기법을 적용하기도 한다.

## 상담과정

실존치료(ET)는 정형화된 상담과정 또는 절차가 없다. 다만, 인간의 존재와 의미에 대한 철학을 바탕으로, 내담자와의 깊고 의미 있는 관계 형성에 집중한다. 치료자는 내담자가 자유를 누리지 못하는 것을 제한된 실존상태에 있기 때문으로 본다. 이는 생애 사건 또는 상황에 대한 대처에 있어서 폭넓은 대안을 보지 못하고, 특정한 틀에 갇혀 무기력감을 느끼는 경향이 있는 상태다. 예를 들어, 어린 시절의 외상적 경험으로 고통스러워하는 내담자는 다른 사람들이 그를 인정해 주더라도 자기 스스로 타인에게 인정받지 못할 거라는 생각에 사로잡혀 잠재력을 제한하는 상태로 살아갈 수 있다.

그러나 상담과정에서 내담자는 실존적 문제를 나누게 되면서 자기를 발견하게 된다. 치료자는 충분히 현존하면서 내담자와 상호돌봄 관계 형성에 가치를 둔다. 즉, 협력관계를 통해 자기발견 여정에 동참함으로써 내담자가 자유와 책임 회피방식의 점검을 돕는다. [글상자 6-3]은 실존치료에 참여했던 내담자가 책임수용에 관한 깨달음을 고백하는 내용이다(Spiegel & Classen, 2000).

**[글상자 6-3] 책임수용에 관한 깨달음에 대한 내담자의 고백**

(사람들은) 스스로 요통, 편두통, 천식, 궤양, 그리고 다른 병에 걸리게 했다는 사실을 깨달았다. ……〈중략〉…… 병은 저절로 발생하지 않는다. 사람들이 자신의 병에 대한 책임이 자신에게 있음을 인정하면서 자리에서 일어나는 것을 지켜보는 것은 가히 감동적이다. 이들이 삶의 경험을 솔직하게 직면했을 때, 이들의 병은 사라졌다.

[글상자 6-3]에 제시된 내담자의 고백처럼, 상담자는 내담자를 인간이게 하는 고유 특성을 살펴보고, 그 특성에 기초하여 상담을 진행한다. 또 내담자의 요구에 주목하는 한편, 때로 다른 이론의 기법을 적용하기도 하지만, 궁극적으로는 철학적 틀 위에서 인간 또는 삶의 의미에 대한 논의를 돕는다. 그렇지만 삶의 보편적인 주제를 다루는 데 있어서 내담자에게 특정한 방식으로 현실을 직시하도록 강요하지는 않는다. 실존치료 중 심리치료 모델의 틀을 갖춘 것으로 알려진 치료적 접근으

로는 빅터 프랭클의 의미치료가 있다.

빅터 프랭클
(Victor Frankl, 1905~1997)

빅터 프랭클은 오스트리아의 비엔나에서 태어나 자랐다. 1930년 비엔나 대학교 의과대학에서 의학사 학위를, 1949년에는 박사학위를 받았다. 비엔나에 청소년숙려센터Youth Advisement Centers를 설립했고, 1928~1938년에는 총책임자로 근무했다. 1930~1940년, 비엔나의 여러 병원을 전전하면서 의사로 근무했다. 초기에는 프로이트의 영향을 받았으나, 나치 강제수용소에서의 경험을 다루기 위한 방식을 찾는 과정에서 하이데거Heidegger, 셸러Scheler, 레간Legan 같은 철학자들의 저서들을 접했고, 실존적 접근으로 옮겨 갔다. 1938년 초, '의미치료'라는 용어를 사용함으로써 실존주의적 접근을 상담에 접목시키는 작업을 시작했다.
제2차 세계대전이 발발하면서 유태인이라는 이유로 1942년부터 1945년까지 아우슈비츠Auschwitz와 다하우Dachau 나치수용소 생활을 하게 된다. 거기서 나치의 유태인 대학살holocaust로 부모, 형제자매, 아내를 모두 잃었고, 죽음의 문턱까지 갔다가 가까스로 살아남았다. 수용소 생활의 충격은 삶과 고통의 의미에 관한 사상이 되었다. 1947년 비엔나 대학교의 교수가 되었고, 전 세계를 돌며 수많은 대학에서 강연을 했다. 또 폭넓은 저술활동을 하였는데, 가장 잘 알려진 저서로는 『인간의 의미탐색(Man's Search for Meaning)』(1962)과 『의미에 대한 의지(The Will to Meaning)』(1969)가 있다. 전자는 전 세계 24개 언어로 번역되기도 했다. 『의미에 대한 의지』는 실존의 중심추동이지만, 의미는 직접적인 추구를 통해서보다는 발견의 부산물로서 달성된다고 믿었다. 의미치료는 프로이트의 정신분석(제1학파), 아들러의 개인심리학(제2학파)에 이어 비엔나 심리치료의 제3학파의 창립자로 불린다(이런 이유로 이 3인은 종종 **'비엔나 트리오**Vienna Trio**'**로 불림). 92세 되던 1997년 9월 2일 심장병으로 사망하여 비엔나에 묻혔다.

## 의미치료

**의미치료**Logotherapy(LT)는 빅터 프랭클이 내담자가 삶에서 의미를 발견할 수 있도록 돕기 위해 창안한 치료적 접근이다('**로고테라피**'로도 불림). 그리스어로 'logo(로고)'는 의미의 탐색search for meaning이라는 뜻이다. 인간은 삶의 궁극적 의미를 찾는 존재다. 프랭클은 나치 포로수용소에서의 체험과 홀로코스트 관찰을 통해 인간이 고통 속에서도 의미를 추구하는 실존적 도전을 하는 존재임을 믿게 되었다. 프랭클은 이러한 믿음을 바탕으로 의미치료를 탄생시켰다.

이 접근에서는 냉담하고, 불친절하며, 무의미해 보이는 세상에서 내담자가 삶의 의미를 발견하도록 격려한다. 프랭클에 의하면, 수용소에서 살아남을 수 없었던 사람은 자신을 지탱하기 위해 관습적인 삶의 의미만을 지니고 있었다. 그러나 그는 이내 관습적 삶의 의미는 나치의 잔혹함이라는 현실에 맞설 수 없음을 깨달았다. 이때 절실히 필요했던 것은 존재에 대한 개인적 의미였다.

삶의 의미는 무엇인가? 프랭클은 의미에 대한 의지가 인간의 일차적인 동기의 힘으로 보았다. 인간의 자기초월은 실존의 본질이다. 우리는 각자 삶에 의미를 부여하며 살아간다. 이에 의미치료에서는 내담자가 삶의 의미와 책임감, 그리고 삶에 대한 의무감을 되찾아 주는 작업을 한다. 특히 책임이 삶의 역사적 사건보다 더 중요하다고 믿고, 내담자에게 책임감을 심어 줌으로써, 현재의 의미와 미래의 전망을 밝게 해 주고자 한다.

의미치료는 개인이 겪는 정서 문제의 핵심이 삶의 의미 또는 허무에 대한 고뇌를 포함하고 있는 경우에 유용하다. 의미치료에 의하면, 인간의 문제는 삶의 의미를 발견하지 못하거나 상실에서 비롯된다. **실존 공허**는 내적 공허감이라고 불평하는 상태를 말한다. 실존 공허의 세 가지 원인은 [글상자 6-4]와 같다.

**[글상자 6-4] 실존 공허의 세 가지 원인**

1. 인간이 다른 동물들과 달리 자신이 무엇을 할 것인가를 말해 주는 본능 또는 추동에 의해 계획되어 있지 않기 때문이다.
2. 인습, 전통, 가치가 더 이상 인간에게 자신이 해야 할 것이 무엇인가를 말해 주지 않기 때문이다.
3. 인간이 결정하는 존재라기보다 결정된 존재라는 믿음인 환원주의reductionism에 노출되어 있기 때문이다.

프랭클은 인간이 실존적 존재로서 죽음을 수용하고, 죽음 앞에서도 떳떳함과 인간의 존엄성을 유지할 수 있음을 나치 포로수용소에서 실제로 그가 겪은 체험을 바탕으로 보여 주었다. 그는 개인이 진정으로 삶의 의미를 갖게 되는 것은 자기실현을 통해서가 아니라, 자기를 뛰어넘어, 즉 자기초월을 통해 달성할 수 있음을 강조했다. 누군가의 생명을 구하기 위해 자신의 목숨을 던지거나 종교적 신념으로 기꺼이 자신의 목숨을 바친 순교자가 그 예다. 의미에 대한 의지가 좌절될 때 결과로 나타나는 것이 실존적 좌절이다. 무감각 또는 권태감은 실존적 좌절의 주요 특징이다. 실존 공허는 신경증으로 이어질 수 있다.

인간의 문제는 삶의 의미를 추구하는 의지의 상실에서 비롯된다. 프랭클은 세 가지 **신경증**을 ① 우울, ② 약물중독, ③ 공격성이라고 보았다. 실존 공허를 계속해서 갖게 하는 요인은 억압, 책임감 회피, 환원주의, 전통적 가치 쇠퇴, 자기초월에 대한 불충분한 강조, 그리고 인간의 신경증화다. 인간에게는 자기분리와 자기초월 능력이 있다. 이러한 능력에 근거한 역설적 의도와 탈숙고를 통해 불안과 공포의 악순환 고리를 끊으면, 심리적 문제를 해결할 수 있다. 삶의 의미를 추구하는 것이 중요하다. 사람들이 삶 속에서 의미를 발견할 수 있는 세 가지 주요 방식은 [글상자 6-5]와 같다.

**[글상자 6-5] 삶 속에서 의미를 발견할 수 있는 세 가지 주요 방식**

1. 사람이 삶에 의미를 부여하는 창조적 가치
2. 사람이 삶에서 얻는 경험적 가치
3. 사람이 더 이상 변화시킬 수 없는 운명에 대해 취하는 태도적 가치

삶의 의미의 원천은 일, 사랑, 고통, 과거, 그리고 삶과 고통의 궁극적 의미를 나타내는 '**최상의 의미**supra-meaning'다.

## 의미치료의 기법

의미치료(LT)의 기법으로는 ① 역설적 의도와 ② 탈숙고가 있다.

역설적 의도. 첫째, **역설적 의도**paradoxical intention는 내담자가 불안, 걱정, 두려움의 대상이 되는 행동 또는 반응을 의도적으로 실행하게 하여 의도와 반대되는 결과를 얻게 하는 기법이다. 이 기법은 행동치료의 노출치료exposure therapy 기법과 유사한 것으로, 두려워하는 것은 두려움 그 자체일 뿐임을 깨닫도록 내담자를 도움으로써 공포의 악순환을 차단하는 효과가 있다.

예를 들면, 사람들 앞에서 발표할 때 얼굴이 붉어질 것을 두려워하는 내담자에게는 그 상황에서 얼굴을 붉히려고 노력하라고 지시한다. 얼굴이 붉어질 것이라고 두려워하는 것을 의도적으로 하기 위해 노력하면 역설적으로 붉어질 수 없다는 것이다. 또 어려워하는 대상 앞에서 떠는 것을 두려워하는 내담자에게는 다음과 같이 말하게 한다. "여기 그 사람이 있는데, 이제 난 내가 얼마나 잘 떠는지 보여 주겠어!"

탈숙고. 둘째, **탈숙고**de-reflection는 내담자가 지나친 숙고hyperreflection로 인한 예기불안의 악순환에서 탈피하도록 돕기 위한 기법이다('**탈반영**'이라고도 함). 이 기법에서는 내담자에게 문제가 되는 행동 또는 증상을 무시하도록 지시한다. 사람들은 흔히 자신들의 행동 반응과 신체 반응에 절묘하게 주의를 집중함으로써 문제 상황에서 헤어나기 어려워한다. 이러한 상황은 은유적 일화로 설명될 수 있는데, 그 내용은 [글상자 6-6]과 같다(Frankl, 1988, p. 100).

[글상자 6-6] **탈숙고에 관한 은유적 일화**

지네 한 마리가 있었다. 지네의 적이 지네에게 "당신의 다리는 어떤 순서로 움직입니까?"라고 물었다. 지네가 이 질문에 주의를 집중하자, 지네는 전혀 움직일 수 없었다.

[글상자 6-6]에 제시된 은유적 일화는 문제에 대한 지나친 숙고가 자발성과 활동성을 저해한다는 사실을 설명하고 있다. 이에 탈숙고 기법은 지나친 숙고를 상쇄함으로써 내담자의 주의를 더 건설적인 활동 또는 반성으로 전환하고, 자발성과 활동성을 회복시켜 주는 효과가 있다.

## 핵심어

| | | |
|---|---|---|
| • 삶과 죽음 | • 자유 | • 실존 죄책감 |
| • 책임 | • 의미감 | • 무의미성 |
| • 비존재 | • 실존 공허/진공 | • 고독 |
| • 대인 간 고독 | • 개인 내적 고독 | • 실존 고독 |
| • 사랑 | • 무[nothingness] | • 세계 내 존재 |
| • 존재와 시간 | • 자기초월 | • 본래성 추구 |
| • 불안 | • 실존 불안 | • 정상 불안 |
| • 신경증 불안 | • 제한된 실존 | • 의미치료 |
| • 일 | • 사랑 | • 고통 |
| • 과거 | • 최상의 의미 | |

## 복습문제

※ 다음 밑줄 친 부분에 들어갈 말을 쓰시오.

1. ____________은/는 인간 존재의 특유한 존재방식을 의미하고, ____________은/는 인간의 고통에 대한 태도이자, 심리치료의 철학적 접근이다. 이 치료적 접근에 의하면, 자유는 선택에 대한 __________와/과 함께 온다.
2. 실존치료에서는 치료 또는 분석이라는 말보다는 __________(이)라는 용어를 사용한다. 상담자는 산속에서 길을 잃은 사람을 계곡으로 인도하는 __________ 역할, 즉 항상 내담자와 같은 실존의 평면 위에서 내담자를 객관화하지 않고, 내담자 안에서 실존의 __________ 역할을 한다.
3. 죽음, 즉 __________에 대한 인식은 __________에 의미를 주고, 삶에 의미를 더해 주는 조건이다. 죽음은 __________ 순간에 고마움을 느끼게 한다는 점에서 위협이 될 수 있다. 다만, 죽음의 현실을 반영함으로써, 온전히 살아가는 방법을 배울 수 있다. 이러한 점에서 "죽음이 가르침을 주는 스승이라면, 삶은 일을 수행하는 __________(이)다.".
4. __________은/는 참여 회피 또는 선택하지 않기로 선택한 것에 대해 인식함으로써 발생하는 감정인 반면, __________은/는 자신의 선택을 소유하고 정직하게 자유를 다루는 것이다.
5. __________은/는 세상에서 일어나는 사건을 해석하는 방법을 제공하고, 어떻게 살아야 하고, 어떻게 살아가기를 소망하는지에 대한 가치발달의 수단이다. 반면, __________은/는 이러한 욕망이 없거나 삶에 무관심한 태도를 보이는 것을 의미하며, 이것의 경험이 바로 실존 신경증이다.
6. 삶의 무의미성은 사람들을 종종 허무와 공허감으로 점철된 __________에 빠지게 한다. 이 상태는 사람들이 스스로를 바쁘게 하지 않을 때 불쑥 찾아온다. 이러한 사람들은 __________ 있는 삶을 위한 __________을/를 회피한다.
7. __________은/는 자신에 대한 확인을 다른 누군가에게 의존할 수 없다는 사실을 인식할 때 경험한다. 특히, __________은/는 방어기제 또는 다른 방법을 사용하여 자신의 부분들을 분리하여 자신의 소망을 인식하지 못하는 상태를, __________은/는 세상으로부터 분리된 상태로, 전적으로 혼자이면서 무기력한 느낌으로 '무'라는 공포감을 창출한다.
8. ______은/는 존재를 존속 · 유지 · 주장하기 위한 개인적인 노력에서 발생한다. 특히, __________은 존재가 주는 것(죽음, 자유, 선택, 고독, 무의미성)과 직면할 때 나타나는 불가항력적인 결과인 반면, __________은/는 직면한 사건에 대한 적절한 반응이다.
9. 실존치료의 목표는 ______ 상태의 내담자가 ______을/를 향해 나아가도록 돕는 것이다. 즉, 내담자가 삶의 주인으로서 자유로운 존재임을 인식 · 수용하고, 책임 있게 결정을 내리며, __________을/를 누릴 수 있도록 돕는 것이다.
10. __________은/는 빅터 프랭클(V. Frankl)이 내담자가 삶에서 의미를 발견할 수 있도록 돕기 위해 창안한 치료적 접근으로, __________(으)로도 불린다. 이 치료적 접근의 대표적인 기법으로는 내담자가 불안, 걱정, 두려움의 대상이 되는 행동 또는 반응을 의도적으로 실행하게 하여 의도와 반대되는 결과를 얻게 하는 기법인 __________와/과 내담자가 지나친 숙고로 인한 예기불안의 악순환에서 탈피하도록 돕기 위한 기법인 __________이/가 있다.

## 소집단 활동

**실존** 2인 1조로 나누어 다음의 글을 읽고 난 다음, 서로의 소감을 나누어 보자.

> 삶은 망망대해에 던져진 배와 같다. 배는 가야 할 목적지 항구를 찾아간다. 항해는 한 번뿐이다. 종착지 항구에 도달하기까지 순간순간 선택해야 한다. 어떤 항로를 택할 것인가? 이는 전적으로 내게 달려 있다. 항해를 하다 보면 거센 비바람이 몰아치거나, 가도 가도 끝이 보이지 않는 것 같거나, 새로운 경험에 경이로움을 느낄 때도 있다. 배는 이미 항구를 떠났다. 우리는 유한한 시간 속에 던져졌다. 이제 다시 뒤돌아갈 수도, 다른 배로 옮겨 탈 수도 없다. 이제 우리에게 남은 것은 충분한 자각을 통한 현명한 선택이다. 우리는 언젠가 배에서 내릴 때까지 일어나는 모든 일에 책임을 져야 한다.

**소감** ______________________________

______________________________

______________________________

______________________________

______________________________

______________________________

______________________________

______________________________

______________________________

______________________________

______________________________

______________________________

______________________________

**한 달밖에 살 수 없다면** 당신에게 어떤 치명적인 병이 생겨 이제 한 달밖에 살 수 없다고 가정해 보자. 이런 가정하에 다음 질문에 답해 보자.

1. 한 달이라는 시간을 어떻게 보낼 것인가? ____________________

____________________

____________________

2. 어디에 가 보고 싶은가? ____________________

____________________

____________________

3. 누구와 함께 지내고 싶은가? ____________________

____________________

____________________

4. 남은 기간에 꼭 하고 싶은 것은 무엇인가? ____________________

____________________

____________________

5. 어떻게 임종을 맞이하고 싶은가? ____________________

____________________

____________________

6. 유언이 있다면? ____________________

____________________

____________________

7. 유언을 듣는 사람들이 뭐라고 말할 것 같은가? ____________________

____________________

____________________

❍ 소집단으로 나누어 집단별로 돌아가면서 각자 작성한 답변을 발표해 보자. 발표를 모두 마치면, 리더는 "방금 반가운 소식이 도착했습니다. 여러분의 병이 완쾌되었다는 소식입니다."라고 말한다. 참여자들은 병이 완쾌됨으로써 얻게 된 시간을 어떻게 사용할 것인지에 대해 발표한다. 이 연습은 삶에서 참여자 개개인의 진정한 욕구를 알아차리게 해 주는 한편, 현재 이런 욕구 충족을 위한 방향으로 행동하고 있는지 확인시켜 주는 효과가 있다.

**소감**

| 07 |

# 인간중심치료

*Person-Centered Therapy*

칼 로저스
(Carl Ransom Rogers, 1902~1987)

칼 로저스는 시카고 근교의 오크파크Oak Park에서 5남 1녀 중 넷째로 태어났다. 원리주의 기독교인이면서 시청의 엔지니어/청부업자였던 아버지 덕분에 경제적으로 안정된 아동·청소년 시절을 보낼 수 있었다. 반면, 세속에 물들 것을 염려한 아버지로 인해 가까운 친구 없이 주로 독서로 어린 시절을 보냈다. 1919년 위스콘신 대학교에 진학하면서 YMCA 활동을 통해 다른 학생들과 어울리며 인간 신뢰의 중요성을 깨달았다. 1922년 베이징에서 6개월간 열린 세계기독학생연합회의에 10명의 미국대표로 참가, 다양한 문화·종교·민족과 교류하면서 일생일대의 변화를 겪었다. 부모의 만류에도, 농업에서 역사로 전공을 바꿨고 대학동창 헬렌 엘리엇Helen Elliot과 결혼했다. 1924년 목사가 되기 위해 뉴욕의 유니온 신학교에 진학, 2년 후 다시 컬럼비아 대학교 사범대학에 입학, 1928년 임상·교육심리학 석사, 1931년 임상심리학 박사학위를 받았다.

1927~1928년 뉴욕주 로체스터 소재 아동가이던스센터의 연구원으로 근무하면서 상담이론의 체계화에 주력했다. 당시 정신분석이 시간 낭비에 효과도 미미한 반면, 개방적·허용적 관계를 경험한 내담자들은 눈에 띄게 변화한다는 사실의 체험이 동기가 되었다. 1940년 오하이오 주립대학교의 교수가 되었고, 2년 후『상담과 심리치료(Counseling and Psychotherapy)』를 출간했다. 이 책은 그의 이론이 비지시적 치료로 불리는 계기가 되었다. 1945년 시카고 대학교로 자리를 옮겨, 1951년『내담자중심치료(Client-Centered Therapy)』를 출간했고, 다시 위스콘신 대학교로 옮겨 심리학과와 정신의학과에서 강의하면서 조현병 진단을 받은 입원환자들에게 자신의 이론을 적용하여 그 효과를 시험했다. 1964년 위스콘신 대학교를 떠나 캘리포니아의 라호야La Jolla 소재 서부행동과학연구소의 레지던트 펠로우로 근무했다. 1968년 동료들과 인간행동연구소를 설립했다. 평생 200편 이상의 논문과 15권의 서적을 출간했다. 이 외에도『사람이 되는 것에 관하여(On Becoming a Person)』(1961),『학습의 자유(Freedom to Learn)』(1969),『칼 로저스의 참만남집단(Carl Rogers on Encounter Group)』(1970), 그리고『존재의 방식(A Way of Being)』(1980) 등의 저서가 있다. 생의 마지막 시기에는 집단, 결혼, 가족, 국제관계에 자신의 이론을 적용했고, 인종 간의 긴장 완화와 세계평화에 힘써 노벨 평화상 후보로 지명되기도 했다. 그러나 낙상하여 허리 골절상 수술 후, 합병증으로 1987년 2월 4일 85세에 돌연 세상을 떠났다.

인간중심치료Person-Centered Therapy(PCT)는 칼 로저스가 상담 · 심리치료뿐 아니라 삶의 방식을 제시하기 위해 창시한 이론이다. 이 이론에서는 사실 자체보다는 사실에 대한 개인의 지각이 더 중요하다는 현상학적 관점을 취한다. 한때 정신분석을 추종했다가 독자적으로 내담자 중심의 치료법을 개발 · 발표한 로저스는 당시 '심리치료의 이단자'라는 거센 비판을 받았다. 그러나 로저스는 내담자를 건설적 자기변화의 주체임을 강조하는, 심리치료에 새바람을 일으킨 '조용한 혁명가'였다(Cain, 2010).

로저스에 의하면, 인간은 끊임없이 변화 · 성장하는 존재이며, 삶은 아무것도 고정되지 않는 지속적인 변화과정이다. 사람들의 자기치유 능력에 대한 로저스의 믿음은 기법을 중시하는 타 이론들과 대비된다(Bohart & Tallman, 2010). 인간중심치료는 사람은 유기체로서 경험을 통해 자신의 가치('나의 나됨')를 형성해 간다는 믿음에 기초한다. 로저스는 자신의 이론을 완성된 산물이 아니라 잠정적인 원리로 보았다. 인간중심치료의 인간관은 [글상자 7-1]과 같다.

**[글상자 7-1] 인간중심치료의 인간관**

1. 인간은 본래 선하게 태어났고 신뢰할 수 있는 존재다.
2. 인간은 실현경향성을 지닌 유기체organism(개인의 모든 경험이 존재하는 조직체)다.
3. 인간은 본질적으로 진실하고 상담자의 지시적 개입이 없어도 자기이해와 문제해결력이 있다.
4. 인간은 상담관계를 통해 자기주도적인 성장을 이룰 수 있는 존재다.
5. 인간은 변화하는 경험 세계인 현상적 장에서 자기실현을 위해 삶을 주도하며 살아가는 존재다.
6. 인간은 외부 자극에 대해 전체로 반응하고, 경험을 통해 가치를 형성하며, 끊임없이 변화 · 성장하는 존재다.

사람은 자신의 성장을 창조하는 **능동적 자기치유자**로 태어난다. 이는 '도토리가 적절한 환경이 주어지면, 참나무로서 자기실현을 향해 자란다'는 비유와 같다. 즉, 내담자에게 성장을 촉진하는 조건(진실성, 지지와 돌봄, 비판단적 이해)을 경험 · 소통할 수 있다면, 의미 있는 변화가 일어나고, 건설적인 방향으로 나아갈 수 있다는 것이다.

그러나 사람들은 성장과정에서 부모나 사회의 가치조건으로 인해 실현경향성이 방해받게 된다. 이는 학습과 변화에서의 실패와 부적응을 초래한다. 이에 상담자는 내담자의 변화를 촉진하는 **촉진자**facilitator, **과정전문가**process expert, 그리고 내담자에 대해 배우는 **전문학습자**expert learner 역할을 한다. 상담과정에서 내담자의 경험은 심리적 감옥에 스스로 자신을 묶어 놓았던 쇠사슬을 풀어 던져 버리는 것과 같다. 상담을 통해 내담자는 더 많은 자유를 누리고, 심리적으로 더 성숙해지며, 자기실현을 촉진할 수 있게 되기 때문이다.

## 핵심개념

인간중심치료(PCT)의 성격이론은 내담자와의 치료적 대면과 인간 본성에 대한 철학적 신념을 바탕으로 구축되었다. 이 이론적 접근의 핵심개념으로는 ① 자기, ② 자기개념, ③ 실현경향성, ④ 현상적 장, ⑤ 가치조건, ⑥ 완전히 기능하는 사람이 있다.

### 자기

첫째, **자기**self는 개인이 외적 대상을 지각·경험하면서 의미를 부여하는 존재다. 이러한 지각과 의미의 전체적 체계로, 내담자의 **현상적 장**phenomenal field이 구성된다. 즉, 자기는 내담자가 자신으로 보는 현상적 장의 일부로, 현상적 장 내에 존재하며, 불안정하고 끊임없이 변화하며, **자기개념**self-concept과 함께 조직화되어 일관된 지각 패턴을 보인다. 자기는 개인적 경험의 결과로, 자기에 대한 자각은 자신과 타인의 구별을 돕는다. 자기에 대한 인식은 어린아이가 내면에서 지각되는 경험과 타인에 대한 경험을 구별할 수 있게 되면서 발달한다. 건강한 자기는 주입된 가치가 아니라, 자기 유기체의 경험을 바탕으로 형성된다.

## 자기개념

둘째, **자기개념**self-concept은 현재 자신이 어떤 사람인지에 대한 인식이다. 이 개념은 로저스 이론의 핵심으로, 그의 이론은 **자기이론**self theory으로도 불린다. 자기개념에는 **실제 자기**real self(개인이 지각하는 자신의 현 실체로, '현실 자기'로도 불림)와 **이상 자기**ideal self(개인적으로 최고의 가치를 부여하는 지각과 의미가 포함된, 개인이 가장 원하는 자기개념)가 포함된다. 건강한 자기가 형성되려면, **긍정적 존중**positive regard(사랑, 온정, 돌봄, 존경, 수용 등)이 요구된다. 특히 이상 자기는 중요한 타인에게서 긍정적 평가를 받기 위한 가치조건을 반영한다. 사람들은 중요한 타인으로부터 조건적 존중을 받게 되면서 이상 자기와 실제 자기 사이에 괴리가 생긴다.

## 실현경향성

셋째, **실현경향성**actualization tendency은 자신의 잠재력을 개발하여 더 가치 있는 존재로 성장하려는 선천적인 성향으로, **전인**total person에 영향을 미치는 행동의 가장 강력한 동기다. 이는 인간의 주된 동기이자 다른 모든 동기의 원천이다. 이 성향으로 인해 유기체는 점차 단순한 존재에서 복잡한 존재로, 의존적 태도에서 독립적 태도로, 고정된·경직된 자세에서 유연한 자세를 지닌 존재로 발달해 간다. 이는 누구나 타고난 욕구, 재능, 잠재력을 가지고 태어나기 때문이다.

태어나면서부터 유전적으로 프로그램화된 내담자는 실현경향성에 의해 발달이 완성된다. 그러나 실현경향성은 자동적이지 않고, 유기체가 경험을 통해 유지·적응·발달·성장·실현하려는 노력으로 이루어진다. 이는 마치 어린아이가 걸음마를 배우는 것처럼, 투쟁과 고통을 수반한다. 만일 실현경향성이 차단된다면, 부정적 감정과 행동으로 인해 문제행동이 나타난다.

## 현상적 장

넷째, **현상적 장**phenomenal field은 특정 순간에 개인이 지각·경험하는 모든 것으로, '**경험세계**' 또는 '**주관적 경험**'으로도 불린다. 같은 현상이라도 사람에 따라 다르게 지각 · 경험하므로, 이 세상에는 개인적 현실, 즉 현상적 장만이 존재한다. 현상적 장에는 개인이 의식적으로 지각한 것과 지각하지 못하는 것까지 포함되어 있다. 사람은 객관적 현실이 아닌 자신의 현상적 장에 입각하여 재구성된 현실에 반응한다.

따라서 같은 사건을 경험하더라도 각기 다르게 행동할 수 있고, 결과적으로 사람마다 독특한 특성을 보이게 된다. 현상적 장, 즉 현실에 대한 '**지각지도**perceptual map'에 따라 생활할 때, 사람들은 각자 조직화된 전체로서 반응한다('전체론적 관점holistic view'). 이처럼 현상적 장은 개인의 행동을 전적으로 결정한다. 현상적 자기phenomenal self는 개인이 '나'를 경험하는 현상적 장의 일부다.

## 가치조건

다섯째, **가치조건**conditions of worth은 어린 시절 부모를 비롯한 중요한 타인 또는 사회의 압력으로 이들의 가치가 개인의 내면에 주입되는 현상이다. 이런 현상은 개인의 실현경향성을 충분히 수용하지 못하고 외부의 기준에 따라 조건부로 수용하게 되면서 형성된다. 이는 개인의 유기체가 경험을 통해 실현경향성 성취를 방해한다. 개인이 자신의 내적 경험을 왜곡 · 부정하게 하고, '만일 ~하면, ~하게 될 것이다If~, then ~' 또는 '그렇지만 ~'이라는 조건에 맞추려고 하게 만들기 때문이다. 사람은 누구나 애정과 수용받기를 원하고, 타인으로부터 긍정적 존중을 받으려는 욕구가 있다.

바로 이 긍정적 존중을 얻기 위해 아동은 주위의 중요한 타인이 주입하는 가치를 여과 없이 받아들이게 된다. 이렇게 '**내사된 가치**'(경험을 통해 충분히 이해되지 않은 가치)가 개인 유기체의 가치화 과정에 영향을 준다면, 아이는 경험을 통한 가치화 과정이 제대로 이루어지지 않아 내적 혼란을 겪게 된다. 가치조건이 아동의 주관적 경험을 왜곡 · 부정하게 만들기 때문이다. 이는 마치 외부로부터 섭취한 음식물이 체내에 양분으로 흡수되지 않고, 이물질 상태로 남아 있는 것과 같다.

부모는 자신의 판단에 따라 아이에게 해야 할 것과 하지 말아야 할 것을 정해 놓는다. 자녀는 부모가 원하는 것을 할 때만 긍정적 존중을 받게 되고, '착한 딸good girl'/'착한 아들good boy'로 인정받게 된다. 그러나 부모가 원치 않는 행동을 하면 나쁜 아이가 된다. 나쁜 아이가 되는 것은 긍정적 존중을 받지 못하게 됨을 의미한다. 아이는 나쁜 아이가 되지 않기 위해 자신이 경험하는 사실을 왜곡 · 부정하게 된다.

가치조건은 눈에 보이는 아동의 행동, 즉 외부 기준에 따라 아동을 평가하는 것에서 비롯된다. 가치조건은 결국 중요한 대상으로부터 긍정적 존중을 받기 위해 자기 의지와 관계없이 겉으로 최선을 다하는 것이 된다. 아이는 착한 아이가 되기 위해 내적 경험을 무시하게 된다. 껍데기는 번지르르하지만, 알맹이는 썩어 가는 것이다.

유기체적 경험과 자기개념 간의 괴리감('**자기와 경험의 불일치**')이 커질수록, 아이는 점차 불안해지면서 심리적 부적응이 발생한다. 개인의 유기체적 경험과 자기개념 간의 불일치가 클수록 성장은 저해되고, 정서적 문제(갈등, 불안, 공포 등)를 야기한다. 이러한 괴리가 극단적으로 커지거나 왜곡·부인해 온 유기체적 경험을 직면할 수밖에 없는 상황에 놓이게 되면, 지나친 방어기제 사용과 정신병리적 혼란 및 와해가 나타난다.

### 완전히 기능하는 사람

끝으로, **완전히 기능하는 사람**a fully-functioning person은 자신의 유기체적 경험을 자기개념과 일치하는 것으로 받아들여 통합함으로써 건강한 심리적 적응을 가능하게 하는 인간상이다. 이는 실현경향성을 끊임없이 추구·성장하는 사람을 지칭하는 가설적 인간상으로, 인간중심치료의 궁극적인 목표이기도 하다(Rogers, 1957). 완전히 기능하는 사람은 ① 새로운 경험에 대한 개방적 태도, ② 실존적 삶 영위, ③ 자기 유기체 신뢰, ④ 자유로움, ⑤ 창조적 성향 등의 특징이 있다. 즉, 자기 유기체를 신뢰하고, 외부의 가치나 권위적 타인의 영향을 덜 받으며, 자기 유기체의 경험을 두려움이나 방어적 태도 없이 있는 그대로 받아들이고, 자신의 행동과 결과에 책임을 지면서 자유롭게 자신의 삶을 생산적인 방향으로 주도해 가는 특징이 있다.

## 상담목표

인간중심치료(PCT)의 목표는 내담자가 실현경향성을 끊임없이 추구·성장하여 완전히 기능하는 사람이 되도록 돕는 것이다. 목표성취를 위한 필요충분조건은 유기체의 지혜를 신뢰하는 사람중심적인 태도다. 내담자의 문제는 긍정적 존중 욕구를 충족시키려는 노력으로, 유기체의 자기조절인 가치화 과정에 어긋나게 하는 가치조건에서 비롯된 것으로 보기 때문이다. 이런 태도는 정형화된 기법보다는 관계를, 행동패턴보다는 지금 여기에서의 상호작용에 초점을 맞춘 **존재방식**way of being을 중시함으로써 발현된다. 이러한 접근이 내담자의 자기탐색과 이해를 촉진한다고 믿기 때문이다.

이에 상담자는 내담자의 변화를 유발하는 필요충분조건인 세 가지 **태도적 자질**attitudinal qualifications, 즉 ① 일치성, ② 무조건적인 긍정적 존중, ③ 공감적 이해를 바탕으로 안전하고, 수용적이며, 상호신뢰 분위기를 조성한다. 또 내담자와 동등한 관계를 형성하고, 있는 그대로의 인간으로서 진실한 만남을 추구하는 동시에, 내담자의 내적 · 주관적 경험에 주의를 기울여 내담자가 순간순간을 충분히 경험하고 자기를 수용하게 하여 변화를 촉진한다. 상담자의 진솔성, 공감적 이해, 무조건적인 긍정적 존중은 내담자가 스스로 변화하게 한다.

## 상담기법

인간중심치료(PCT)의 기법은 구체적인 것은 없다. 다만, 상담자의 태도적 자질, 즉 ① 일치성, ② 무조건적인 긍정적 존중, ③ 공감적 이해를 중시한다.

### 일치성

첫째, **일치성**congruency/genuineness은 상담과정에서 상담자가 순간순간 경험하는 감정과 태도를 있는 그대로 인정 · 개방하는 것이다. 일치성은 상담자가 진실하고 거짓/꾸밈이 없다('**본래성**authenticity')는 의미다. 즉, 상담과정에서 진실하고 통합되어 있으며 참되어 거짓된 겉치레가 없고, 내적 경험과 그 경험의 표현이 일치하며, 내담자와의 관계에서 현존하는 느낌, 생각, 반응, 태도를 솔직하게 표현하는 것이다. 이 개념은 변화의 필요충분조건 중 가장 기본이 되는 태도적 자질로, 진솔성, 사실성, 개방성, 투명성, 현재성이 포함되어 있다. 일치성을 실천하기 위해서는 상담자에게 높은 수준의 자각과 자기수용, 그리고 자기신뢰가 요구된다.

## 무조건적인 긍정적 존중

둘째, **무조건적인 긍정적 존중**unconditional positive regard은 아무런 전제나 조건 없이 내담자를 있는 그대로 수용하고 진실하게 돌보는 것이다. 이 개념은 비소유적 온정, 돌봄, 칭찬, 수용, 존경이 포함된 태도적 자질로, 내담자에게 변화와 성장의 필요충분조건이 주어지면, 변화를 위한 잠재력을 실현할 존재라는 깊은 신뢰감과 연관이 있다. 누구도 조건적인 긍정적 관심을 피할 수는 없다. 그러나 내담자를 철저하게 믿는 상담자의 태도는 내담자가 자신을 믿고 자기성장을 이루게 하는 촉진적인 조건으로 작용하여, 완전히 기능하는 사람으로의 성장을 돕는다.

## 공감적 이해

셋째, **공감적 이해**empathic understanding는 내담자가 주관적으로 경험하는 사적인 세계를 정서적·인지적으로 민감하고 정확하게 인식하는 것이다. 이는 상담자가 내담자를 위해 또는 내담자에 관해 생각하고 느끼는 것이 아니라, 내담자와 함께 생각하고 느끼는 과정이다. **공감**empathy은 경청을 통해 내담자의 주관적 경험을 이해하는 것이라면, **동정**sympathy은 단순히 관찰에서 비롯된 내담자의 객관적 사실에 대한 연민이다. 상담관계에서 상담자의 공감적 이해는 내담자에게 본보기 역할을 하여, 공감적 이해를 가르치는 기능이 있다.

상담자는 이러한 태도적 자질을 바탕으로 구축된 치료적 관계를 기반으로, 내담자의 성장과 발달의 장해 요인을 자각하도록 돕는다. 이 과정에서 상담자는 내담자와의 관계를 변화의 필요충분조건으로 간주하는 한편, 과거 경험과 관련된 자료나 정보 수집을 중시하지 않을 뿐 아니라, 지시적 접근(질문, 탐색, 해석, 진단 등)은 하지 않는다. 상담자의 태도적 자질 구현으로 상담목표를 성취하면 [글상자 7-2]와 같은 효과가 나타난다.

**[글상자 7-2] 인간중심치료의 효과**

1. 광범위한 신념과 감정 탐색이 이루어진다.
2. 부정적으로 여겼던 내면의 감정(두려움, 불안, 죄책감, 수치심, 미움, 분노 등)을 표현할 수 있게 된다.
3. 갈등/혼란스러운 감정을 덜 왜곡하고 더 수용 · 통합하게 된다.
4. 개인의 내면에 감춰진 부분들을 발견하게 된다.
5. 이해와 수용 경험을 통해 덜 방어적이고, 경험에 더 개방적이 된다.
6. 안전하고 덜 취약하다는 느낌이 들게 되어, 타인을 현실적이고 정확하게 인식 · 이해 · 수용하게 된다.
7. 자신을 있는 그대로 보게 되고, 유연하고 창의적으로 행동하게 된다.
8. 타인의 기대 충족에 덜 관심을 갖게 되어 자신에게 진솔한 방식으로 행동하게 된다.
9. 해답을 찾기 위해 외부로 눈을 돌리기보다 자신의 삶을 스스로 주도하게 된다.
10. 현재 순간의 경험에 더 접촉하고, 과거에 덜 얽매이며, 덜 지배를 받고, 자유로이 결정하며, 자신의 삶을 더 신뢰하는 방향으로 나아간다.

## 상담과정

인간중심치료(PCT)의 상담과정 역시 정형화되어 있지 않다. 대신, **변화의 필요충분조건**은 상담과정으로 이해할 수 있는데, 그 내용은 [글상자 7-3]과 같다.

**[글상자 7-3] 변화의 필요충분조건**

1. 상담자와 내담자 사이에 심리적 접촉이 이루어진다.
2. 내담자는 불일치 상태에 있고, 상처받기 쉬우며, 불안정한 상태에 있다.
3. 상담자는 내담자와의 관계에서 일치성을 보이며 통합되어 있다.
4. 상담자는 내담자에게 무조건적인 긍정적 관심을 보인다.
5. 상담자는 내담자의 내적 참조 틀을 바탕으로 공감적 이해를 경험하고, 내담자에게 자신의 경험을 전달한다.
6. 내담자는 소통 과정에서 상담자의 무조건적인 긍정적 존중과 공감적 이해를 지각 · 경험한다.

[글상자 7-3]에 제시된 필요충분조건을 충족하기 위해 상담자는 순간순간 오감을 통한 느낌과 경험을 중시한다. 또 적극적 경청을 바탕으로 내담자의 자기개방 촉진, 경험 이해 · 수용 · 공유, 접촉 관여, 신뢰관계 형성 조력, 치료동맹 구축, 경험 이해, 관계능력 신뢰에 초점을 맞춘다.

**심리적으로 건강한 사람**은 모든 경험에 개방되어 자기에 대한 가치화 과정을 이루어 간다. 자기실현은 경험을 통해 이룰 수 있다. 그러나 최근에 오면서 더 폭넓은 기법과 다양한 치료방식이 허용되고 있다(Corey, 2016). 즉, 상담효과를 극대화하기 위해 촉진자는 종전보다 더 자유롭게 치료관계에 개입하고, 자신의 반응을 내담자와 공유하며, 내담자에게 직면하고, 적극적으로 개입하고 있다(Kirschenbaum, 2009).

### 핵심어

| | | |
|---|---|---|
| • 유기체 | • 현상적 장 | • 실현경향성 |
| • 자기 | • 자기개념 | • 가치조건 |
| • 완전히 기능하는 사람 | • 자기이론 | • 이상적 자기 |
| • 현실적 자기 | • 긍정적 존중 | • 전인total person |
| • 현상적 자기 | • 경험세계 | • 주관적 경험 |
| • 지각지도 | • 전체론적 관점 | • 존재방식 |
| • 태도적 자질 | • 일치성 | • 무조건적인 긍정적 존중 |
| • 공감적 이해 | • 비소유적 온정 | • 내담자 vs. 환자 |

## 복습문제

※ 다음 밑줄 친 부분에 들어갈 말을 쓰시오.

1. 1942년 칼 로저스는 『상담과 심리치료』를 출간했다. 이 책은 그의 이론이 ___________치료로 불리는 계기가 되었다. 이 이론명은 그 후, ___________치료로 바뀌었다가, 다시 ___________이론으로도 불리는 인간중심치료로 개칭되었다.
2. 인간중심치료에 의하면, 사람은 자신의 성장을 창조하는 능동적인 ___________로 태어난다. 이 이론적 접근은 사람은 ___________로서, ___________을/를 통해 자신의 ___________을/를 형성해 가는 존재라는 믿음에 기초한다.
3. 인간중심치료에서는 상담을 통해 내담자가 더 많은 ______________을/를 누리고, 심리적으로 더 ___________해지며, ___________촉진을 추구한다.
4. ___________은/는 개인이 외적 대상을 지각·경험하면서 의미를 부여하는 존재다. 이는 현재 자신이 어떤 사람인지에 대한 인식인 ___________와/과 함께 조직화되어 일관된 지각 패턴을 보인다. 이러한 지각과 의미의 전체적 체계로, 내담자의 ___________이 구성된다.
5. 사람들은 성장과정에서 종종 부모나 사회의 압력으로 이들의 가치가 개인의 내면에 주입되는 현상인 ___________(으)로 인해 실현경향성이 방해받게 된다. 이는 ___________와/과 변화에서의 실패와 ___________을/를 초래한다. 이에 상담자는 내담자의 변화를 촉진하는 촉진자, 과정전문가 그리고 내담자에 대해 배우는 ___________역할을 한다.
6. 자기개념에는 개인이 지각하는 자신의 현 실체를 의미하는 ___________와/과 개인적으로 최고의 가치를 부여하는 지각과 의미가 포함된, 개인이 가장 원하는 자기개념인 ___________가 포함된다. 건강한 자기가 형성되려면, 사랑 · 온정 · 돌봄 · 존경 · 수용 등을 포함하는 ___________이 요구된다.
7. ___________은/는 개인이 자신의 잠재력을 개발하여 더 가치 있는 존재로 성장하려는 선천적인 성향으로, ___________에 영향을 미치는 행동의 가장 강력한 동기다.
8. ___________은/는 특정 순간에 개인이 지각·경험하는 모든 것으로, '경험세계' 또는 '___________'으로도 불린다. 현실에 대한 ___________에 따라 생활할 때, 사람들은 각자 조직화된 전체로서 반응한다.
9. 인간중심치료의 궁극적인 목표인 ______________은/는 자신의 유기체적 경험을 자기개념과 일치하는 것으로 받아들여 통합함으로써 건강한 심리적 적응을 가능하게 하는 인간상이다. 이 인간상을 지닌 사람은 ① 새로운 경험에 대한 개방적 태도, ② 실존적 삶 영위, ③ 자기 ___________ 신뢰, ④ 자유로움, ⑤ ___________등의 특징이 있다.
10. 로저스가 강조한 상담자의 태도적 자질 세 가지는 ① 상담과정에서 상담자가 순간순간 경험하는 감정과 태도를 있는 그대로 인정 · 개방하는 것을 의미하는 ___________, ② 아무런 전제나 조건 없이 내담자를 있는 그대로 수용하고 진실하게 돌보는 것을 뜻하는 ________________, ③ 내담자가 주관적으로 경험하는 사적인 세계를 정서적 · 인지적으로 민감하고 정확하게 인식하는 것을 말하는 ___________(이)다.

## 소집단 활동

**존재방식** 칼 로저스(C. Rogers)는 자신의 상담 방법을 다음과 같이 요약 · 정리하고 있다. 이는 상담자/치료자에게뿐 아니라 오늘을 살아가는 생활인들에게도 존재방식way of being, 즉 어떻게 살아가야 하는지에 대해 명쾌한 단서를 제공하고 있다. 2~5인 1조로 나누어 다음의 글을 읽고 난 다음, 다른 조원들과 서로의 의견과 소감을 나누어 보자.

> 우리가 내담자(상대방, 배우자, 자녀, 학생, 직장동료 등)에게 이 순간 그 자신처럼 이해한다는 것을 보여 준다면, 나머지는 그가 알아서 한다는 것을 알게 되었습니다. 상담자(나)는 진단과 예리한 진단능력에 대한 집착을 버려야 하고, 전문적 평가를 하지 말아야 하며, 정확한 예후를 파악하려는 노력을 중단해야 합니다. 또한 내담자(상대방, 배우자, 자녀, 학생, 직장동료 등)에게 지시하려는 유혹을 포기해야 하고, 오직 한 가지 목적에만 집중해야 합니다. 그 목적은 내담자(상대방, 배우자, 자녀, 학생, 직장동료 등)가 의식에서 부정해 왔던 위험 영역에 한 걸음씩 탐색해 들어갈 때 순간적으로 갖게 되는 의식적 태도에 대해 깊은 이해와 수용을 보여 주는 것입니다. 이런 관계(대인관계 또는 중요한 타인과의 관계)는 상담자(나)가 이러한 태도를 깊고, 진실하게 나타낼 수 있을 때만 존재합니다. 내담자 중심의 치료방법(대인관계 또는 중요한 타인과의 관계)이 효과가 있으려면 진실해야 합니다.

주. ( ) 안의 글은 저자가 이해를 돕기 위해 제시한 것임.

**소감** ________________________________

________________________________________

________________________________________

________________________________________

________________________________________

________________________________________

________________________________________

________________________________________

# 08

# 게슈탈트치료

*Gestalt Therapy*

프리츠 펄스
[Frederick (Fritz) Salomon Perls, 1893~1970]

프리츠 펄스는 베를린의 중류층 유대계 가정에서 3남매(누나, 여동생) 중 둘째로 태어났다. 어려서 독서를 좋아했고 초등학교 시절 성적이 줄곧 상위권을 유지했으나, 중학교에 입학하면서 보수적인 학습 환경과 반항심, 그리고 권위에의 복종을 싫어해서 중1때 유급했다. 1920년 프레드리히 빌헬름 대학교에서 의학사 학위를 받았고, 제1차 세계대전 발발로 독일 군의관으로 복무했다. 그 후, 비엔나에서 신경정신과 의사 쉴더Paul Schilder에게 배우고 28세에 박사학위를 취득했다. 비엔나와 베를린정신분석연구소에서 분석 훈련을 받았고, 카렌 호나이Karen Horney와 빌헬름 라이히Wilhelm Reich의 영향으로 정신분석가가 되었으며, 오토 랑크Otto Rank, 지그문트 프리들랜더Sigmund Friedlander, 얀 스뮈츠Jan Smuts, 알프레트 코집스키Alfred Korzybski의 영향을 받았다. 1926년 프랑크푸르트 암 마인 소재 뇌손상군인연구소에서 쿠르트 골트슈타인Kurt Goldstein 교수의 조수로 근무 중, 게슈탈트 심리학의 전체론holism을 세운 아데마르 겔프Adhémar Gelb를 만나게 되어 사람을 분리된 부분의 합이 아니라 전체적인 통합체로 조망하는 관점을 배웠다. 1927년에는 12세 연하의 여성 로라Laura를 만나 결혼했다.

1933년 히틀러의 탄압을 피해 네덜란드로 갔다가 1934년 남아프리카공화국의 요하네스버그로 이주하여 정신분석학회를 창립했고, 아내와 함께 정신분석 훈련에 몰입했다. 1936년 체코슬로바키아의 마리엔바드에서 개최된 국제정신분석학술대회에 참가하여 음식섭취에서의 파괴행동과 이화작용에 관한 '구강적 저항' 이론을 발표했다. 이때 남아프리카공화국에서 독일까지 4천 마일을 요트로 항해하여 프로이트와 함께 연설자로 참가했으나, 그로부터 강한 굴욕감만을 느끼는 계기가 되어 정신분석이 틀렸음을 증명하기 위해 여생을 바쳤다. 1946년 도미하여 1947년 저서『자아, 기아, 공격성(Ego, Hunger, and Aggression)』을 통해 프로이트의 공격본능 이론을 비판했고, 그와 결별했다. 1950년 알아차림awareness에 관한 이론을 발표했고, 1951년 헤퍼라인Ralph Hefferline, 굿먼Paul Goodman과『게슈탈트치료(Gestalt Therapy)』를 펴냈다. 1952년 뉴욕에 게슈탈트치료연구소를 설립했고, 캘리포니아주의 빅서Big Sur에 정착하여 에살렌연구소Esalen Institute에서 워크숍과 세미나를 개최했으며, 1970년 자신이 세운 공동생활농장인 게슈탈트 키부츠에서 세상을 떠났다. 그의 아내는 남편과 오랫동안 별거했지만 그에 대한 지원을 아끼지 않았다. 1972년 출판된 자서전『쓰레기통의 안팎(In and Out of the Garbage Pail)』에는 그의 생애에서 중요했던 순간들이 기술되어 있다.

게슈탈트치료Gestalt Therapy(GT)는 경험적(행동 강조) · 실존적(독립적 선택과 책임 강조) · 실험적(순간순간의 감정표현 촉진) · 통합적(자각 가능한 모든 것에 초점) 접근이다. 이 접근은 실존철학, 현상학, 장 이론field theory 등 다양한 이론의 영향을 받은 통합적 접근이다. 펄스는 과거를 중심으로 해석을 지나치게 강조하는 정신분석을 비판하면서, 경험을 통한 알아차림을 통해 통합을 강조하는 게슈탈트치료를 창시했다.

여기서 '게슈탈트'라는 용어를 '형태'로 번역해서 사용하지 않고 원어를 그대로 사용하는 이유는 전경으로 지각된 형태figure만을 의미하는 것으로 오해될 수 있고, 배경이 없이는 전경인 형태도 없기 때문이다. 즉, 게슈탈트는 전경과 배경이 역동적으로 조직화되어 나타나는 전체를 의미한다는 점에서 원어를 그대로 사용한다.

게슈탈트치료에 의하면, 사람은 끊임없이 게슈탈트Gestalt를 완성해 가는 유기체다. 유기체의 가장 긴급한 욕구인 게슈탈트 형성은 일차적인 생물학적 현상이다. 이에 상담자는 내담자가 지각하는 현재 경험, 정서, 행동에 대한 즉각적인 알아차림에 초점을 둔다. 또 행동의 원인 탐색 대신 개인의 경험에의 접촉을 중시한다. 게슈탈트치료는 현재에 초점을 두며, 각 개인이 자신의 운명에 책임이 있음을 강조한다. 게슈탈트치료의 인간관은 [글상자 8-1]과 같다.

**[글상자 8-1] 게슈탈트치료의 인간관**

1. 인간은 완성을 추구하는 경향이 있는 유기체다.
2. 인간은 현재 욕구에 따라 끊임없이 게슈탈트를 완성해 간다.
3. 인간의 행동은 그것을 구성하는 구체적인 구성요소, 즉 부분의 합보다 큰 전체다.
4. 인간은 어떤 존재로 되어 가는 과정에 있는 존재다.
5. 인간은 변화할 수 있고, 책임질 수 있으며, 통합된 상태로 생각할 수 있는 존재다.
6. 인간은 감각, 사고, 정서, 지각을 충분히 인식할 수 있는 능력을 소유한 존재다.
7. 인간은 전경과 배경의 원리에 따라 세상을 경험한다.
8. 인간의 행동은 행동이 일어난 상황과 관련해서 의미 있게 이해될 수 있다.

[글상자 8-1]에 제시된 바와 같이, 게슈탈트치료에서는 인간을 정서, 인지, 행동이 조직화된 전체로 개념화한다. 이에 상담자는 내담자가 타인뿐 아니라 자기 스

스로를 좌절시키는 방식도 알아차리도록 돕는다. **알아차림**awareness은 순간순간 무엇을 느끼는지 표현함으로써 성취할 수 있다. 펄스(Perls, 1969)는 "내게는 '지금 여기' 외에는 아무것도 존재하지 않는다. 지금=경험=자각/알아차림=현실이다. 과거는 더 이상 존재하지 않고, 미래는 아직 존재하지 않는다. 오직 지금만이 존재한다." (p. 14)고 선언했다. 알아차림을 실천하기 위한 지침은 [글상자 8-2]와 같다.

[글상자 8-2] **알아차림을 위한 지침**

1. 지금을 살라! ☛ 과거나 미래가 아니라 현재에 관심을 가지라!
2. 여기에 살라! ☛ 여기에 없는 것보다는 있는 것에 관심을 가지라!
3. 상상을 멈추라! ☛ 현실만을 경험하라!
4. 불필요한 생각을 멈추라! ☛ 오감(시각, 청각, 촉각, 후각, 미각)에 집중하라!
5. 직접 표현하라! ☛ 설명 · 판단 · 조작하지 말라!
6. 쾌 · 불쾌 모두를 자각하라!
7. 자신의 것이 아닌 모든 당위shoulds · 의무oughts를 거부하라!
8. 행동 · 사고 · 감정에 대해 완전히 책임지라!
9. 자신의 실제 모습에 집중하라!

게슈탈트치료에서는 개인은 실존적 주체로, 책임을 회피하는 환경적 지지를 버리고 '자기지지self-support'를 바탕으로 자신을 신뢰하고 책임지며 살아갈 것을 강조한다. 게슈탈트치료에 의하면, **건강한 사람**은 지금 여기에서 알아차림을 통해 자신에게 필요한 게슈탈트 완성에 집중한다. 반면, **건강하지 못한 사람**은 미해결 과제가 지금 여기에서 필요한 게슈탈트 완성을 이루지 못하도록 방해받아 현재에 집중하지 못한다.

원만하고 건강한 삶을 위해서는 가장 시급한 게슈탈트의 완성을 위해 에너지가 봉쇄되지 않고 사용되어야 한다. 접촉과 에너지의 흐름이 방해받으면, 잠재력을 충분히 발휘하지 못하게 되고 게슈탈트의 완성이 방해받는다. 예를 들면, 가정에서 있었던 좋지 않은 일은 학교에서의 학업 또는 직장에서의 업무 집중을 방해하게 되고, 이는 삶의 문제가 될 수 있다. 따라서 건강한 삶을 위해서는 시급한 게슈탈트의 완성을 통해 게슈탈트의 순환이 지속되어야 한다.

## 핵심개념

게슈탈트치료(GT)의 핵심개념으로는 ① 게슈탈트, ② 장 이론, ③ 미해결 과제, ④ 접촉, ⑤ 알아차림, ⑥ 접촉경계, ⑦ 상전과 하인, ⑧ '지금 여기'가 있다.

### 게슈탈트

첫째, **게슈탈트**Gestalt란 전체, 완전함, 또는 본질을 잃지 않고 분리될 수 없는 형태를 의미하는 독일어다. 이는 전체적 형상whole figure 또는 통합적 전체integrated whole, 즉 부분과 부분을 통합한 전체상이다. 즉, 개인이 자신의 욕구 또는 감정을 하나의 의미 있는 전체로 조직화하여 지각하는 것이다. 사람이 게슈탈트를 형성하는 이유는 자신의 욕구/감정을 유의미한 행동으로 실행 · 완결 짓기 위해서다. 게슈탈트는 단순히 객관적으로 존재하는 것을 지각하는 것이 아니다. 특정 상황에서 욕구, 감정, 환경조건, 맥락 등을 고려하여 가장 의미 있고 절실한 행동이 게슈탈트로 형성된다. 게슈탈트 형성은 내담자가 욕구나 감정을 의미 있는 행동으로 실행하여 완결 짓는, 끊임없이 반복되는 과정이다.

### 장 이론

둘째, **장 이론**field theory은 유기체는 끊임없이 변화하는 장의 일부로, 유기체가 처한 환경과 맥락에서 고려되어야 한다는 이론이다. 이에 게슈탈트치료자는 개인과 환경 사이의 경계에서 발생하는 것에 주의를 기울인다. **전경**figure은 내담자가 순간순간 관심의 초점이 되는 부분, 즉 순간순간 가장 두드러지는 경험의 양상이다. 반면, **배경**ground은 관심 밖에 놓이게 되는 부분, 즉 알아차림에서 벗어난 내담자의 표현양상이다.

전경에 나타난 욕구는 **알아차림-접촉 주기**('**경험 사이클**cycle of experience'로도 불림) 6단계, 즉 ① 배경homeostasis, ② 감각sensation, ③ 알아차림awareness, ④ 에너지 동원energy excitement, ⑤ 실행action, ⑥ 접촉contact을 거쳐 충족되면 배경으로 사라진다(Zinker,

1978). 알아차림-접촉 주기에 관한 설명은 [글상자 8-3]과 같다.

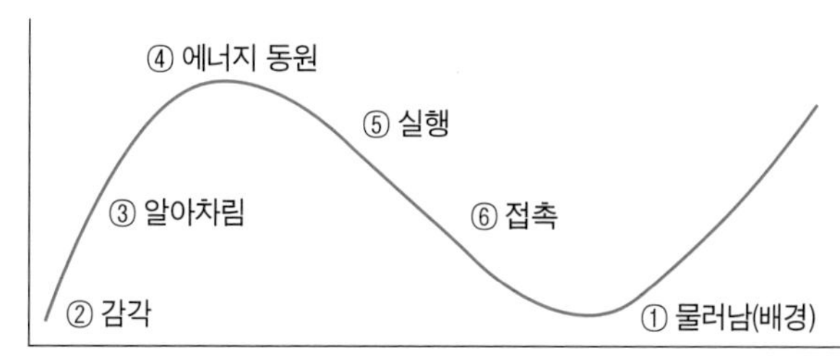


[그림 8-1] 알아차림-접촉 주기
출처: Zinker, J. (1978).

**[글상자 8-3] 알아차림-접촉 주기의 단계**

1. **배경**, 즉 항상성homeostasis(유기체가 생존에 필요한 안정 상태를 능동적으로 유지하는 작용) 상태에서 욕구나 감정이 **감각**의 형태로 나타난다.
2. 자신의 욕구나 감정을 **알아차림**으로써, **게슈탈트**를 형성하여 전경으로 떠올린다.
3. 전경의 욕구 해소를 위해 **에너지**를 **동원**한다.
4. 이를 행동으로 옮긴다(**실행**).
5. 환경과의 **접촉**으로 게슈탈트가 해소된다.
6. 해소된 게슈탈트는 전경에서 **배경**으로 물러나면서 항상성을 회복한다.

알아차림-접촉 주기를 통해 개인은 욕구를 알아차려 전경을 형성하고, 에너지를 동원하여 실행을 통해 환경과 접촉함으로써 게슈탈트(욕구)를 해소하여 항상성을 유지한다. 그리고 이러한 과정을 반복한다. 배경에 대한 단서는 비언어행동(몸짓, 표정, 태도, 자세, 어조 등)에서 찾을 수 있다.

**건강한 사람**은 매 순간 '게슈탈트 형성 · 해소' 또는 '전경 · 배경 교체'(자신에게 의미 있는 게슈탈트를 선명하게 떠올려 해소하여 배경으로 보내고, 새 게슈탈트를 형성하여 전경으로 떠올림)의 순환과정이 자연스럽게 이루어진다. 이들은 이 과정의 반복을 통해 환경과 자연스럽게 접촉하며, 성장과 발달을 거듭한다. 반면, **건강하지 않은 사람**은 전경과 배경을 명확하게 구분하지 못한다. 즉, 자신이 진정 원하는 것을 인식하지 못해 행동/실행목표가 불분명하고, 의사결정을 잘하지 못하며, 자주 혼란스러워한다. 만일 접촉주기가 단절되면, 해소되지 못한 욕구는 미해결과제로 남게 된다(Perls, 1969a).

## 미해결 과제

셋째, **미해결 과제**unfinished business란 생애 초기의 사고, 감정, 반응이 표출되지 않아 일정 시간 경과 후에도 개인의 기능에 영향을 미치고, 현재 생활을 방해하는 과거로부터의 감정(분노, 증오, 고통, 불안, 수치심, 죄책감 등)을 말한다. 즉, 전경과 배경의 교체가 방해를 받았을 때, 게슈탈트가 형성되지 않거나 형성된 게슈탈트가 해소되지 않아 배경으로 물러나지 못하고 중간층에 남아 있게 된 게슈탈트를 의미한다. 에너지가 차단될 때 미해결 과제가 야기되는데(Conyne, 2015), 차단된 에너지는 방어적 태도(긴장/경직, 자세, 얕은 호흡, 접촉 회피를 위한 시선접촉 회피, 감정 억제/둔화, 목소리 제한 또는 말수 감소 등)로 나타난다.

미해결 과제는 현재에 초점을 맞춘 알아차림을 저해하는 정서 찌꺼기를 생성한다. 이들은 완전한 알아차림을 통해 직면하고 다루기 전까지 배경에 남아 있으면서 개인과 타인의 효과적인 접촉을 방해한다. 표현되지 않은 감정들은 심지어 신체 내부를 차단하여 신체감각 또는 문제를 야기하기도 한다. 이러한 미완성 상태의 감정들은 완성을 추구하게 되는데, 이들이 충분한 힘을 얻으면 개인은 집착, 강박행동, 경계심, 억압, 자기패배적 행동 등으로 괴로워하게 된다(Polster & Polster, 1973).

## 접촉

넷째, **접촉**contact이란 전경에 떠올려진 게슈탈트 해소를 위한 환경(타인 또는 대상)과의 상호작용을 말한다. 접촉은 감각(보고, 듣고, 냄새 맡고, 만지고, 움직임)을 통해 이루어진다. 건강한 접촉은 개인의 온전한 감각을 유지하면서 외부 대상(자연, 타인)과 상호작용하는 것이다. 이를 위해서는 정확한 알아차림, 충분한 에너지, 자기표현 능력이 뒷받침되어야 한다. 접촉은 열정, 상상력, 창조성을 수반하여 개인이 환경에 계속해서 새롭게 창조적으로 적응하는, 성장의 생명선이다(Polster, 1987). 이러한 점에서 접촉은 성취 목적이 아니라 과정이다. 게슈탈트치료에서는 상담자와 내담자의 온전한 접촉을 중시하면서 접촉 장해, 혼란, 저항에 초점을 맞춘다(Yontef & Schulz, 2013).

**저항**resistance은 개인의 대처방법으로 고안된, 알아차림의 범위를 벗어나는 적응으로, 현재의 충분한 · 완전한 경험을 방해한다. 저항이 만성화되면 역기능적 행동의 원인이 된다. 내담자는 **자기체계**self-system와 외부환경을 고려하여 실현 가능한 행동의 동기를 지각한다. 외부와의 접촉경계를 구성하는 자기경계는 자기와 비자기notself를 구별하고, 자기의 발달과 기능을 제한한다.

접촉수준은 흔히 양파껍질에 비유된다. 사람이 심리적으로 성숙하려면 **신경증의 5개 층**, 즉 ① 피상cliché/가짜층phony layer, ② 공포phobic/역할연기층role-playing layer, ③ 교착층impasse layer, ④ 내파층implosive layer, ⑤ 외파층explosive layer을 벗겨야 한다(Perls, 1969). 신경증 층에 관한 설명은 〈표 8-1〉과 같다.

표 8-1 신경증 층

| 신경증 층 | 설명 |
|---|---|
| 1. 피상/가짜층 | ❍ 사회규범에 따라 상투적이고 위선적인 행동을 하며 다른 사람에게 피상적으로 대함 |
| 2. 공포/역할연기층 | ❍ 진정한 자기 모습을 나타내기 두려워하여 이를 피하기 위해 부모나 주위사람들의 기대에 따라 살아감 |
| 3. 교착층 | ❍ 이제껏 해 왔던 역할연기를 그만두려 하지만, 변화에 대한 두려움으로 갈팡질팡함 |
| 4. 내파층 | ❍ 내면의 욕구와 감정을 알아차리고 진정한 자기를 인식하지만, 이를 외부로 표출하지는 못함 |
| 5. 외파층 | ❍ 타인과 거짓 없는 진정한 접촉이 이루어져, 진정한 모습으로 접촉하며 실존적으로 진정한 삶을 영위하게 됨 |

## 알아차림

다섯째, **알아차림**awareness은 개인의 내면 또는 타인/대상과의 접촉에서 방어나 회피 없이 있는 그대로 자신의 욕구나 감정을 지각하여 게슈탈트를 형성, 전경으로 떠올리는 현상이다. 이는 개인이 삶에서 현재 일어나고 있는 중요한 일을 있는 그대로 지각 · 경험하는 것이다. 알아차림은 성격 변화의 동력이자 수단이다. 높은 수준의 알아차림은 그 자체로 치유력이 있다. 알아차림을 통해 내담자는 자신의 **주관성**subjectivity을 경험하고, 부인하던 부분을 직면 · 수용 · 통합하는 능력을 터득하여 통합적 · 총체적인 사람이 된다.

그러나 접촉경계장해로 알아차림이 차단되면, 게슈탈트가 형성되지 않거나 게슈탈트의 선명함이 떨어진다. 알아차림을 통해 자기실현과 성장을 위해 노력하고, 판단이나 비판 없이 자신의 모든 모습을 수용한다면, 비로소 새로운 방식으로 생각하고, 느끼며, 행동할 수 있게 된다. 알아차림은 서로 상반된 양극성의 갈등을 통합할 수 있게 한다. 또 유기체의 지혜, 즉 자기조절 기능을 믿는 사람은 타인과의 관계에서 계산적이거나 강박적인 관계에 빠지지 않고, 있는 그대로 자신을 수용하면서 살아간다.

## 접촉경계

여섯째, **접촉경계**contact boundary란 유기체와 환경 간의 경계를 의미한다. 타인과의 접촉경계를 적절하게 유지하는 것은 정상이면서 건강하다는 표시다. 즉, 타인과 친밀한 관계를 형성하려면 유연한 경계를, 자율적 존재로 행동하려면 확고한 경계가 요구된다. 그러나 건강한 접촉을 방해하는 지배적인 양식과 저항으로 **접촉경계장해**가 발생한다.

**접촉경계장해**contact boundary disturbance란 접촉경계가 모호, 붕괴, 또는 혼란스러운 상태를 말한다('접촉경계혼란'으로도 불림). 이 개념은 프로이트가 주장한 방어기제와 유사하다. 이 현상이 발생하면, 환경과의 접촉이 차단되고 알아차림이 단절되어 심리적 · 생리적 혼란이 발생한다. 이는 내담자와 환경이 접촉할 수 없도록 둘 사이에 중간층 같은 것이 끼어 있는 현상이다(Perls, 1969). 접촉경계장해로는 ① 내사, ② 투사, ③ 반전, ④ 융합, ⑤ 편향이 있다(Polster & Polster, 1973).

내사. **내사**introjection는 타인의 관점, 주장, 또는 가치관을 깊이 생각해 보지 않고 자신의 것으로 받아들이는 현상이다. 경험은 자신이 직접 접촉한 후, 이해하여, 자신의 것으로 만들지 못하면, 자신의 것이 되지 못한다. 이는 먹은 것을 충분히 소화시켜 내 것으로 만들지 못하면, 그것은 오히려 건강을 해치는 이물질로 남게 되는 이치와 같다. 이처럼 내사는 유기체가 지니고 있으면서 자신에게 속하지 않는 다른 어떤 것이다. 이러한 이물질은 암적인 존재로, 유기체에게 통합되지 않은 상태로 잔류하면서 괴롭히게 된다.

투사. **투사**projection는 자신의 욕구, 감정, 생각 등을 다른 사람의 것으로 지각하는 현상이다. 이는 내사와 반대되는 개념으로, 자기 유기체의 것을 부인하는 대신 남의 탓으로 돌려 접촉을 회피하는 것이다. 즉, 자기 유기체가 접촉하기 싫어하는 측면을 타인에게서 봄으로써, 자신이 느끼는 감정 또는 자신을 부정하는 것이다. 예컨대, 남들 앞에서 말할 때, 불안과 두려움이 엄습하고, 그들의 시선이 비판적 · 적대적인 것 같은 느낌이 든다면, 자신의 비판을 그들에게 투사하고 있는 것이다. 이를 해결하려면 자신의 불안 · 두려움과 접촉하여 있는 그대로 받아들이고 극복하는 것이다. 자신의 부정적인 면을 투사를 통해 회피하여 접촉을 회피하기보다는 기꺼이 그것에 대한 책임을 질 필요가 있다.

반전. **반전**retroflection은 외부 대상(타인 또는 환경)에게 해야 할 것을 자신에게 하는 것이다. 사람들은 유기체로서 외부 환경과 상호작용하며 살아간다. 대인관계에서 적절한 자기표현은 매우 중요하다. 그러나 반전을 주로 사용하는 사람은 자신의 감정을 타인에게 직접 표현하는 대신, 방향을 바꾸어 자신에게 표현한다. 어린 시절부터 극도로 처벌적이고 폭력적인 부모로부터 학대받으며 성장한 사람이 누군가로 인해 화가 난 경우, 자신의 에너지의 방향을 원인을 제공한 사람에게 이 감정을 표현하지 못하고, 대신 자신에게 화풀이하거나 고문하는 것이 그 예다.

융합. **융합**confluence은 밀접한 관계의 두 사람이 서로 차이가 없다고 느끼는 것이다. 즉, 두 사람이 일심동체가 되어 서로 간에 갈등 또는 불일치도 용납하지 못하는 상태다. 이들은 서로 길들여진 관계에 익숙해져 있기 때문에 이러한 균형을 깨뜨리는 행동을 금기시한다. 이로써 각자의 개성과 자유를 포기한 대가로 얻은 안정을 깨뜨리는 행위는 서로에 대해 암묵적 계약을 위반하는 것이 되어 상대의 분노를 사게 된다. 이처럼 융합관계를 깨뜨리는 사람은 심한 죄책감을 느끼게 된다. 융합에 의해 경계가 없는 경우, 유기체는 욕구와 감정을 제대로 해소할 수 없게 되어 계속해서 미해결 과제를 축적하게 된다.

편향. **편향**deflection은 감당하기 힘든 내적 갈등 또는 외부 환경적 자극에 노출될 때, 이러한 경험으로부터 압도당하지 않기 위해 자신의 감각을 둔화시켜, 자신과 환경과의 접촉을 약화시키는 것이다. 말을 장황하게 하거나, 초점을 흩뜨리거나, 말하면서 상대를 보지 않거나, 이유 없이 웃거나, 추상적 차원에서 맴도는 말을 하거나, 자신의 감각을 차단하는 것이 그 예다.

편향은 흔히 지식인들에게서 나타난다. 편향을 사용하여 알아차림과 접촉을 차단하는 것은 과거의 고통스러운 경험, 즉 애정결핍 또는 상처받은 자존심, 또는 내적 갈등을 극복하기 위한 의미 있는 자구책이다. 따라서 이러한 행동이 처음 생기게 된 당시로서는 효과적인 행동이었을 수 있지만, 현재는 더 이상 현실에 근거하지 않은 부적응 행동이다. 이처럼 접촉경계장해 메커니즘은 유기체가 환경과의 상호작용을 통해 그때그때 필요한 게슈탈트를 형성하면서 통합된 자기로 살아가는 것을 끊임없이 방해한다.

## 상전과 하인

일곱째, 상전과 하인은 성격분열을 설명하기 위해 사용된 개념으로, 개인의 무의식적 행동을 지배하는 두 개의 자기 부분을 말한다.

상전. **상전**top dog은 내사된 가치관 또는 도덕적 명령들로서 권위적 · 지시적이다(정신분석의 '초자아'에 해당). 상전은 항상 하인에게 도덕적 명령을 내리고, 하인의 게으르고 소극적인 특성을 질책하고 몰아붙이며, 하인이 도달할 수 없는 이상을 요구하면서 완벽주의를 추구한다. 상전이 중시하는 것은 삶이 아니라 자신의 이상 그 자체다. 하인이 이러한 이상에 도달하지 못하면 비난하지만, 정작 자신이 추구하는 이상의 내용이 무엇인지 스스로 미처 파악하지 못한다. 이상의 본질은 도저히 도달 불가능하며 이룰 수 없는 목표에 불과하고, 단지 하인을 다그치는 통제수단으로 활용된다. 상전은 하인을 징계하고 처벌하는 수단으로 이러한 이상을 사용한다.

하인. **하인**under dog은 억압되고 희생된 성격의 부분으로, 늘 설교를 듣고 괴롭힘을 당하는 아이와 같은 부분이다. 더 잘하겠다고 말하지만 행동은 여전히 꾸물거리고 태만함으로써 결국 상전과의 게임에서 승리한다. 표면적으로는 상전의 명령에 복종하는 척하지만, 상전이 지속적으로 몰아붙이면 변명 또는 상황 회피로 상전과의 싸움에서 승리한다. 하인은 상전의 비난에 대해 분노를 느끼지만, 정작 부정적 감정을 표출하지 못하고 현상유지를 위해 반전시키는데, 반전된 분노는 짜증으로 나타난다. 짜증은 외부로 투사되는데, 유기체는 그로 인해 죄책감을 느낀다. 죄책감은 좌절된 분노감으로, 유기체는 그것이 마치 외부에서 오는 것으로 왜곡하여 지각한다. 이런 점에서 죄책감은 하인이 상전에 대한 승리의 대가로 지불하는 것이라고 할 수 있다.

성격 역동. **성격 역동**은 상전과 하인으로 양분되어 서로 싸우고 통제하려고 한다. 그 결과, 끝없는 갈등 상황에 놓이게 되고 창조적인 에너지를 고갈시킨다. 유기체가 기대역할을 수행하는 것은 현실적으로 필요하지만, 그것을 완벽하게 수행하라고 요구하는 내사된 도덕적 명령들은 유기체의 존재를 부정하고 삶을 파괴한다. 역할연기적인 삶을 사는 동안 개인은 진정한 자신이 되지 못하고, 타인의 기대와 도덕적 명령을 수행하게 된다.

이러한 삶은 내적 기쁨을 가져다주지 못하고 결국 내적 불만과 부적응 상태로 이어진다. 이로써 유기체는 기대역할 수행을 요구하는 상전과 이에 불만을 갖고 반항하며 회피적 태도를 보이는 하인으로 분열·갈등상태가 되어 심한 역기능적 상태에 빠지게 된다. 펄스는 이러한 상태를 '**신경증적 자기고문 게임**neurotic self-torture game'이라고 명명했다.

## 지금 여기

끝으로, 현실은 **지금 여기**here-and-now이고, 행동도 지금 여기에서 하며, 경험도 지금 여기에서 한다. 그러므로 힘은 현재에 있다(Polster & Polster, 1973). 삶은 영원한 현재이고, 있는 그대로 내가 될 때 완전하다. 에너지가 과거의 일 또는 미래에 대한 환상의 방향으로 치우치면, 현재의 힘은 약해진다. 과거와 미래에의 초점은 지금 여기에서 다루는 것을 회피하는 수단이다. 힘을 극대화하려면 현재 발생하는 것에 집중해야 한다. 과거에서 답을 찾는 것은 더 이상 존재하지 않는 것을 다루는 것이다.

행복이 지금 여기에서 진행되는 것의 알아차림이라면, 불행은 현재에 집중하지 못하고 알아차림이 이루어지지 않는 것이다. 이에 게슈탈트치료에서는 내담자가 지금 여기에서 일어나는 일을 알아차리고 충분히 경험하도록 돕는다. 또 감정이 현재 경험과 분리된 것처럼 감정에 관해 이야기하는 것을 지양하는 대신, 지금 여기에서 감정을 경험할 수 있도록 돕는다. 개인의 성장은 알아차림의 흐름을 지금 여기에서 다른 곳으로 전환하려는 위협에 직면함으로써 실현할 수 있다.

## 상담목표

게슈탈트치료(GT)의 목표는 내담자가 자신이 무엇을 어떻게 하고 있는지, 변화를 위해 무엇을 해야 하는지에 대한 알아차림과 상황/환경과의 접촉을 돕는 것이다. 상담자는 내담자가 지금 여기에서 경험하는 감각, 감정, 인식, 행동, 그리고 그 동기를 알아차릴 수 있도록 돕는다. 진정한 변화는 개인이 있는 그대로 자신이 되려고 할 때 일어난다. 즉, 변화는 자신이 아닌 것이 되려고 노력할 때가 아니라, 자신이 되려고 할 때 일어난다(Beisser, 1970). 이를 위해 내담자가 자신의 내적 경험과 접촉할 수 있는 다양한 기법을 활용한다. 내담자는 알아차림을 통해 자신을 있는 그대로 수용하고 소중히 여기는 법을 배우게 되면서 변화를 체험하게 된다(Cole & Reese, 2017). 게슈탈트치료의 일반목표는 [글상자 8-4]와 같다.

**[글상자 8-4] 게슈탈트치료의 일반목표**

1. 내담자의 분할된 인격의 부분을 접촉을 통해 인격의 일부로 통합하도록 돕는다.
2. 실존적 삶을 통해 성숙한 인간이 되도록 돕는다.
3. 환경과의 만남에서 사고, 감정, 욕구, 신체감각, 환경에 대한 지각을 넓혀 접촉하여 타인에게 상처를 주지 않으면서 욕구충족 방법의 습득을 돕는다.
4. 내담자 스스로 자신을 되찾도록 격려한다.

인간은 경험하는 유기체로, 사고 · 감정 · 행동을 통해 내 · 외적으로 야기되는 사건과 접촉하여 살아간다. 유기체의 지혜를 신뢰한다는 것은 개인이 접촉하여 경험하는 현상을 있는 그대로 매 순간 알아차려 수용하는 것이다.

## 상담기법

게슈탈트치료(GT)에서 상담자의 임무는 내담자가 자신과 현실의 알아차림을 통해 새로운 선택을 돕는 것이다. 이를 위해서는 개인 내적 세계의 알아차림과 외적 세계와의 접촉이 요구된다. 알아차림이 증가하면, 변화는 자연스럽게 발생하고, 분열 또는 미상의 현실적 요소가 통합된다(Cole & Reese, 2017). 게슈탈트치료의 기법은 크게 연습과 실험으로 나뉜다.

**연습**exercises은 상담 회기에서 특정 상황 유발 또는 목표 성취를 위해 사용되는 기법을 통한 치료적 활동이다. 반면, **실험**experiments은 상담자와 내담자의 상호작용을 토대로 대화 과정에서 이루어지는, 사전에 계획되지 않은 경험적 발견학습heuristics 활동이다. 즉, 실험은 상담의 초점을 주제에 관한 이야기로부터 경험을 통해 내담자의 자기인식과 이해를 높이는 활동으로 이동하는 방법이다(Frew, 2013).

특정 목표 달성을 위해 사전에 고안된 연습과 달리, 실험은 상담자와 내담자가 순간순간의 접촉과정에서 이루어진다. 이는 내담자의 경험에 대한 통합적 탐색을 가능하게 하는 적극적 개입으로, 행동을 통해 체계적 학습 기회를 제공한다는 점에서 경험세계의 탐색을 위한 최적의 방법이다(Brownell, 2016; Yontef & Schulz, 2013). 게슈탈트치료에는 매우 다양한 기법이 사용된다. 이 중에서도 흔히 사용되는 핵심기법으로는 ① 인식변화, ② 꿈 작업, ③ 빈 의자 기법, ④ 반대로 하기가 있다.

### 인식변화

첫째, **인식변화**는 감정 · 신체 · 환경 · 책임 · 언어 인식의 변화를 위해 대체행동을 실천하게 함으로써 학습을 촉진하는 기법이다. **인식**cognition은 지식과 아는 작용이다(흔히 '인지'로 불림). 인식/인지의 본질은 판단이다. 판단을 통해 특정 대상을 구별 · 구분하고, 그 대상이 어떤 개념으로 특징지어지는지를 규정한다. 인식유형에 관한 설명은 〈표 8-2〉와 같다.

표 8-2 인식변화

| 인식유형 | 설명 |
|---|---|
| 1. 감정인식 | ❍ 지금 여기에서 체험되는 욕구와 감정 자각을 돕기 위한 기법 |
| 2. 신체인식 | ❍ 현재 상황에서 느끼는 신체감각의 탐색, 특히 에너지가 집중된 신체 부분에 대한 인식을 높이기 위한 기법 |
| 3. 환경인식 | ❍ 환경과의 접촉을 통해 환상과 현실이 다름을 알아차리게 함으로써 현실과의 접촉을 증진하기 위한 기법 |
| 4. 책임인식 | ❍ 내담자 자신이 지각한 것에 대해 말을 하고, "그리고 그것에 대한 책임은 나에게 있습니다."라는 말로 끝맺게 함으로써, 행동에 책임질 수 있게 하는 기법 |
| 5. 언어인식 | ❍ 내담자 스스로 자신의 언어사용 습관을 면밀히 관찰하여 비생산적인 언어습관에 변화를 주기 위한 기법 |

내담자 세계에 대한 탐색은 언어 · 비언어 단서에의 주목에서 시작한다. 내담자의 언어 패턴은 감정 · 사고 · 태도의 표현이 된다. 언어는 표현할 수도 있고, 감출 수도 있다. 언어에 주목함으로써, 내담자는 현재 순간에 어떤 경험을 하고 있고, 어떻게 지금 여기에서의 경험과 접촉을 회피하고 있는지 알아차릴 수 있다. 이에 상담자는 내담자에게 언어표현이 경험과 일치하는지, 그리고 말하려는 내용보다는 느낌과 삶의 경험을 표현하는 방식에 주의를 집중하게 함으로써 알아차림을 높인다. 이를 위해 언어습관에 변화를 주기 위한 원칙은 [글상자 8-5]와 같다.

**[글상자 8-5] 언어습관에 변화를 주기 위한 원칙**

1. 과거 또는 미래시제가 아니라, 현재 시제로 소통한다.
2. 2 · 3인칭이 아니라, 1인칭으로 말한다.
3. '할 수 없다'가 아니라, '하지 않겠다'로 말한다.
4. '~해야 한다'가 아니라, '~하기로 선택한다'고 말한다.
5. '~할 필요가 있다'가 아니라, '~하기를 원한다'고 말한다.
6. 어떤 사람에 관해 말하지 말고, 직접 그 사람에게 말한다.
7. 질문하지 않는다. ☛ 질문은 정보수집을 가장한 의견 제시를 위한 수단이다.

## 꿈 작업

둘째, **꿈 작업**dream work은 내담자가 꿈에 대해 말하고, 꿈의 각 부분을 경험하게 하는 기법이다. 이 기법은 꿈을 특정 시기에 내담자의 위치를 나타내는 메시지로 간주한다는 점에서 일종의 '**극화된 자유연상**dramatized free association'으로 불린다. 정신분석에서는 꿈을 해석하고, 자유연상을 통해 꿈의 무의식적 의미를 탐색·통찰을 강조한다. 반면, 게슈탈트치료에서는 꿈을 해석하지 않고, 꿈의 다양한 부분에서 대화가 있는 각본 또는 실험 소재로 활용한다. 이를 위해 상담자는 내담자에게 꿈을 현재 삶으로 가져와서 지금 일어나고 있는 것처럼 재현하게 한다. 이때 꿈은 현재에서 시연되고, 내담자는 꿈의 일부가 된다. 또 꿈의 각 부분은 내담자 자신에 대한 투사로 간주된다.

이처럼 꿈은 내면의 메시지를 전달하고, 개인의 갈등적 측면을 요약해 주는 기능이 있다는 점에서 '**통합으로 통하는 왕도**the royal road to integration'로 간주된다(Perls, 1969, p. 66). 꿈은 미해결된 상황을 나타내는 동시에, 개인에 대한 실존적 메시지와 현재의 갈등을 담고 있기 때문이다. 꿈은 개인 존재의 압축된 반영의 일종으로, 자기 직면을 회피하는 방식으로 사용되기도 한다.

그러므로 내담자는 꿈속의 인물/대상의 역할을 해 봄으로써, 자신의 소외된 부분을 알아차림으로써 통합을 이룰 수 있게 된다. 또 꿈 분석과 재현, 즉 행동화를 통해 자신의 미해결 과제를 인식하고 메시지를 살펴볼 수 있다. 해석은 단지 주지화된 통찰로 이끌지만, 꿈 경험에의 직면은 내적 자기를 발견하게 한다. 꿈은 성격의 결핍된 부분 또는 내담자의 회피 방법을 나타내 줌으로써 성격의 빈 곳을 발견하는 데 매우 훌륭한 방법이다(Perls, 1969).

## 빈 의자 기법

셋째, **빈 의자 기법**empty chair technique은 빈 의자에 미해결 과제 또는 감정이 있는 사람이 앉아 있다고 상상하게 하여 그에게 하고 싶은 말을 하게 함으로써 내담자의 투사를 구체화하기 위한 기법이다. 이 기법은 내담자에게 의자를 바꿔 앉게 하고, 그 사람이 되어 내담자의 말에 반응하게 하기도 함으로써, 내담자의 다양한 양극성(경청 vs. 다툼)에 대한 알아차림과 확장을 촉진하고, 개인의 내적 갈등과 대인관계 갈등 해결을 돕는다. 이 기법을 통해 내담자의 강자-약자의 자기고문 게임 또는 반복적 갈등을 멈추게 할 수 있고, 서로 화해와 이해를 통해 통찰을 이루게 한다. 세상을 떠난 아버지가 의자에 앉아 있다고 여기고, 내담자가 하고 싶은 말을 하도록 함으로써, 아버지와의 미해결 과제를 해소하는 것이 그 예다.

### 반대로 하기

넷째, **반대로 하기**는 내담자가 옳다고 믿고 있는 것과 정반대되는 행동을 하는 연습 기법이다. 사람들은 흔히 자신에게 익숙한 습관이나 생각에 빠진 나머지, 현재 행동과는 다른 대안적 행동에 문제해결 가능성이 있음을 미처 생각하지 못하는 경향이 있다. 이 기법은 내담자의 행동이 자연스럽지 못하거나 특정 행동 패턴을 고수하는 경향을 보일 때 적용하며, 내담자가 회피해 왔던 행동을 실천함으로써 문제를 극복할 수 있게 하는 효과가 있다. 이외에도, 게슈탈트치료에서는 자각 확장을 위한 다양한 신체활동을 비롯하여 직면, 과장하기, 차례로 돌아가기, 머무르기, 창조적 투사놀이, 자기 부분과의 대화, 실연, 과제 등의 다양한 기법이 사용된다.

## 상담과정

게슈탈트치료(GT)의 과정은 정형화된 절차가 없고, 상담자에 따라 창의적인 방식으로 작업한다는 특징이 있다. 그러나 대체로 크게 두 부분, 즉 전반부에는 상담자와 내담자가 진솔한 접촉을 통한 관계 형성과 지금 여기에서의 알아차림의 촉진 작업에 집중되고, 후반부에는 내담자의 심리적 문제를 실험과 연습을 통한 접촉, 경험, 재경험으로 통합 · 균형을 이룰 수 있도록 돕는다(Feder & Frew, 2008).

상담자는 내담자의 문제와 관련된 현상을 관념적으로 분석하거나 대화만 나누는 작업을 지양하는 대신, 내담자의 행동, 사고, 감정, 신체감각 모두가 순간순간 내담자에게 의미 있는 것을 이해할 수 있게 하는 길잡이 역할을 한다. 또 상황을 연출하여 내담자가 실험 · 실연을 통해 문제를 명확히 드러내고, 문제에 대한 새로운 해결책을 경험적으로 시도하여 터득하도록 돕는다(Feder & Frew, 2008). 이를 위한 기본 규칙은 〈표 8-3〉과 같다.

표 8-3 게슈탈트치료의 기본 규칙

| 기본 규칙 | 설명 |
|---|---|
| 1. 지금 여기 규칙 | ❍ 과거의 회상과 미래의 예측을 피하고 현재형으로 말하게 함 |
| 2. 나/너 규칙 | ❍ 1, 2인칭의 분명한 사용을 통해 타인과의 대등하면서 진실된 만남을 강조함 |
| 3. '나' 규칙 | ❍ 수동적 경험이 아닌 스스로 책임 있는 행위자로서 경험하기 위해 나를 주어로 표현하게 함 |
| 4. 인지연속 규칙 | ❍ 머리를 버리고 가슴과 감각에 의지하게 함 |
| 5. 소문전파금지 규칙 | ❍ '지금 여기' 대상자가 없는 상황은 상상에 의한 것이므로, 장면 구성을 통해 만나게 해 줌 |
| 6. 질문금지 규칙 | ❍ 질문으로 자신의 의견을 조작하기보다 자신의 사고, 감정, 의견을 구체적으로 표명하게 함 |

게슈탈트치료에서는 내담자의 미해결 과제를 현재로 가져와, 이러한 과거의 경험을 충분히 이해·해결하게 함으로써 더 이상 과거의 일에 집착하지 않고 현재의 일에 집중할 수 있도록 돕는다. 과거의 일에 사로잡혀 있다면, 이 미해결 과제 때문에 계속해서 내담자의 삶에 어려움을 줄 것이다. 또 지금 여기에서 특정 사건에 대한 건강한 해석을 돕는다.

**건강하지 못한 해석**은 삶을 구획으로 나누어 의식적 자기로부터 차단하거나 수용할 수 없는 부분을 감추는 경향이 있기 때문이다. 이는 내담자가 이러한 부분들을 통합하여 독립성, 성숙, 자기실현을 향해 나아갈 수 있게 한다. 건강한 삶을 원한다면, 미해결 과제를 현재로 가져와 해결하고, 새롭게 맞이하는 상황과 경험에 에너지를 집중해야 할 것이다.

 핵심어

| | | |
|---|---|---|
| • 게슈탈트 | • 장 이론 | • 전경 |
| • 배경 | • 미해결 과제 | • 접촉 |
| • 자기체계self-system | • 신경증 층 | • 가짜층/진부층 |
| • 공포층/역할연기층 | • 교착층 | • 내파층 |
| • 외파층 | • 자각/알아차림 | • 접촉경계 |
| • 접촉경계장해 | • 내사 | • 투사 |
| • 융합 | • 반전 | • 자의식 |
| • 편향 | • 지금 여기 | • 연습 |
| • 실험 | • 인식변화 | • 꿈 작업/극화된 자유연상 |
| • 빈 의자 기법 | • 반대로 하기 | • 지금 여기 규칙 |
| • 나/너 규칙 | • 나 규칙 | • 인지연속 규칙 |
| • 소문전파 금지 규칙 | • 질문금지 규칙 | • 현재화 |
| • 상전과 하인 | • 신경증적 자기고문 게임 | |

## 복습문제

※ 다음 밑줄 친 부분에 들어갈 말을 쓰시오.

1. 게슈탈트치료에 의하면, 사람은 끊임없이 ___________을/를 완성해 가는 유기체다. 이에 상담자는 내담자가 지각하는 현재 경험, ___________, 행동에 대한 즉각적인 ___________에 초점을 둔다. 또 행동의 ___________ 탐색 대신 개인의 경험에의 ___________을/를 중시한다.
2. 게슈탈트치료에서는 개인은 ___________ 주체로, 책임을 회피하는 ___________ 지지를 버리고, ___________ 지지를 바탕으로 자신을 신뢰하고 책임지며 살아갈 것을 강조한다.
3. 게슈탈트치료에 의하면, 건강한 사람은 ___________에서 ___________을/를 통해 자신에게 필요한 ___________ 완성에 집중한다.
4. ___________이론에 의하면, 유기체는 끊임없이 변화하는 장의 일부로, 유기체가 처한 환경과 맥락에서 고려되어야 한다. 특히, ___________은/는 내담자가 순간순간 관심의 초점이 되는 부분, 즉 순간순간 가장 두드러지는 경험의 양상이다. 반면, ___________은/는 관심 밖에 놓이게 되는 부분, 즉 알아차림에서 벗어난 내담자의 표현양상이다.
5. 생애 초기의 사고·감정·반응이 표출되지 않아 일정 기간 경과 후에도 개인의 기능에 영향을 미치고, 현재 생활을 방해하는 과거로부터의 감정을 ___________(이)라고 한다. 이는 ___________이/가 차단될 때 야기되며, ___________ 태도로 나타난다. 그 결과, 개인에게는 현재에 초점을 맞춘 알아차림을 저해하는 ___________을/를 생성한다.
6. ___________은/는 전경에 떠올려진 게슈탈트 해소를 위한 환경(타인 또는 대상)과의 상호작용이다. 반면, ___________은/는 개인의 대처방법으로 고안된, 알아차림의 범위를 벗어나는 적응으로, 현재의 충분하고 완전한 경험을 방해한다.
7. 신경증의 5개 층에서 ___________층은 사회규범에 따라 상투적이고 위선적인 행동을 하며, 다른 사람에게 피상적으로 대하는 특징이 있는 반면, ___________층은 내면의 욕구와 감정을 알아차리고 진정한 자기를 인식하지만, 이를 외부로 표출하지는 못하는 특징이 있다.
8. 유기체와 환경 간의 경계가 모호, 붕괴, 또는 혼란스러운 상태를 ___________(이)라고 한다. 이는 프로이트가 주장한 ___________와/과 유사한 개념이다. 이 상태에는 타인의 관점, 주장, 또는 가치관을 깊이 생각해보지 않고 자신의 것으로 받아들이는 현상을 뜻하는 ___________와/과 자신의 욕구, 감정 및/또는 생각 등을 다른 사람의 것으로 지각하는 현상인 ___________이/가 포함되어 있다.
9. 펄스(F. Perls)가 성격분열을 설명하기 위해 사용한 개념인 ___________은/는 권위적·지시적인, 내사된 가치관 또는 도덕적 명령들이다. 반면, ___________은/는 억압되고 희생된 성격의 부분으로, 늘 설교를 듣고 괴롭힘을 당하는 아이와 같은 부분을 가리킨다.
10. 게슈탈트치료의 기법은 크게 ① 상담 회기에서 특정 상황 유발 또는 목표 성취를 위해 사용되는 기법을 통한 치료적 활동인 ___________와/과 ② 상담자와 내담자의 상호작용을 토대로 대화 과정에서 이루어지는, 사전에 계획되지 않은 경험적 발견학습 활동인 ___________(으)로 나뉜다.

## 소집단 활동

**게슈탈트 기도문** 펄스(F. Perls)에 의하면, 미친 사람은 "내가 아브라함 링컨이다."라고 말하고, 신경증이 있는 사람은 "내가 아브라함 링컨이라면 좋겠어."라고 말하며, 건강한 사람은 "나는 나, 당신은 당신"이라고 말한다. 다음에 제시된 게슈탈트 기도문을 읽고, 읽고 난 소감을 나누어 보자.

게슈탈트 기도문

나는 나의 일을 하고, 당신은 당신의 일을 합니다.
나는 당신의 기대에 따라 살기 위해 이 세상에 존재하는 것이 아닙니다.
그리고 당신 또한 내 기대에 따라 살기 위해 이 세상에 존재하지 않습니다.
당신은 당신이고 나는 나입니다.
만약 우연히 우리가 서로를 발견하게 된다면, 그것은 아름다운 일이겠지요.
그렇지 않다고 하더라도, 그것은 어쩔 수 없는 일입니다.

The Gestalt Prayer

I do my thing, and you do your thing.
I am not in this world to live up to your expectations.
And you are not in this world to live up to mine.
You are you and I am I.
And if by chance we find each other, it's beautiful.
If not, it can't be helped.

소감 ______________________________

**완벽주의** 펄스는 당위성을 강조하는 완벽주의 또는 강박주의를 경계했다. 5인 1조로 나누어 다음에 제시된 완벽주의 또는 강박주의를 경계하는 펄스의 글을 읽고, 서로 읽고 난 소감을 나누어 보자.

> 친구여, 완벽주의자가 되지 마세요.
> 완벽주의는 저주이며 긴장입니다.
> 과녁의 한복판을 맞추지 못할까 봐 두려워 떨게 합니다.
> 그저 자신을 있는 그대로 놔 둔다면 완전해집니다.
> 친구여, 실수를 두려워 마세요.
> 실수는 죄가 아닙니다.
> 실수는 다른 어떤 것,
> 창조적으로 어떤 것을 하는 방법입니다.
> 친구여, 실수에 대해 부끄러워하지 마세요.
> 그것에 대해 자랑스러워하세요.
> 자신의 중요한 어떤 것을 줄 용기가 있음을 의미하기 때문입니다.

**소감** ____________________

**자기지지를 위한 책임의식 선언문** 게슈탈트치료에서는 내담자가 환경적 지지에서 탈피하여 자신의 삶에 책임지고 자기지지에 의해 살아가도록 돕는다. 5인 1조로 나누어 다른 집단원들 앞에서 선서하듯 오른손을 들고 다음에 제시된 자기지지를 위한 책임의식 선언문을 낭독해 보자. 이는 비록 어떤 사람 또는 사건이 영향을 미치더라도, 개인의 행동, 사고, 감정에 대해 책임이 없고, 개인이 삶의 주체로서 삶에 대한 모든 책임을 스스로 져야 한다는 것을 다짐하는 것이다. 그런 다음, 서로 소감을 나누어 보자.

1. 나는 내가 하는 모든 행위에 대해 책임이 있습니다.
2. 나는 인지적으로 고려하는 모든 생각에 대해 책임이 있습니다.
3 나는 내가 느끼는 모든 감정에 대해 책임이 있습니다.

**소감** ______________________________

**건강한 삶** 2인 1조로 나누어 다음의 글을 읽고 난 다음, 다른 조원들과 서로의 의견과 소감을 나누어 보자.

건강한 삶을 영위하려면 유기체의 지혜를 믿고, 접촉을 통한 알아차림에 충실함으로써 있는 그대로의 나 자신이 되어야 합니다. 유기체는 개방적이고, 모든 것을 알아차리며, 스스로 조절할 수 있는 지혜가 있기 때문입니다. 그러나 사람들은 정신적 조작으로 유기체의 지혜에 상반되는 폐쇄적·강박적 행동을 합니다. 당신은 이 순간에 무엇을 자각하고 있나요? 정신을 버리고 감각으로 돌아오세요! 외부에서 오는 자극을 민감하게 알아차리고 접촉하세요! 신체 내부에서 무엇이 진행되고 있는지 민감하게 알아차리고 접촉하세요. 인지적 기능을 통해 환경과의 직접적 접촉이 아닌 환상적 접촉을 활성화하세요. 이러한 일련의 노력은 잠재력 실현을 가능하게 합니다.

원활한 게슈탈트 순환과 지금 이 순간에 알아차림을 위해 오관이 작동하도록 경험에 개방적이어야 합니다. 또 자신을 책임지고, 독립적인 삶을 영위할 수 있도록 성숙·성장해야 합니다. 자신의 행동, 감정, 생각에 대한 책임을 수용하고, 성숙한 삶을 영위해야 합니다. 사람들의 문제는 자기 유기체의 지혜를 무시하는 것에서 비롯됩니다. 자신의 오관을 통해 현재 자신이 경험하는 것을 민감하게 알아차리고, 이를 통해 순간순간의 게슈탈트가 원활하게 순환하도록 해야 합니다. 이로써 둘로 분리된 자기 간의 끊임없는 신경증적 자기고문 게임을 종결짓고 자신을 통합해야 합니다.

**소감** ______________________________

| 09 |

# 행동치료

*Behavior Therapy*

버러스 스키너
(Burrhus F. Skinner
1904~1990)

버러스 스키너는 미국 펜실베이니아주 서스케하나의 부유한 변호사 가정에서 두 아들 중 장남으로 태어났다. 16세 되던 해 동생이 세상을 떠난 것 외에는 따뜻하고 안정되고 체벌 없는 가정에서 자랐다. 아버지는 아들도 변호사가 되기를 원했으나, 스키너는 도구 제작에 재능을 보여 롤러스케이트를 비롯하여 다양한 도구를 제작했고, 스키너 상자를 직접 제작하기도 했다. 또한 동물의 행동에 깊은 관심을 보여 비둘기 실험으로 자신의 이론을 설명하는 한편, 음악에도 관심이 있어서 재즈밴드에서 색소폰을 연주하기도 했다. 청년 시절에는 작가가 되고 싶어 해밀턴 대학교에서 영문학을 전공했다. 1926년 학업 우수 학생에게 주는 파이베타 카파Phi Beta Kappa 상을 받고 졸업했다. 대학 졸업 후, 문학작품 집필에 몰입한 결과, 로버트 프로스트Robert Frost의 격려를 받기도 했다. 1년 후, 뉴욕의 그린위치 빌리지로 이주, 러셀Bertrand Russell과 베이컨Francis Bacon, 파블로프Ivan Pavlov, 왓슨John B. Watson 같은 인물과의 만남을 통해 작가의 꿈을 접고 인생행로를 심리학으로 전환했다.

하버드 대학교에서 심리학 전공으로 1930년 석사, 1931년 박사학위를 받았다. 그 후 5년간의 박사 후 훈련을 거쳐 1936년 미네소타 대학교 교수가 되어 이본 블루Yvonne Blue와 결혼했다. 1938년 첫 저서『유기체의 행동(The Behavior of Organisms)』출간 후, 1945년 인디애나 대학교 교수가 되었고, 1948년 처벌 없는 학습원리에 의한 이상적인 사회건설을 묘사한『월든 투(Walden Two)』를 출간했다. 1948년 하버드 대학교 교수로 자리를 옮겨 풍부한 감성을 통해 저작 활동에 몰두하여 여러 권의 저서를 출간했다. 특히『과학과 인간행동(Science and Human Behavior)』(1953)은 그의 학습이론이 전 사회영역에서 어떻게 적용될 수 있는지 설명한 책으로 유명하다. 또『자유와 존엄성을 넘어(Beyond Freedom and Dignity)』(1971)를 출간했다. 이는 영향력 있는 저서로, 문명의 생존과 번영에 필요한 단계를 기술했다. 1980년대 초, 노인문제에 대한 행동원리 적용법에 관해 집필했다. 인간행동의 주요 결정인자로 학습을 강조하여 행동결정론자로서 괄목할 만한 업적을 남겼고, 1990년 8월 18일 86세를 일기로 세상을 떠났다.

앨버트 밴듀라
(Albert Bandura, 1925~2021)

앨버트 밴듀라는 캐나다 앨버타주 북부의 문데어에서 폴란드계 아버지와 우크라이나계 어머니 사이에서 6남매 중 막내로 태어났다. 두 명의 교사와 전교생 수가 여섯 명에 불과한 초등학교에 다녔는데, 열악한 교육환경은 자기주도적 학습기술을 터득하는 계기가 되었다. 이때 교재에서 배운 내용은 시간이 지나면서 기억에서 사라지는데, 자기주도적 학습은 시간이 지날수록 큰 효과가 나타난다는 사실을 깨달았다. 고교 졸업 후 캐나다 북부 알래스카 고속도로 보수작업에 참여하면서, 다양한 사람과의 만남을 통해 정신병과 심리학에 관심을 갖게 되었다. 1949년 브리티시 컬럼비아 대학교에서 심리학을 전공했고, 1951년과 1952년 아이오와 대학교에서 임상심리학 전공으로 석사와 박사학위를 받았다. 졸업 후, 당시의 이론이 지나치게 행동주의적 관점에 편중되어 있음을 느끼고는 임상심리학보다는 행동수정, 관찰학습, 자기효능감 등으로 연구주제를 옮겼다.

그 후, 아이오와 지역의 간호전문학교에서 강의를 하던 버지니아 반스Virginia Varns를 만나 결혼하여 슬하에 두 딸을 두었다. 1961년 보보인형 실험을 통해 사회학습이론을 발표했다. 이 연구는 모든 행동이 직접적인 강화 또는 보상으로 조성된다는 행동주의의 주장과는 다른 것으로, 단순히 행동관찰만으로도 모방학습이 이루어진다는 것이었다. 그 후에도 사회학습이론과 관련된 연구들을 수행했고, 1980년대 중반, 자신의 이론을 '사회인지이론'으로 명명했다. 사람은 단지 환경의 힘에 의해 조형되거나 내적 충동에 의해 행동하는 수동적 존재가 아니라는 그의 주장은 행동치료의 발전에 크게 기여했다. 또 인간의 행동을 동기화하는 내적 힘으로서의 인지 · 정서 요인을 탐색함으로써 행동치료의 지평을 넓혔다.

**행동치료**Behavior Therapy(BT)는 과학적 접근, 즉 객관적으로 관찰 및 측정 가능한 행동만을 대상으로 삼는 행동주의 심리학을 기반으로 창안된 치료적 접근이다. 행동치료에서는 내담자의 행동을 환경과의 상호작용을 통해 후천적으로 학습된 것이며, 특정 행동의 결핍 또는 과다로 인해 어려움을 겪는다고 가정한다. 부적응 행동 역시 잘못된 학습에서 비롯된 습관으로 간주하여 행동수정 원리를 적용하여 감소/제거하거나 긍정적 행동의 학습을 통해 내담자의 적응을 돕는다.

행동치료는 전통적으로 내담자에 대한 종합적인 사전평가, 구체적인 상담목표와 전략 수립, 증거기반기법 적용, 사후평가로 진행된다. 또 관찰 가능한 행동, 현재 행동의 결정요인, 변화 증진을 위한 학습경험, 내담자에 특화된 상담전략, 엄밀한 검사와 평가를 중시한다. 행동평가는 **자극**Stimulus**-반응**Response**-결과**Consequence(SRC) **평가**를 바탕으로 내담자의 행동을 통제하는 주요 변인을 파악한다.

오늘날 행동치료는 인지(행동변화를 위한 사고 수정)와 행동(행동변화를 위한 외부조건 수정)의 변화과정을 강조하는 형태를 띠고 있다(Follette & Callaghan, 2011). 이러한 분위기에 편승하여 행동치료는 내담자의 인지적 측면을 중시함으로써 다양하게 진화하고 있다.

## 핵심이론

행동치료(BT)는 크게 4개 영역(① 고전적 조건화, ② 조작적 조건화, ③ 사회인지이론, ④ 인지행동치료)으로 구분된다.

### 고전적 조건화

**이반 파블로프**
(Ivan Petrovich Pavlov, 1849~1936)

첫째, **고전적 조건화**classical conditioning는 러시아 생리학자 파블로프가 개의 침 분비 실험을 통해 발표한, '자극과 반응이 반복되면 자극과 반응이 **연합**('**조건화**')된다'는 이론이다('**반응적 조건화**respondent conditioning'로도 불림). 실험에서 개는 음식[무조건자극Unconditioned Stimulus(US)]이 제시되면 침을 분비[무조건반응Unconditioned Response(UR)]했다. 그 후, 무조건자극(음식)과 함께 종소리[중성자극Neutral Stimulus(NS)]를 반복적으로 제시하자, 나중에는 무조건자극 없이 종소리만 울려도 침을 분비[조건반응Conditioned Response(CR)]했다. 이는 본래 중성자극(종소리)이 무조건자극(음식)과 연합하여 조건자극Conditioned Stimulus(CS)이 됨으로써('조건화'), 조건자극(종소리)만 제시되어도 조건반응(침 분비)이 나타났다. 고전적 조건화 원리를 적용한 대표적인 실험으로는 ① 공포조건화와 ② 역조건화가 있는데, 이 원리는 야뇨증 치료와 체계적 둔감법 개발에 활용되었다.

존 왓슨
(John B. Watson, 1878~1958)

공포조건화. **공포조건화**fear conditioning란 고전적 조건화 절차를 통해 중립자극에 대해 공포반응을 유발하게 하는 일련의 과정을 말한다. 이 개념은 왓슨과 레이너(Watson & Rayner, 1920)가 생후 13개월 된 아이(앨버트Albert)를 대상으로 한 실험을 통해 증명되었다. 이 실험에서 연구자들은 아이를 흰 쥐(중립자극/NS)와 놀게 했다. 처음에 아이는 흰 쥐에 대한 두려움 없이 잘 놀았다. 연구자들이 아이에게 흰 쥐를 보여 줄 때마다 아이의 뒤에서 큰소리(무조건자극/US)를 내자, 아이는 몹시 놀라는 반응을 보였다(무조건반응/UR). 이 자극이 반복해서 제시되자, 아이는 결국 흰 쥐(조건자극/CS)만 보고도 공포반응(조건반응/CR)을 보였다. 아이의 공포반응은 그 후 흰 쥐와 유사한 대상(흰 토끼, 흰 수염)에게 일반화되었다. 그러나 그 후 왓슨이 어린 아이를 실험대상으로 삼았다는 사실이 알려지면서 연구윤리에 대한 논란이 되기도 했다.

메리 존스
(Mary C. Jones, 1896~1987)

역조건화. **역조건화**counterconditioning란 공포와 함께 발생하기 어려운 반응을 유발하는 자극을 사용하여 공포증을 감소 또는 소거하는 일련의 과정을 말한다. 이 개념은 1924년 학습된 공포를 소거하는 방법을 입증한 메리 존스의 실험을 통해 창안되었다. 이 실험에서 피터Peter라는 3세 아이는 토끼와 쥐를 비롯한 다른 대상에 대해 공포반응을 보였다. 존스는 공포증 제거를 위해 피터가 좋아하는 음식을 먹고 있을 때, 우리에 든 토끼를 점진적으로 가까이 데리고 갔다. 이후, 공포 대상은 음식과 연합되었고, 수개월 후 피터의 토끼에 대한 공포증은 완전히 사라졌다. 이 경우, 토끼에 대한 공포가 음식에 대해 혐오를 일으킬 정도로 크면 안 된다. 공포조건화와 역조건화는 1958년 **상호억제이론**Reciprocal Inhibition Theory을 기반으로 고안된 체계적 둔감법의 토대가 되었다.

## 조작적 조건화

둘째, **조작적 조건화**operational conditioning는 우연히 일어난 행동이 유기체에게 보상을 제공하거나 혐오자극을 피할 수 있게 한다면, 그 행동을 다시 할 가능성이 증가한다는 스키너의 이론이다. 반면, 환경이 강화를 제공하지 않거나 혐오자극이 제시된다면, 그 행동을 다시 할 가능성은 감소한다. **조작적**operational이란 동물이 보이는 반응이 환경에 어떤 조작을 가하여 강화물을 초래한다는 의미다. 이 이론에 의하면, 유기체는 무작위적 환경에서 조건화되고, 행동은 주기적으로 강화되거나 벌을 통해 소거된다. 스키너는 행동 조성과 유지에서 환경의 역할을 강조했다.

조작적 조건화의 원리. **조작적 조건화의 원리**는 다음 두 가지다. 첫째, 행동은 결과와 **연합**한다는 것이다. 유기체는 긍정적인 결과('보상')가 뒤따르는 행동('조작적')을 반복하는 경향이 있다. 조작적 조건화가 일어나려면, 처음 나타나는 행동에 수반되는 보상이 있어야 한다. 이러한 행동과 보상 사이클은 특정 행동의 발생 빈도수를 증가시킨다. 유기체가 처음으로 특정 행동을 작동 또는 제공하게 되면서 조작적 조건화가 이루어진다.

둘째, **보상**은 반드시 내담자가 원하는 것이어야 한다. 만일 보상이 강력하고 행동을 변화시킬 수 있는 것이라면, 보상받을 행동의 발생을 강화하게 될 것이다. 유기체는 무작위적 환경에서 조건화되고, 행동은 주기적인 강화 또는 벌에 의해 소거된다. ① 강화와 ② 벌은 조작적 조건화의 핵심개념이다.

강화. **강화**는 **정적 강화**positive reinforcement(바람직한 행동이 나타날 때마다 유쾌 조건을 제공함으로써 특정 행동 발생 빈도수를 높임)와 **부적 강화**negative reinforcement(바람직한 행동이 나타날 때마다 불쾌조건을 제거해 줌으로써 특정 행동 발생 빈도수를 높임)로 나뉜다. 이에 내담자의 행동 통제 또는 변화를 위해 보상체제를 사용하려면, 그에게 보상이 되는 것을 파악해야 한다.

벌. **벌**punishment은 특정 행동을 감소/소거하기 위해 유기체에게 혐오자극을 가하거나('**일차 벌**') 선호자극을 일시적으로 제거하는('**이차 벌**') 기법이다. 예를 들어, 거짓말

| | 쾌 자극 | 불쾌 자극 |
|---|---|---|
| 적용 + | 정적 강화 | 일차 벌 |
| 철수 − | 이차 벌 | 부적 강화 |

[그림 9-1] 강화와 벌의 도식

을 한 아이를 꾸중하는 것이 일차 벌이라면, 아이가 좋아하는 게임을 못하게 하는 것은 이차 벌이다. 강화와 벌을 도식으로 나타내면 [그림 9-1]과 같다.

벌은 바람직한 행동에 대한 정적 강화와 함께 사용될 때 강력한 효과가 있다. 자주 사용되는 벌을 적용한 기법으로는 반응대가, 사회적 질책, 타임아웃, 과잉교정, 신체 벌, 수반적 전기자극 등이 있다. 벌은 바람직하지 않은 반응을 억제하는 효과가 있지만, 유기체의 예상치 못한 부작용(예 분노 같은 부적 정서)을 초래할 수 있다. 그러므로 잠재적으로 해롭거나 위험한 행동(예 머리 박기, 깨물기, 공격행동, 위험한 물건을 집어 던지며 성질부리기 등) 또는 특정한 어려움이 있는 경우에만 사용되어야 한다(Cooper et al., 2007). 이외에도, 벌의 문제점은 [글상자 9-1]과 같다(강진령, 2022).

**[글상자 9-1] 벌의 문제점**

1. 처벌받은 행동은 망각하는 것이 아니라 억제된다.
2. 강화는 해야 할 것을 알려 주지만, 벌은 하지 않아야 할 것을 알려 준다.
3. 벌은 상황변별을 가르쳐서 변별을 통해 다른 곳에서는 괜찮다는 것을 학습하게 할 수 있다.
4. 연합을 통해 벌 주는 사람/상황에 대한 두려움을 학습하게 하여 등교기피/불안을 유발할 수 있다.
5. 극단적이거나 고통스러운 벌은 바람직하지 않았던 행동보다 더 심각한 공격행동을 유발할 수 있다.
6. 벌은 문제해결 방법으로 공격행동을 시범 보이게 되어 공격성 증가를 초래할 수 있다.

## 사회인지이론

셋째, **사회인지이론**Social Cognitive Theory은 밴듀라가 기존의 사회학습이론에 환경을 추가하여 ① 환경, ② 개인의 특성, ③ 행동의 삼원적 관계를 토대로 창안한 이론이다.

이 이론에 의하면, 환경요인 또는 사건은 그 경험에 대한 개인의 지각 또는 해석 같은 인지처리과정을 통해 행동에 영향을 준다. 즉, 사람은 자기주도적으로 행동을 변화시킬 수 있고, 그 변화의 주체는 바로 그 자신이다. 이러한 과업수행에는 개인의 자기효능감이 영향을 미칠 수 있다. **자기효능감**self-efficacy이란 상황에 잘 대처하고 바라는 변화를 일궈 낼 수 있다고 믿는 개인의 믿음 또는 기대를 말한다.

참고로, **사회학습이론**Social Learning Theory은 1961년 보보인형(사람 크기의 오뚜기 인형) 실험에서 모델의 공격 행동을 관찰한 아이들이 관찰하지 않은 아이들보다 훨씬 더 공격적인 행동을 보인다는 사실의 발견에 기반하여 밴듀라가 발표한 이론이다. 사회학습의 예로는 대인관계를 잘하는 사람과 상호작용한 후, 그의 효과적인 대인관계 기술을 습득하는 것이다.

## 인지행동치료

넷째, **인지행동치료**Cognitive Behavioral Therapy(CBT)는 개인의 인지적 · 행동적 측면을 강조하는 것으로, 종전의 행동치료, REBT, 인지치료 등이 통합된 치료적 접근이다. 이 접근에서는 개인의 사고/신념이 행동과 정서에 영향을 준다고 가정한다. 이처럼 인지와 행동을 강조한 치료적 접근은 1970년대 초부터 행동치료는 인지적 측면을, REBT와 인지치료는 행동적 측면을 중시하게 되면서 자연스럽게 이론적 연합을 이루게 되었다.

인지행동치료(CBT)는 1970년대 중반부터 행동치료를 대체하기 시작했고, 이 시기부터 행동치료자들 사이에 감정, 행동, 인지 간 상호작용을 중시하는 분위기가 가속화되었다(Corey, 2016). 이로써 오늘날 행동치료는 인지(행동변화를 위한 사고 수정)와 행동(행동변화를 위한 외부 조건 수정)의 변화과정을 강조하는 형태를 띠고 있다(Follette & Callaghan, 2011). 이러한 분위기에 편승하여 사회기술훈련, 인지치료, 스트레스 관리훈련, 마음챙김, 수용전념치료 같이 비교적 최근에 창안된 치료적 접근들은 모두 인지행동치료의 지향점을 따르고 있다.

## 상담목표

행동치료(BT)의 목표는 ① 내담자별로 서로 다르게 진술될 수 있고, ② 상담자의 가치와 양립할 수 있어야 하며, ③ 객관적으로 관찰 및 달성 가능한 것이어야 한다(Krumboltz, 1966). 행동치료를 통해 성취할 수 있는 목표는 [글상자 9-2]와 같다(Nelson-Jones, 2015).

**[글상자 9-2] 행동치료를 통해 성취할 수 있는 목표**

1. 행동목록에서 결함을 찾아 극복하기
2. 바람직한 적응행동 강화
3. 부적응 행동 약화 및 제거
4. 불안반응 약화
5. 이완능력 향상
6. 자기표현 능력 증진
7. 효과적인 사회적 기술 습득
8. 자기통제 능력 강화
9. 성적 기능의 적절성
10. 부적절한 사고에 대한 인지 재구조화

오늘날 행동치료는 과거의 치료자 중심의 접근에서 벗어나 내담자에게 권한을 넘겨줌으로써 자유롭게 선택할 수 있게 하는 방향으로 진화했다. 이를 위해 상담목표도 부적응 행동 또는 문제행동의 변화에서 ① 내담자의 선택 증가, ② 새로운 학습조건 형성, ③ 다양한 대처기술 습득, 또는 ④ 대체행동 형성을 돕는 것으로 바뀌었다.

## 상담기법

행동치료(BT)에서는 치료의 핵심을 조건형성을 통한 학습으로 간주하고 인지구조, 비논리적·비합리적 사고, 무의식과 관련된 사고도 조건형성이 가능하다고 본다(Neukrug, 2017). 행동치료에서는 정신건강 문제영역에 적용 가능한 70여 개의 행동기법이 광범위하게 사용되고 있는데(O'Donohue & Fisher, 2012), 이처럼 다양한 치료법을 일컬어 **'행동치료의 다양한 스펙트럼'**(Lazarus, 1981)이라고 한다. 오늘날 행동치료자들은 내담자에게 피드백과 모델링을 통해 건강한 적응행동 학습이 일어나도록 돕는다(Naugle & Maher, 2003).

행동치료에서 기법 선택에 도움이 되는 질문은 다음 두 가지다. 하나는 '내담자는 구체적으로 어떤 환경에서 어떤 문제를 호소하고 있는가?'이고, 다른 하나는 '그 문제에는 어떤 기법이 누구에 의해 제공되는 것이 가장 효과적인가?'이다(Paul, 1967, p. 111). 행동치료자들은 치료법을 내담자에 따라 달리 사용하는 동시에, 같은 내담자에게도 때에 따라 다른 방법을 적용하기도 한다. 이 중에서도 흔히 사용되는 기법으로는 ① 수용, ② 모델링, ③ 체계적 둔감법, ④ 토큰경제, ⑤ 노출치료 · 홍수법, ⑥ 자극통제가 있다.

## 수용

첫째, **수용**acceptance은 있는 그대로 받아들이는 것을 말한다. 이는 상담자가 내담자에 대한 것, 그리고 내담자가 자기 자신을 있는 그대로 받아들이는 것을 의미한다. 수용은 인본주의적 접근에서 강조되는 상담자의 태도이지만, 오늘날에는 행동치료 또는 인지행동치료의 관점에서 행동의 개념으로, 내담자가 자신의 문제 규명을 위해 중요한 기법으로 간주된다(Ledley, Marx, & Heimberg, 2010).

## 모델링

둘째, **모델링**modeling은 타인의 적절한 행동을 관찰한 다음, 이를 연습하게 하여 새로운 행동습득을 돕는 기법이다('**모방학습**' '**대리학습**'으로도 불림). 이는 내담자가 타인의 행동을 자신의 것으로 통합해 가는 변화과정의 일부로, 강화와 벌보다 더 효과가 크다. 또 새로운 기술이나 행동이 타인의 관찰을 통해 더 효과적으로 습득될 수 있음을 입증하는 것으로, 비현실적인 공포 제거에도 효과가 있다(Cooper et al., 2007). 모델링 효과를 높이기 위한 내담자의 조건은 [글상자 9-3]과 같다.

**[글상자 9-3] 모델링 효과를 높이기 위한 내담자의 조건**

1. 모델에 관심이 있어야 한다. ☛ 관심을 높이기 위해 보상을 주기도 함
2. 모델에게서 얻은 정보를 유지해야 한다. ☛ 획득한 정보를 조직 · 유지하기 위해 상상기술 또는 언어적 부호화 전략 등을 사용함
3. 모델의 행동을 따라해야 한다. ☛ 행동은 학습과 행동 변화를 위해 모방 · 연습되어야 함
4. 모방행동에 동기화되어야 한다. ☛ 결과에 대한 보상은 모델의 행동발생 가능성을 증가시킴

## 체계적 둔감화

조셉 월피
(Joseph Wolpe, 1915~1997)

셋째, **체계적 둔감화**systematic desensitization는 이완된 상태에서 불안을 일으키는 상황을 위계적 상상을 통해 불안과 양립할 수 없는 이완을 연합시켜 불안을 감소/소거시키는 기법이다('체계적 감감법'으로 불림). 이 기법은 1958년 남아프리카공화국 출신의 독일계 미국인 정신과 의사, 조셉 월피가 고전적 조건화와 **상호억제**reciprocal inhibition**이론**을 토대로 개발한 것이다. 둔감화는 ① 이완훈련('**점진적 근육이완**'), ② 불안위계 작성, ③ 이완상태에서 불안위계에 따라 실시된다(Head & Gross, 2003).

체계적 둔감화의 첫 단계에서는 점진적 근육이완을 실시한다. 근육이완을 위해 치료자는 내담자에게 고요한 호숫가에 앉아 있거나 아름다운 초원을 거니는 상상을 하도록 하여 고요하고 평온한 상태에 도달하게 한다. 그런 다음 거부, 질투, 비판, 비난, 무시, 공포 등 불안유발 요소를 분석하여 표적 증상과 관련된 불안위계 목록을 작성한다. **불안위계**anxiety hierarchies란 불안을 가장 적게 유발하는 사건에서 가장 심하게 일으키는 사건 순으로 작성된 목록을 말한다. 이를 토대로 각 사건에 대해 0에서 100을 할당하여 '**주관적 불편단위척도**Subjective Units of Discomfort scale(SUDs)'를 작성한다. 그리고 나서 둔감화를 실시한다.

체계적 둔감화는 특정 사건, 사람, 대상에 대한 극심한 불안/공포 치료를 위해 고안된 것으로, 불안장애, 특히 공포증과 강박증이 있는 사람들에게 효과가 있음이 입증되었다(Head & Gross, 2003; Spiegler, 2016). 월피의 체계적 둔감법은 당시 정신역동적 접근의 심리치료 패러다임을 행동주의적 접근으로의 전환에 중요한 역할을 했다. 이런 공로를 인정받아, 월피는 **행동치료**의 창시자로 인정받고 있다.

## 토큰경제

넷째, **토큰경제**token economies는 토큰/환권을 제공하여 원하는 물건 또는 권리와 교환할 수 있게 하는 조작적 조건화를 이용한 행동수정 기법이다. 이 기법의 전제는 개인이 명확하게 적절한 행동을 보였을 때, 토큰을 제공하여 일정한 수의 토큰이 모여지거나 특정 시간이 지나면 토큰을 보상물과 교환할 수 있게 하는 것이다. 이는 토큰 자체는 강화물이 아니지만 토큰으로 교환할 수 있는 강력한 강화물과 연합시키면, 강화물로서의 특성을 갖게 되는 원리를 이용한 것이다(Cooper et al., 2007). 1960년대에 창안된 이 기법은 주로 보호시설에 수용된 지적장애 또는 정신장애가 있는 사람들에게 사용되었으나, 점차 학교, 가정, 직장 등 다양한 환경에서 사용되었다(Neukrug, 2017).

## 노출치료 · 홍수법

다섯째, **노출치료**exposure therapy는 내담자를 통제된 조건에서 공포 또는 부적 정서를 유발하는 실제 상황에 노출함으로써, 자신의 반응을 다룰 수 있게 하기 위해 고안된 기법이다. 상상을 활용한 노출치료는 실제 노출을 하기 전 또는 내담자의 공포가 너무 심해 실제 상황에 직면할 수 없는 경우에 사용된다(Hazlett-Stevens & Craske, 2008). 노출치료의 대표적인 기법으로는 홍수법이 있다.

**홍수법**flooding techniques은 내담자가 두려워하는 자극이 존재한다고 상상하거나 실제 자극에 일정 시간 동안 노출시키는 기법이다. 다른 노출 기법처럼 홍수법에서도 내담자는 노출된 상태에서 불안을 경험하지만, 두려워했던 결과가 실제로는 일어나지 않음을 체험하게 된다. 예를 들면, 엘리베이터 공포증이 있는 내담자가 둔감화

작업 없이 초고층 건물의 엘리베이터를 탑승하는 것이다. 이 기법은 고전적 조건화에 기초한 것으로, 사람은 오랜 시간 계속 불안해할 수 없다는 점에 착안하여 자극을 점차 차분한 감정과 연합시키는 원리를 이용한 것이다.

이에 비해, **실제 노출**in vivo exposure은 단순히 상상만 하는 것이 아니라, 불안이 유발되는 실제 상황에 노출시키는 기법이다. 이 기법은 두려움 때문에 피하고 싶은 대상/상황에 관한 **기능분석**functional analysis으로 시작한다. 내담자는 상담자와 함께 마주하기 힘든 순서대로 상황의 위계를 작성한다. 그런 다음, 불안과 공존할 수 없는 근육이완 상태에서 위계의 가장 낮은 단계부터 공포를 유발하는 대상에의 반복적·체계적 노출을 통해 가장 두려운 단계까지 단계적으로 공포상황과 마주한다.

### 자극통제

끝으로, **자극통제**stimulus control는 자극에 변화를 줌으로써 새로운 자극으로부터 바람직한 행동을 강화하는 기법이다. 체중감량을 위해 음식을 눈에 띄지 않거나 손이 잘 가지 않는 곳에 두거나, 거동이 불편한 노인이 좀 더 편리하게 생활하도록 가구를 재배치하거나, 아이가 좀 더 쉽게 글을 깨우칠 수 있게 장난감에 첫 글자를 붙여놓는 것이 그 예다. 자극통제는 반드시 달라진 자극의 결과에 대해 정적 강화가 수반되어야 한다는 조건이 있다.

## 상담과정

행동치료(BT)의 과정은 일반적으로 ① 관계형성, ② 임상평가, ③ 문제영역에 기반한 목표설정, ④ 기법 선택 및 목표성취를 위한 개입, ⑤ 목표성취에 대한 평가, ⑥ 종결 및 후속 회기 순으로 이루어진다.

### 1단계: 관계형성

**관계형성단계**에서 상담자는 수용, 경청, 공감, 존중을 바탕으로 내담자와 신뢰관계를 형성하고, 상담목표를 명확하게 정의한다. 오늘날 행동치료자들은 상담과정에서 반영, 명료화, 개방질문, 요약 등의 기본적인 상담기술을 적극 활용하는 한편, 때로 지시적 · 교육적인 태도를 나타낸다(Antony, 2014). 동시에, 전형적인 행동치료자로서의 기능을 수행하는데(Spiegler, 2016), 그 내용은 [글상자 9-4]와 같다.

**[글상자 9-4] 전형적인 행동치료자의 기능**

1. 내담자 행동이 문제발생과 유지에 어떤 기능을 하는지에 대한 이해를 위해 노력한다.
2. 구체적인 문제에 적용된 연구를 통해 효과가 검증된 전략을 활용한다.
3. 상담목표를 향한 변화, 즉 예후 측정을 통해 상담의 성공 여부를 평가한다.
4. 상담 후에도 변화가 지속되는지 후속평가를 실시한다.

전통적인 접근과는 달리, 오늘날 행동치료자들은 내담자와의 치료동맹 형성을 중시한다. 지지적인 신뢰관계가 형성되면서, 치료자는 내담자의 현재 문제가 어디서, 얼마나, 어떻게 진행되었는지에 대한 탐색을 시작한다. 또 치료적 개입 전 단계에서부터 직후까지 내담자의 진척상황을 객관적인 관찰과 평가로 지속적으로 살핀다. 동시에 행동치료 또는 기법이 적용되기 전에 철저한 행동평가가 이루어진다.

## 2단계: 임상평가

**임상평가단계**에서 상담자는 내담자의 행동변화를 위한 효과적인 기법을 찾기 위해 내담자의 욕구를 면밀히 평가한다. 이 단계에서 치료자는 문제의 정교화를 위해 **기능행동사정**Functional Behavior Assessment(FBA, 특정 영역에서 내담자의 생활에 문제행동이 발생하기 직전과 직후의 상황을 평가하는 심층적인 구조화된 면접), **행동분석**behavioral analysis, 성격검사, 관찰, 중요한 타인 면담, 내담자의 자기관찰 등을 활용한다(Neukrug & Fawcett, 2010).

특히 현재 문제에 대한 **기능분석**은 ① 문제행동을 일으키는 자극 또는 선행조건, ② 문제행동과 관련 있는 유기체 변인, ③ 문제의 정확한 진술, ④ 문제행동의 결과 규명에 도움을 준다. 일련의 임상평가를 통해 상담자는 내담자의 잠재적 문제영역을 정의한다. 예컨대, 외출에 대한 두려움으로 상담을 신청한 내담자의 기능행동사정에 필요한 탐색질문의 예는 [글상자 9-5]와 같다.

**[글상자 9-5] 행동사정에 필요한 탐색질문의 예**

1. 언제부터 두려워하게 되었는가?
2. 어떤 상황에서 두려움이 발생하는가?
3. 두려움이 발생할 때, 무엇을 하는가?
4. 그 상황에서 어떤 생각과 느낌이 드는가?
5. 현재의 두려움이 실제 삶에 어떤 영향을 미치는가?

## 3단계: 문제영역에 기반한 목표설정

**문제영역에 기반한 목표설정단계**에서 상담자는 이전 단계에서 규명한 문제영역에서 행동 발생 빈도, 지속기간, 강도의 기초선을 측정·검토한다. 문제행동에 대한 면밀한 분석은 문제의 정도를 파악할 수 있게 하고, 행동이 언제, 어떻게 변해야 하는지에 대한 기준 설정을 가능하게 하며, 평가 진행에 도움을 준다. 내담자는 기저선 검토를 통해 자신의 문제행동의 정도를 이해할 수 있고, 초점 대상을 결정할 수 있으며, 치료자와 함께 목표를 설정할 수 있게 된다.

## 4단계: 기법 선택 및 목표성취를 위한 개입

**기법 선택 및 목표성취를 위한 개입 단계**에서 상담자는 내담자의 변화과정에 적용할 기법에 관해 신중하게 설명하고, 문제를 가장 효과적으로 해결할 기법을 택하여 목표성취를 위한 계획을 수립하여 치료작업을 시작한다. 일단 치료작업이 시작되면, 상담자는 내담자의 문제를 행동적 용어로 개념화하고, 행동 변화를 위한 일련의 구체적인 기법을 적용하여 내담자의 행동 변화를 돕는다. 또 내담자에 대한 교육, 모델링, 수행에 대한 피드백 제공을 통해 이들이 필요로 하는 기술을 가르친다. 이때 상담자는 적극적·지시적인 조언자이자 문제해결자 역할을 한다.

내담자에게는 회기 내내 상담에 적극 참여할 뿐 아니라, 회기 안팎에서 치료 활동에의 적극적인 협력이 요구된다. 내담자의 부적응 행동 또는 문제행동에 대해서는 행동 변화에 필요한 기법과 전략이 개별적으로 고안·적용된다. 내담자에 대한 개입은 과학적 검증을 거친 기법과 전략을 통해 이루어진다. 이러한 증거기반 전략은 내담자의 행동 변화를 가속화하는데, 내담자는 변화 또는 학습된 행동을 일상생활에 일반화할 수 있게 된다.

## 5단계: 목표성취에 대한 평가

**목표성취에 대한 평가단계**에서 상담자는 내담자의 문제행동의 강도, 빈도, 지속시간을 기록한 자료를 검토함으로써, 문제행동의 감소 여부를 확인한다. 평가에 필요한 객관적 검사도구에 관한 세부적인 내용은 심리검사에 관한 전문서적을 참조한다.

## 6단계: 종결 및 후속 회기

끝으로, **종결 및 후속 회기**에서는 상담을 종료하되, 후속 회기를 통해 내담자의 행동 소거에 대한 자발적 회복 여부를 확인한다. 일련의 개인 작업을 통해 문제가 감소 또는 소거되어 상담을 종결했다고 하더라도, 치료의 성공을 확신하기까지는 일정한 시간이 요구된다는 점에서 후속 회기를 갖는 것이 요구된다.

## 핵심어

| | | |
|---|---|---|
| • 고전적 조건화 | • 조작적 조건화 | • 사회인지이론 |
| • 학습 | • 무조건자극 | • 조건자극 |
| • 무조건반응 | • 조건반응 | • 중립자극 |
| • 반응적 조건화 | • 공포조건화 | • 역조건화 |
| • 상호억제이론 | • 정적 강화 | • 부적 강화 |
| • 일차 벌 | • 이차 벌 | • 소거 |
| • 자기효능감 | • 사회학습이론 | • 인지행동치료 |
| • 모델링 | • 체계적 둔감법 | • 토큰경제 |
| • 홍수법 | • 대리학습 | • 자극통제 |
| • 모방학습 | • 주관적 불편단위척도 | • 불안위계 |
| • 이완훈련 | • 기능행동사정[FBA] | • 실제 노출 |
| • 노출치료 | • 행동분석 | |

## 복습문제

※ 다음 밑줄 친 부분에 들어갈 말을 쓰시오.

1. 행동치료(BT)에서 행동평가는 'SRC', 즉 자극 → 반응 → ___________을/를 바탕으로 내담자의 행동을 통제하는 주요 변인을 파악하는 과정이다. 오늘날 행동치료는 행동변화를 위한 사고 수정, 즉 ___________와/과 행동변화를 위한 외부 조건의 수정, 즉 ___________의 변화 과정을 강조하는 형태를 띠고 있다.
2. 고전적 조건화는 파블로프(I. Pavlov)가 '개의 침 분비 실험'을 통해 발표한 '자극과 반응이 반복되면 자극과 반응이 ___________된다'는 이론으로, ___________조건화라고도 한다.
3. 공포조건화는 ___________조건화 절차를 통해 중립자극에 대해 공포반응을 유발하게 하는 일련의 과정이다. 반면, ___________은/는 공포와 함께 발생하기 어려운 반응을 유발하는 자극을 사용하여 공포증을 감소 또는 소거하는 일련의 과정이다.
4. 스키너(B. F. Skinner)가 창안한 ___________조건화는 우연히 일어난 행동이 유기체에게 보상을 제공하거나 혐오자극을 피할 수 있게 한다면, 그 행동을 다시 할 가능성이 증가한다는 이론이다. 이 이론의 원리는 다음 두 가지다. 하나는 행동은 ___________와/과 연합한다는 것이고, 다른 하나는 ___________은/는 반드시 유기체(내담자)가 원하는 것이어야 한다는 것이다.
5. 바람직한 행동이 나타날 때마다 유쾌 조건을 제공함으로써 특정 행동 발생 빈도수를 높이는 것을 ___________(이)라고 하고, 바람직한 행동이 나타날 때마다 불쾌조건을 제거해 줌으로써, 특정 행동 발생 빈도수를 높이는 것을 ___________(이)라고 한다. 반면, 특정 행동을 감소/소거하기 위해 유기체에게 혐오자극을 가하는 것을 ___________, 선호자극을 일시적으로 제거하는 것을 ___________(이)라고 한다.
6. ___________이론은 밴듀라(A. Bandura)가 기존의 ___________이론에 ___________을 추가하여 ① 환경, ② 개인의 특성, ③ ___________의 삼원적 관계를 토대로 창안한 이론이다. 이 이론에 의하면, 환경요인 또는 사건은 그 경험에 대한 개인의 지각 또는 해석 같은 ___________과정을 통해 행동에 영향을 준다.
7. 개인의 인지적 · 행동적 측면을 강조하는 것으로, 종전의 행동치료, 합리정서행동치료, 인지치료 등이 통합된 치료적 접근을 ___________(이)라고 한다.
8. ___________은/는 이완된 상태에서 불안을 일으키는 상황을 위계적 상상을 통해 불안과 양립할 수 없는 이완을 연합시켜 불안을 감소 또는 소거시키는 기법이다. 이 기법은 남아프리카공화국 출신의 ___________이/가 고전적 조건화와 ___________이론을 토대로 개발한 것으로, 점진적 근육이완, 그리고 불안을 가장 적게 유발하는 사건에서 가장 심하게 일으키는 사건 순으로 작성된 목록, 즉 ___________ 작성이 포함된다.
9. ___________은/는 내담자를 통제된 조건에서 공포 또는 부적 정서를 유발하는 실제 상황에 노출함으로써, 자신의 반응을 다룰 수 있도록 고안된 기법이다. 이에 비해, ___________은/는 내담자가 두려워하는 자극이 존재한다고 상상하거나 실제 자극에 일정 시간 동안 노출하는 기법이다.
10. 행동치료에서는 정신건강 문제영역에 적용 가능한 70여 개의 행동기법이 광범위하게 사용되고 있는데, 이처럼 다양한 치료법을 일컬어 ___________(이)라고 한다.

## 소집단 활동

**강화 vs. 벌** 정적 강화, 부적 강화, 벌이 각자의 삶(예 가정교육, 학교생활, 사회생활 등)에 미친 영향에 대해 토의해 보자.

소감

**거울 게임** 두 사람씩 짝을 지어, 한 사람은 거울 역할, 다른 한 사람은 거울을 들여다보는 사람 역할을 맡는다. 거울 역할을 맡은 사람은 거울을 들여다보는 사람의 행동을 그대로 따라 한다. 5~10분 정도 지난 후, 두 사람은 역할을 바꾸어 본다.

**소감**

# | 10 |

# 인지행동치료

*Cognitive Behavioral Therapy*

**인지행동치료**Cognitive Behavioral Therapy(CBT)는 행동적 요소들을 인지적 접근과 결합시키면서 진화된 치료적 접근으로, 종전의 합리정서행동치료(REBT), 인지치료, 인지행동수정(CBM) 등이 연합된 치료적 접근이다. 이 접근은 단일 치료법이 아니라, 통합적 치료모델 중 경험적 연구를 통해 밝혀진 내용을 유기적으로 수용한 모델이다(Hoffman et al., 2012). 또 시간제한적 기법으로 적절하고 협력적 치료를 중시할 뿐 아니라, 구조적이고 지시적이어서 심리교육, 소크라테스식 질문법, 연역법 등의 인지적 도구를 적극 활용한다. 이처럼 역사적으로 상담과 심리치료 이론의 주류였던 이론들이 인지행동치료라는 이름으로 거듭났다.

## 합리정서행동치료

앨버트 엘리스는 미국 피츠버그의 가난한 유대인 집안에서 2남 1녀 중 장남으로 태어났다. 만 4세 되던 해 뉴욕으로 이주하여 줄곧 그곳에서 생활했다. 어려서부터 병치레(신장염으로 9차례 입원, 19세 때 신장 당뇨, 40세 때 당뇨병)가 잦았고, 5세 때는 편도선염이 악화되어 심각한 상태에 이르러, 이에 응급수술을 받았고, 급성 신장염까지 앓았다. 이때 부모의 보살핌 없이 거의 혼자 투병생활을 했는데, 이는 오히려 독서를 통해 지적 능력을 키우게 되어 우수한 학업성적을 유지할 수 있었던 계기가 되었다. 12세 되던 해, 부모가 이혼했고, 자녀 양육에 소홀한 엄마와 살면서 독립심과 자율성을 키워 나갔다. 그 후, 작가가 되려는 꿈을 이루기 위해 돈을 벌어야 한다는 생각으로 상업고교에 진학했고, 1934년 경영학 전공으로 뉴욕시립 대학교를 졸업했다. 사업가로서 부자가 되려는 꿈은 1930년대 대공황으로 포기했다. 그러고는 1940년대 중반까지 'Business World' 잡지사에서 근무하면서 소설, 시, 희곡, 실화 등 20권 분량의 글을 썼으나 대부분 출판되지 않았다.

앨버트 엘리스
(Albert Ellis, 1913~2007)

1943년 콜롬비아 대학교에서 임상심리학 전공으로 석사학위를, 1947년 철학박사학위를 받았다. 그 후 뉴저지 정신위생클리닉에 근무하면서 정신분석 수련감독을 받기도 했다. 1947~1953년 정신분석과 분석심리학에 심취했으나, 이 접근이 피상적이고, 비합리적이며, 소극적이어서 효과도 적다는 사실에 크게 실망했다. 잠시 행동주의 학습이론에도 관심을 가졌으나, 역시 그 효과에 만족하지 못했다. 1955년 인본주의와 행동주의를 혼합한 합리치료Rational Therapy(RT)를 창안하여 상담에 적용했다. 이 이론은 저서 『심리치료에서의 이성과 정서(Reason and Emotion in Psychotherapy)』(1962)에 소개되었다. 그러나 '합리적rational'이라는 말이 이성을 강조한 합리주의와 관계 있는 것으로 곡해되어 정서적 측면을 무시한다는 비판을 받았다. 이에 1962년 정서적 측면을 중시한다는 것을 알리기 위해 '합리정서치료Rational Emotive Therapy(RET)'로 이론의 명칭을 바꾸었다. 그러다가 1993년에는 행동을 중시한 콜시니Raymond Corsini의 의견에 따라 다시 합리정서행동치료Rational Emotive Behavior Therapy(REBT)로 명칭을 변경했고, 2007년 세상을 떠났다.

**합리정서행동치료**(REBT)는 인지변화를 통해 정서 · 행동 변화를 유발하고자 하는 이론이다. REBT에서는 심리적 문제를 외부사건이 아니라, 개인의 잘못된 인식과 비합리적 인지의 산물로 본다. 생각은 생각을 낳는다. 비합리적 사고는 꼬리에 꼬리를 물고 또 다른 비합리적 사고를 낳는다. 즉, '비합리적 사고 → 비합리적 정서 → 비합리적 행동 → 비합리적 사고'의 악순환의 고리가 형성된다. 개인의 비합리적 사고를 합리적 사고로 대체하지 않으면, 그의 문제는 계속된다. 이에 내담자의 비합리적 신념에 직면하여 논박을 통해 합리적 신념으로 세상과 상호작용할 수 있도록 돕는 것을 목표로 한다.

REBT에 의하면, 인간은 이중적 존재, 즉 합리적이면서도 비합리적이고, 분별력이 있으면서도 어리석으며, 자기실현 경향이 있으면서도 역기능적 행동 성향이 있는 존재다. 이러한 이중성은 타고난 것이어서 새로운 사고방식이 습득되지 않는 한 존속된다(Ellis & Ellis, 2011). 이는 고대 그리스의 스토아학파 철학자 에픽테토스(Epictetus, A.D. 55~135 추정)의 견해에서 비롯된 것으로, 그의 사고에 대한 견해는 [글상자 10-1]과 같다(Leahey, 1997, pp. 69-70).

**[글상자 10-1] 에픽테토스의 사고에 대한 견해**

누군가가 당신을 비방하거나 공격 · 모욕한다는 생각이 든다면, 그의 행동을 모욕으로 여기는 것은 당신의 생각이라는 사실을 기억하라. 어떤 사람으로 인해 화날 때, 화나게 한 것은 당신의 생각임을 알아야 한다. 외적 사건에 휩쓸리지 않도록 하라. 일단 시간을 두고 생각하면 더 쉽게 극복할 것이다.

REBT의 관점에서 **에픽테토스의 견해**는 "사람들은 사건 자체보다 그 사건과 관련된 경직되고 극단적인 신념 때문에 고통을 받는다."(Ellis, 2001, p. 16)로 수정될 수 있다. 엘리스에 의하면, 개인의 일어난 사건 또는 현상에 대한 사고나 관점은 정서나 행동에 선행한다. 개인의 감정이나 행동은 그의 생각에서 비롯된다. 인간은 불완전한 존재인데, 자신, 타인, 조건에 대해 당위적으로 기대하고 요구하는 생각이나 신념이 문제다. 내담자의 정서 장해를 해결하려면 냉철한 이성에 입각한 반박을 통해 이러한 비합리적 신념을 합리적 신념으로 대체해야 한다. 신념은 감정에 영향을 미친다.

## 핵심개념

합리정서행동치료(REBT)의 핵심개념에는 ① 비합리적 신념, ② 당위주의, ③ 정서장해, ④ ABC 모델, ⑤ ABCDEF 모델이 있다.

### 비합리적 신념

첫째, **비합리적 신념**irrational beliefs이란 부적절하고 자기패배적 정서를 일으키는 생각 또는 믿음을 말한다. 이는 순간순간 개인의 정서 반응에 부정적인 영향을 미치는 한편, 역기능적 사고가 계속해서 개인을 지배하게 하여 정서장해의 원인이 된다. 아동과 청소년들이 흔히 가지고 있으면서 부적 감정 발생의 원인을 제공하는 비합리적 신념 목록은 [글상자 10-2]와 같다(Ellis, 2001).

**[글상자 10-2] 정서장해를 초래하는 아동·청소년들의 비합리적 신념**

1. 난 누구에게든지 호감을 얻어야 해! 그렇지 않으면 끔찍하고 견딜 수 없어!
2. 누군가 내 별명을 부르면, 그건 사실이므로 난 견딜 수 없어!
3. 난 내가 하는 모든 일에서 가장 잘해야 해! 그렇지 않으면 난 무가치한 존재야!
4. 나쁜 사람들이 있기 마련인데, 그들에게 앙갚음할 방법을 깊이 생각해야 해!
5. 일이 뜻대로 되지 않으면, 그건 끔찍한 파멸이야!
6. 불행의 원인은 타인에게 있어! 난 나의 불행을 통제할 수도, 스스로 행복해질 능력도 없어!
7. 문제 상황은 직면보다 회피가 더 쉬워!
8. 난 나를 믿을 수 없어! 힘을 얻으려면 다른 사람에게 의지해야 해!
9. 과거는 현재 나의 존재방식에 영향을 주고 있어서 내가 할 수 있는 일은 없어!
10. 어떤 문제든 완벽한 해결책이 있어! 완벽한 해결책을 찾지 못하면 파멸이야!
11. 난 다른 사람의 문제에 대해 속상해해야 하고, 계속 속상해해야 해!
12. 무슨 일이든 공평해야 돼! 그렇지 않으면 끔찍하고 참을 수 없어!
13. 난 절대 불편해지면 안 돼! 만일 불편해지면 끔찍하고 참을 수 없어!
14. 난 아무 일도 하지 않고 실행계획이 없어도 성취·성공할 수 있어!
15. 부모님이 다투신다면(음주, 이혼 등), 그건 다 내 잘못이야!
16. 난 입양(보육원 수용, 무일푼)되었기 때문에 다른 아이들보다 못해!
17. 내가 받은 상처(신체·정서·성 학대)를 보면, 내게 뭔가 잘못이 있다는 것이므로 난 행복해질 자격이 없어!
18. 새엄마/새아빠를 사랑하는 건 엄마/아빠를 사랑하지 않는 것을 의미하는 거야!

[글상자 10-2]에 제시된 비합리적 신념 목록은 내담자의 비합리적 신념에 관한 논의를 촉진하는 데 활용될 수 있다. 또 내담자의 개인적인 작업으로 이어질 수 있는 자극 진술로 활용될 수 있다.

## 당위주의

둘째, **당위주의**란 비합리적 사고와 정서장해의 원인이 되는 '~해야 한다'는 당위적 표현(must, should, ought to, need)을 사용하는 것을 말한다. 사람들은 흔히 자신이 소망 또는 선호하는 것에 대해 '하지 않으면 안 된다' '반드시 해야 한다' '당연히 해야 한다' 같은 당위적 신념을 지니고 있다. 그러므로 정서장해가 있는 사람은 자신에게 드러나지 않는 신념이 작용하고 있지 않은지 주의 깊게 살펴야 한다.

사람들이 일상에서 정신건강을 성취·유지하기 어려운 이유는 자기패배적 신념을 내면화하여 스스로를 정서적으로 혼란스럽게 만드는 경향이 강하기 때문이다. 이러한 신념은 분열적 감정과 역기능적 행동을 만들어 낸다(Ellis & Ellis, 2011). 자기패배감을 유발하는 내면화된 세 가지 당위적 신념은 [글상자 10-3]과 같다.

[글상자 10-3] **자기패배감을 유발하는 내면화된 세 가지 당위적 신념**

1. 나는 항상 잘해야 하고, 사람들에게 사랑·인정받아야 한다.
2. 다른 사람들은 내게 항상 공정·친절하고 잘해야 한다.
3. 세상과 삶의 조건은 항상 편안하고 만족스러워야 하고 내가 원하는 방식으로 되어야 한다.

## 정서장해

셋째, **정서장해**emotional disturbance란 비합리적 신념에 의해 동반되는 부적절한 정서, 즉 심각한 정도의 불안, 우울, 분노, 죄책감, 소외감 등을 말한다. 이러한 정서는 생애 초기에 무비판적으로 받아들인 비합리적·비논리적·완벽주의적 사고와 부정적·독단적·비논리적인 자기대화의 반복을 통해 형성된 자기패배적 신념체계에 의해 발생·유지된다.

사람들은 아동기에 중요한 인물로부터 비합리적 신념을 처음 습득하지만, 성장 과정에서 스스로 비합리적 독단 또는 근거 없는 믿음을 만들어내기도 한다. 이는 자기암시와 반복 과정을 통해 자기패배적/파괴적 신념이 강화되고, 비합리적 신념이 유용한 것 같은 행동을 통해 강화된다. 이러한 역기능적 태도가 개인에게 영향을 미치는 것은 중요한 인물들이 여전히 비합리적 신념을 주입하고 있어서가 아니라, 초기 삶에서 학습한 비합리적 사고를 스스로 반복하고 있기 때문이다(Ellis & Ellis, 2011). 대부분의 정서장해는 비난이 그 중심에 있다. 따라서 심리적으로 건강하려면 자신과 타인에 대한 비난을 멈추고, 불완전한 자신을 무조건적으로 수용하는 법을 습득해야 한다.

## ABC 모델

넷째, **ABC 모델**은 감정, 사고, 사건, 행동 등의 상호관계를 설명하기 위해 고안된 것으로, 이들 사이의 관계를 이해할 수 있는 틀을 제공한다(Ellis & Ellis, 2011). 이 모델에서 A는 선행사건Activating event, B는 신념체계Belief system, C는 결과Consequence를 의미한다. 이 모델에 의하면, 정서 · 행동 결과(C)는 선행사건(A)이 아니라, 신념체계(B)로 인해 유발된다. ABC 모델을 도식으로 나타내면 [그림 10-1]과 같다.

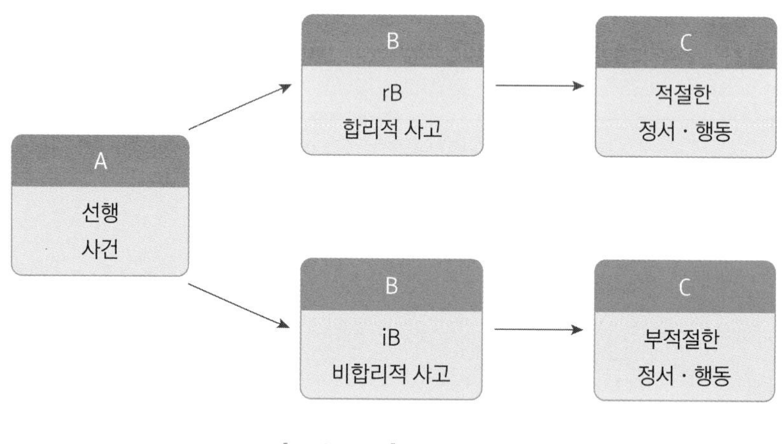


[그림 10-1] ABC 모델

**정서**emotion는 주로 인지, 신념 · 평가 · 해석 · 생활사건에 대한 반응에 의해 유발된다. 예를 들어, 어떤 사람이 사업 실패(A)로 인한 우울증(C)을 호소한다면, 우울 반응이 발생한 것은 사업 실패 그 자체가 아니라 자신의 인생이 실패했다는 해석 또는 믿음(B)이다(Ellis & Ellis, 2011). 따라서 사람 그 자체가 정서반응과 장해의 주 원인이라는 가정하에, 정서반응과 장해의 직접적인 원인을 제공하는 비합리적 신념을 변화시킬 방법을 제시하는 것이 REBT의 핵심이다(Ellis & Ellis, 2011; Ellis & Harper, 1997).

## ABCDEF 모델

끝으로, **ABCDEF 모델**은 비합리적 신념을 확인하여 논박을 통해 합리적 신념으로 대체함으로써 새로운 감정을 느끼게 되는 일련의 치료적 절차로, ABC 모델의 요소 외에 D(논박), E(효과), F(감정) 순으로 전개된다. D(논박)는 비합리적 신념에 대해 합리적 · 논리적 근거를 제시하도록 하여 합리성 여부를 판단하도록 돕는 기법이다. E(효과)는 비합리적 신념을 직면 · 논박을 통해 얻게 되는 효과적 · 합리적 신념을 말한다. F(감정)는 합리적 신념으로 대체된 후에 얻게 되는 자기 수용적 태도와 긍정적인 느낌을 말한다. 이를 도식으로 나타내면 [그림 10-2]와 같다.

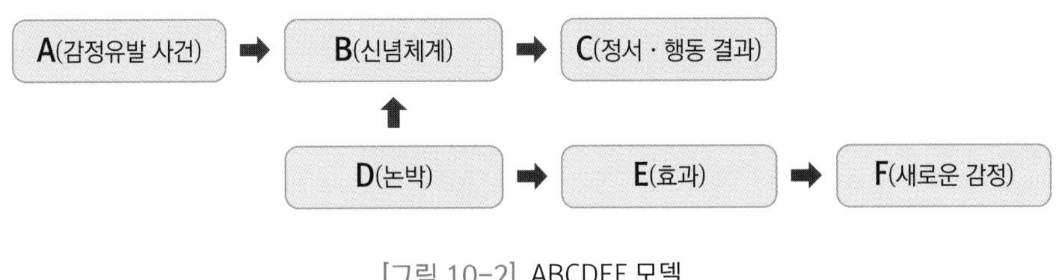


[그림 10-2] ABCDEF 모델

ABCDEF 모델에서는 **선행사건**(A)에 대한 **신념**(B)이 감정과 행동의 **결과**(C)에 영향을 미친다는 설명체계를 통해 자극과 반응을 매개하는 인지의 중요성을 강조한다. ABC 분석을 통해 선행사건을 확인하고 나면, 선행사건에 대한 비합리적 신념 irrational Beliefs(iB)과 그 결과(C)를 확인한다. 확인된 비합리적 신념은 **논박**Disputing(D)을 통해 합리적 신념rational Beliefs(rB)으로 대체되는 **효과적인 철학**Effective philosophy(E)을 습득하게 되어 내담자는 **새로운 감정과 행동**new Feelings and behaviors(F)을 습득하게 된다. 이때 논박과정은 탐지 → 반박 → 변별 순으로 이루어진다. 이 접근은 내담자들이 이해하기 쉽고 장차 다른 문제가 발생할 때 적용하기가 용이하다. 따라서 REBT는 문제를 겪고 있는 내담자를 돕는 것뿐 아니라 향후 스스로 돕는 방법을 제공한다는 이점이 있다.

## 상담목표

합리정서행동치료(REBT)의 궁극적인 목표는 내담자의 정서적 어려움을 최소화하고, 자기패배적 행동을 감소시키며, 자기실현을 앞당겨 행복한 삶을 영위할 수 있도록 돕는 것이다. 이는 문제행동의 제거보다는 문제행동 이면의 자기패배적 신념을 최소화하고, 현실적 · 합리적인 가치관 형성을 도모하는 것이다. REBT의 기본 목표는 내담자에게 역기능적 정서와 행동을 건강한 정서와 행동으로 변화시키는 법을 가르치는 것이다. 즉, 내담자의 ① **무조건적 자기수용**Unconditional Self-Acceptance(USA)과 ② **무조건적 타인수용**Unconditional Other-Acceptance(UOA), ③ **무조건적 생애수용**Unconditional Life-Acceptance(ULA)을 돕는 것이다(Ellis & Ellis, 2011). 내담자가 자신을 있는 그대로 받아들일 수 있을 때, 타인과 삶 역시 무조건적으로 수용할 수 있게 된다.

## 상담기법

합리정서행동치료(REBT)에서는 내담자의 사고, 감정, 행동 패턴의 변화촉진을 위해 인지, 정서, 행동 영역의 기법들을 활용한다. 이러한 기법들은 내담자 개개인이 자신의 신념과 행동을 비판적으로 검토하고, 자기패배적 사고 변화를 위해 사용된다.

인지기법. **인지기법**은 신속하고 지시적인 방식으로 정서장해를 유발 · 지속하는 자기대화 내용의 탐색을 돕고, 내담자가 현실에 기초한 철학을 습득하게 하며, 조건화의 처리방법을 가르치는 것이다. 대표적인 인지기법으로는 ① 비합리적 신념 논박, ② 인지과제, ③ 조건화 대처, ④ 유머, ⑤ 소크라테스식 대화법, ⑥ 독서치료, ⑦ 자기진술 대처가 있다.

이 중에서 **자기진술 대처**coping self-statements는 논박을 통해 내담자의 역기능적 신념을 합리적 · 대처적 자기진술로 대체하기 위한 기법이다. 이 기법에서 내담자는 자신이 흔히 사용하는 진술의 기록 · 분석을 통해 자신의 습관적인 진술 방식을 점검하게 된다. 이 기법을 통해 역기능적 진술을 대처진술로 대체한 예는 〈표 10-1〉과 같다.

표 10-1 역기능적 진술을 대처진술로 대체한 예

| 역기능적 진술 | | 대처진술 |
|---|---|---|
| "매사에 일 처리를 완벽하게 해서 빈틈이 없어야 해! 그렇지 않으면, 난 인정을 받을 수 없을 뿐 아니라 존재 가치가 없어!" | ☛ | "매사에 빈틈없이 일 처리를 하면 좋겠지만, 완벽하게 처리하지 않을 때도 난 여전히 괜찮은 사람이야." |

자기진술 대처를 통해 내담자는 자신이 스스로에게 습관처럼 하는 역기능적 진술들이 어떻게 정서적인 문제를 일으키는지 인식할 수 있다. 역기능적 사고는 상담자의 논박에 의해 합리적인 사고로 대체된다.

정서기법. **정서기법**은 내담자가 자신을 정직하게 나타내고, 정서적 모험을 하게 하여 자기개방의 촉진에 중점을 두는 기법이다. 이 기법을 통해 내담자는 자기비하가 얼마나 파괴적인 사고방식인지 깨닫게 되면서 무조건적 수용의 가치를 이해하게 된다. REBT의 정서기법으로는 ① 합리정서심상법, ② 역할연습, ③ 수치감 공격연습, ④ 강제적 자기진술, ⑤ 강제적 자기대화가 있다. 각 기법에 관한 설명은 〈표 10-2〉와 같다.

표 10-2 REBT의 정서기법

| 정서기법 | 설명 |
|---|---|
| 1. 합리정서심상법 | ❍ 인지적 논박을 수행한 후, 내담자의 정서 변화를 확인하여 적절하고 합리적인 인지연습을 통해 역기능적 정서 변화를 촉진하는 기법 |
| 2. 역할연습 | ❍ 두려움에 대처 · 경험하도록 돕기 위해 역할을 바꿔 보게 하는 기법 |
| 3. 수치감 공격연습 | ❍ 타인의 시선을 의식하느라, 평소 두려웠던 행동을 시도해 보게 하는 기법 |
| 4. 강제적 자기진술 | ❍ 강력하고 설득력 있는 것으로 당위적 신념에 맞대응하는 진술 |
| 5. 강제적 자기대화 | ❍ 소크라테스 대화법을 통해 내담자에게 자신의 비합리적 신념에 도전하게 하는 기법 |

행동기법. 행동기법은 생산적 행동의 실천을 통해 비합리적 신념체제를 변화시켜 정서안정을 유지하도록 고안된 일련의 기법이다. 이 기법에는 다양한 행동치료 기법, 즉 ① 체계적 둔감법, ② 이완기법, ③ 모델링, ④ 조작적 조건화, ⑤ 자기관리 등이 포함된다. 그러나 REBT의 행동기법은 행동 변화뿐 아니라 사고와 정서 변화에 초점을 맞춘다는 점에서, 행동 변화에만 초점을 두는 행동치료와는 차이가 있다.

## 상담과정

합리정서행동치료(REBT)의 상담과정은 다음과 같다. 상담자는 우선 내담자에게 REBT 이론의 핵심내용을 **약식강의**mini lecture 형식으로 소개한다. 이때, 유인물 또는 ppt 자료를 활용한다. 그런 다음, 내담자에게 자신의 문제를 적어 내도록 해서, ABC 모델을 기반으로 사고/신념이 감정의 원인이 된다는 사실과 비합리적 신념이 부적 정서를 유발하는 과정을 도식으로 설명한다. 이때, 상담자는 정서・행동 장해의 원인이 되는 자기파괴적인 비합리적 신념의 인식과 변화는 내담자 개개인의 책임으로 간주한다.

동시에, 내담자가 자신의 자기대화에 주목함으로써 감정 변화에 초점을 맞추도록 돕는다. ABC 모델의 적용을 통해 내담자가 처해 있는 상황이 명확해지면, 사건과 연관된 감정 또는 행동을 명료화한다. 일단 A와 C가 밝혀지면, 상담자는 내담자의 자기대화에서 자기패배적・비합리적 신념을 확인하고, 이 내용이 사실이 아님을 깨닫도록 돕는다. 그러고 나서, ABCDEF 모델의 적용을 통해 내담자는 서로의 부정적 자기대화에 도전하고, 논박을 통해 합리적 사고로 대체할 수 있도록 돕는다.

## 인지치료

애런 벡
(Aaron Temkin Beck, 1921~2021)

애런 벡은 미국 프라비던스에서 러시아계 유태인 이민자의 아들로 태어났다. 어린 시절 골절된 팔이 감염되어 아동기 내내 투병생활을 했다. 이 경험은 일생 동안 피 흘리는 상처를 보는 두려움, 질식의 두려움, 터널에 대한 두려움, 건강에 대한 불안, 대중 앞에서 말하는 불안 등의 원인이 되었다. 그러나 한편으로는 다른 사람들을 이해하고 인지치료 이론을 발전시키는 원동력으로 작용했다. 브라운 대학교를 거쳐 예일 대학교 의과대학을 졸업한 벡은 처음에는 신경학neurology에 입문하였지만, 전문의 과정 실습 중 정신의학으로 바꾸었다. 1954년 펜실베이니아 대학교 의과대학 정신과 교수가 되었고, 정신분석 훈련을 받았다. 프로이트의 우울이론을 정당화하기 위한 연구를 통해 우울이 개인에게 향한 분노라는 프로이트의 해석과 동기모형을 부정하게 되었고, 우울에 대한 인지이론을 발표하는 계기를 마련했다. 즉, 부정적 사고는 역기능적 신념과 가정을 반영하는데, 이 신념이 상황적 사건에 의해 촉발되면 우울이 행동으로 나타난다는 것이다.

그 후, 역기능적 사고를 적극적인 사고로 수정하면 정신병리에서 벗어날 수 있다는 가정하에 인지이론에 관한 연구를 계속했다. 그리하여 1950년대 말에서 1960년대 초까지 인지치료를 적용한 임상실험을 통해 이론을 체계화했다. 또 펜실베이니아 대학교 내에 벡연구소Beck Institute를 설립하여 인지치료를 임상 장면에 적용하는 한편, 우울을 비롯한 불안 · 공포장애, 알코올 중독 · 약물남용, 섭식장애, 부부문제, 대인관계 문제, 성격장애 등을 연구했고, 우울, 자살위험, 불안, 자기개념, 성격에 대한 평가도구의 개발 외에도 400여 편의 논문과 15권의 책을 출판했다. 현재는 펜실베이니아 대학교 명예교수로, 정신의학부 인지치료센터의 수련감독자로 봉사하다가 2021년 세상을 떠났다.

인지치료Cognitive Therapy(CT)는 정신장애를 유발하는 인지적 요인을 정교하게 설명하고 구조화된 개입방법을 갖춘 이론이다. 벡은 우울증 환자들을 치료하면서 "정서장해는 개인이 자신의 경험을 구조화하는 방식에 의해 결정된다."(Beck, 1967, p. 287)는 전제하에 인지치료를 창시했다. 그는 생각이 정서와 행동에 영향을 미친다고 주장했다.

인지치료의 주요 초점은 왜곡된 신념을 이해하고 부적절한 사고 변화를 돕는 것이다. 벡은 우울증을 생성하는 인지를 정교한 생각들이 매우 압축된 표상으로 보고, 이러한 압축된 복잡한 생각들이 순간적으로 일어난다고 보았다. 이러한 사고를 벡은 '자동사고'라고 명명했다. 그는 자동사고가 불쾌한 정서인 우울의 많은 다른 현상에 관계한다고 보았다. 이에 인지치료에서는 내담자가 자신의 자동사고 내용을 인식하게 하고, 그 영향을 줄이도록 돕는다. 인지치료의 기본가정은 [글상자 10-4]와 같다(Clark & Steer, 1996, pp. 76-77).

**[글상자 10-4] 인지치료의 기본가정**

1. 개인은 적극적으로 자신의 현실을 구성한다.
2. 인지는 정서와 행동을 중재한다.
3. 인지는 알 수 있고 접근할 수 있다.
4. 인지변화는 개인의 변화과정의 중심에 있다.

인지치료는 1960년대에 정신분석과 행동치료로 잘 치료되지 않았던 우울증 치료를 위해 개발되어 그 효과를 인정받았다. 거의 같은 시기에 철학적 교의를 토대로 개발된 REBT와는 달리, 인지치료는 경험적 연구에 기초하여 개발되었다. 이 이론적 접근은 인지변화에 초점을 두어 증상을 치료하는 적극적이고 구조화된 단기치료다. 또 비현실적 사고와 부적응적 신념을 자각·변화를 강조하는 심리교육적 요소를 중시하는 통찰중심치료다.

인지치료에 의하면, 심리적 문제는 일상에서 작동하는 인지왜곡의 결과가 누적되어 발생한다. 특히 우울증을 호소하는 내담자들은 인지왜곡을 통해 삶의 경험을 부정적으로 해석하는 경향이 있다. 이들은 더욱이 자신, 세계, 미래에 대해 부정적·회의적 믿음을 가지고 있는데, 공통적인 특징은 [글상자 10-5]와 같다.

**[글상자 10-5] 우울증이 있는 사람들의 공통적인 특징**

1. 극도로 자기비판적이다.
2. 때로 부적절한 죄책감을 갖는다.
3. 세상을 불공평하고 비지지적인 것으로 간주한다.
4. 미래가 나아질 것이라는 희망을 갖지 않는다.

인지치료에서 상담자는 심리교육모델에 근거하여 자기치료, 즉 내담자가 자신의 부정확하거나 왜곡된 사고에 직면할 수 있도록 과학자처럼 사고하는 법을 가르친다. 또 내담자의 적극적인 협력을 요구하고, 사고, 행동, 정서, 신체반응, 상황 사이의 관계를 내담자가 이해할 수 있도록 돕는 학습경험을 중시한다(Greenberger & Padesky, 2016). 정서장해의 원인이 부정적 사고임을 강조한 엘리스와는 달리, 벡은 우울증이 부정적 사고뿐 아니라 유전적 · 신경생물학적 · 환경적 변화요인에 의해서도 발생한다고 보았다.

벡의 주요 업적으로는 우울증의 발생원인을 구체적으로 알지 못하더라도 **부정적 인지삼제**negative cognitive triad, 즉 ① 자신(자기비난), ② 세상(비관주의), ③ 미래(무망감)에 대해 부정적 관점을 가지고 있을 거라는 예측이 가능하게 한 것이다. 즉, 부정적인 생각이 우울증 발생 원인이 아닌 경우에도 인지삼제로 인해 우울증이 발생할 수 있다는 것이다(Beck, 1967).

오늘날 인지치료에서는 문제가 되는 역기능적 사고 조절에 인지적 · 행동적 기술 모두를 사용한다. 이는 애런 벡의 딸 주디스 벡이 아버지의 이론에 행동적 요소를 가미하게 되면서 비롯되었다. 이로써 인지치료가 인지행동치료로 거듭나게 되면서, 애런과 주디스 벡은 다양한 임상문제에 대해 인지적으로 접근한 인지행동치료의 선구자들로 인정받고 있다.

주디스 벡
(Judith S. Beck, 1954~현재)

## 핵심개념

인지치료(CT)의 기본개념으로는 ① 자동사고, ② 인지왜곡, ③ 역기능적 인지도식, ④ 포괄적 인지모델이 있다.

### 자동사고

첫째, **자동사고**automatic thoughts는 생활사건을 접하게 되면 거의 자동적으로 유발되는 습관화된 생각을 말한다. 인지치료에 의하면, 인지는 네 가지 수준(① 자동사고, ② 중재신념, ③ 핵심신념, ④ 스키마)으로 구성되는데, 각 수준에 관한 설명은 〈표 10-3〉과 같다.

표 10-3 인지수준에 관한 설명

| 수준 | 설명 |
|---|---|
| 1. 자동사고 | ❍ 마음속에 지속적으로 진행되는 인지의 흐름<br>❍ 상황과 정서를 중재함 |
| 2. 중재신념 | ❍ 자동사고를 형성하는 극단적 · 절대적 규칙과 태도를 반영함 |
| 3. 핵심신념 | ❍ 많은 자동사고의 바탕이 되는 자신에 대한 중심적 생각<br>❍ 자신, 타인, 세계, 미래에 대한 개인의 견해를 반영함 |
| 4. 스키마 | ❍ 핵심신념을 수반하는 '정신 내의 인지구조'<br>❍ 정보처리와 행동을 지배하는 구체적 규칙임 |

자동사고는 정서반응으로 이끄는 특별한 자극에 의해 유발된 개인화된 생각으로, 노력 또는 선택 없이 자발적으로 일어난다. 자동사고는 개인들이 자신의 경험으로부터 생성한 신념과 가정을 반영한다. 심리적 장해가 있는 사람의 자동사고는 흔히 왜곡되어 있거나 극단적이고 부정확하다는 특징이 있다. 자동사고의 특징은 [글상자 10-6]과 같다.

**[글상자 10-6] 자동사고의 특징**

1. 구체적이고 분리된 메시지다.
2. 흔히 축약되어 언어, 이미지, 또는 둘 다의 형태로 나타난다.
3. 아무리 비합리적이라 할지라도 거의 믿어진다.
4. 자발적인 것으로 경험된다.
5. 흔히 당위성을 가진 말로 표현된다.
6. 일을 극단적으로 보는 경향성을 내포한다.
7. 개인에 따라 독특하게 나타난다.
8. 중단하기가 쉽지 않다.
9. 학습된다.

우울증이 있는 사람들은 흔히 자기, 타인, 세상에 대해 부정적인 생각을 가지고 있다. 인지치료에서는 내담자가 생활사건을 부정적 의미로 과장하거나 왜곡하는 부정적인 사고경향, 즉 자동사고에 초점을 둔다. 개인이 좋거나 나쁜 습관적 행동을 하는 것처럼, 사고도 긍정적 또는 부정적인 자동사고가 있다. 습관처럼 자신도 모르게 작동하는 부정적 · 자동적 사고인 인지왜곡은 우울증 같은 정서장해 또는 자기파괴적 행동을 초래한다.

우울증을 비롯한 정서장해가 있는 사람들의 자동사고의 특징은 인지왜곡에 의해 현실을 과장 또는 왜곡된 형태로 나타난다는 것이다. 벡은 건강한 삶을 영위하기 위해서는 긍정적 사고를 가져야 한다는 점을 강조했다. 엘리스가 합리적 신념의 중요성을 강조했다면, 벡은 긍정적 자동사고를 강조했다. 우울증에 빠지는 이유는 부정적인 자동사고인 다양한 인지왜곡 때문이다.

## 인지왜곡

둘째, **인지왜곡**cognitive distortion이란 정보처리 과정에서 생활사건의 의미를 자의적으로 해석하여 자동사고를 생성해 내는 인지과정을 말한다('**인지오류**cognitive errors'라고도 함). 인지왜곡은 8가지 유형(① 임의적 추론arbitrary inference, ② 양분법적 사고dichotomous thinking, ③ 선택적 추론selective abstraction, ④ 과잉일반화overgeneralization, ⑤ 확대 · 축소magnification and minimization,

⑥ 개인화personalization, ⑦ 잘못된 명명mislabeling, ⑧ 파국화catastrophizing)이 있다. 각 유형에 관한 설명은 〈표 10-4〉와 같다.

표 10-4 인지왜곡의 유형

| 유형 | 설명 |
|---|---|
| 1. 임의적 추론 | ❍ 적절한 근거 없이 또는 정반대의 근거로 결론을 내리거나 대부분의 상황에 대해 '파국' 또는 극단적 시나리오를 생각하는 현상 ☛ 바쁜 일과를 보낸 여성이 자신은 엄마 자격이 없다고 단정함 |
| 2. 양분법적 사고 | ❍ 사건의 의미를 성공, 아니면 실패같이 한 극단으로 범주화하는 현상 ☛ "원하는 대학에 떨어지면 실패한 인생이야!"라는 생각 |
| 3. 선택적 추론 | ❍ 일부 정보만 선택적으로 받아들여 전체인 것처럼 해석하고, 다른 명확한 정보는 무시하는 현상('정신적 여과mental filtering'로도 불림) ☛ 모임에서 여자친구가 머리를 옆에 앉은 남성 쪽으로 약간 기울인 것을 본 남성이 질투심으로 격분함 |
| 4. 과잉일반화 | ❍ 한 가지 사건을 근거로 형성된 극단적인 결론을 관계없는 상황에도 부적절하게 적용하는 것 ☛ 소개팅에 나갔다가 실망한 여성이 "남자는 모두 똑같아. 늘씬한 여자만 찾잖아!"라고 불평함 |
| 5. 확대 · 축소 | ❍ 특정 사건의 의미/중요성을 실제보다 확대/축소하는 현상 ☛ "내가 발표하면서 조금이라도 긴장된 모습을 보인다면, 이건 끔찍한 재앙이야."라고 파국화(확대), 치명적인 병에 걸린 엄마를 감기에 걸렸다고 여김(축소) |
| 6. 개인화 | ❍ '머피의 법칙Murphy's law', 즉 자신과 무관한 일을 자신과 관련된 것으로 해석하는 경향성 ☛ "내가 세차를 하면 항상 비가 와!"라는 푸념 |
| 7. 잘못된 명명 | ❍ 특정 대상의 특징이나 행위에 대해 과장되거나 부적절한 명칭을 붙여 자신의 정체성을 창출하는 오류 ☛ 소개받은 여성 앞에서 사소한 실수를 한 남성이 "역시 난 바보야. 그러니까 여자들한테 인기가 없어!"라고 푸념함 |
| 8. 파국화 | ❍ 관심 있는 한 가지 사건을 과장하여 비극적 결말을 예상하는 경향성 ☛ 한 남성이 마음에 드는 여성을 보고는 "저 여성은 나보다 모든 면에서 뛰어나기 때문에 나 같이 능력 없는 남자에게는 관심조차 없을 거야."라고 생각함 |

## 역기능적 인지도식

셋째, **역기능적 인지도식**dysfunctional cognitive schema이란 완벽주의적 · 당위적 · 비현실적 · 역기능적 신념으로 구성된 인지적 요인을 말한다. 이러한 인지도식은 어린 시절의 경험에 의해 형성되어 생활사건의 의미를 부정적으로 왜곡 · 해석하는 자동사고 활성화의 원인을 제공하게 되면서 우울 증상을 야기한다. 예를 들어, 수업시간 발표 도중에 다른 학생들이 웃는 모습을 목격한 내담자가 자신의 발표가 완전히 실패했다고 자동사고를 하게 되면서 스스로 열등하고 무가치한 존재라는 생각이 들어 우울해지는 것이다.

이러한 사고는 부적 감정, 자존감 상실, 대인기피 등 자기패배적 행동으로 이어져서 우울증의 원인이 된다. 다른 사람의 웃는 모습을 극단적으로 왜곡하는 경우, 자신을 감시한다거나 살해하려고 한다는 **피해망상**delusion of persecution(자신이 타인으로부터 부당하게 박해를 당하고 있다고 생각하는 증상으로, 편집성 성격장애 또는 조현병에서 흔히 볼 수 있음)으로 나타나기도 한다.

## 포괄적 인지모델

끝으로, **포괄적 인지모델**generic cognitive model은 벡이 지난 50여 년간 경험적 연구와 임상경험을 토대로 인지치료 원리를 통한 정신병, 물질사용, 우울증, 불안장애 치료모형이다(Beck & Haigh, 2014). 이 모델의 주요 원리는 [글상자 10-7]과 같다.

**[글상자 10-7] 포괄적 인지모델의 주요 원리**

1. 심리적 고통은 인간의 정상적 적응기능의 과도한 활동으로 인한 것이다.
2. 잘못된 정보처리는 과도하게 적응적 정서와 행동 반응을 하게 만든다.
3. 신념은 개인이 경험하게 될 심리적 고통의 결정요인이다.
4. 인지치료의 핵심은 '신념의 변화가 행동과 정서 변화를 수반한다'는 경험적 연구결과다.
5. 신념이 변하지 않으면 심리적 문제의 재발 가능성이 높아진다.

문제를 유발하는 신념은 정서 · 행동장해의 원인이 된다. 예를 들어, 취업시험에 불합격 통보를 받은 두 사람이 있다고 하자. 한 명은 우울해졌고, 다른 한 명은 불안해졌다면, 우울해진 사람은 "난 실패했어. 내 미래가 캄캄해졌어. 난 절대 다시는 취업할 수 없을 거야."라고 생각했을 개연성이 높다. 반면, 불안해진 사람은 "내가 취업시험에 떨어진 것을 남들이 알면, 날 아주 우습게 볼 거야(부정적 결과에 대한 과대평가). 다른 회사에 지원해 봐야 결과는 마찬가지겠지(자원에 대한 과소평가)." 같은 생각을 했을 가능성이 높다. 그러나 이들이 달리 해석한다면 우울과 불안은 감소할 것이다.

전자의 경우, "더 잘 준비한 사람들이 지원했나 보네. 내가 떨어졌다고 해서 완전히 실패한 건 아냐. 내겐 다시 도전할 기회가 있어."라고 생각한다면, 우울은 감소할 것이다. 반면, 후자의 경우, "내가 시험에 떨어진 것이 실망스럽기는 하지만, 그렇다고 남들에게 얘기할 수 없을 정도는 아냐. 물론 나에 대해 실망스러워하는 사람도 있겠지만, 날 진심으로 아끼는 사람들은 누구나 실패할 수 있다는 말로 오히려 격려해 줄 거야."라고 생각한다면 불안은 감소할 것이다.

## 상담목표

인지치료(CT)의 목표는 왜곡된 사고 또는 편견을 수정 · 재구성함으로써 보다 합리적이고 생산적인 삶을 영위할 수 있도록 돕는 것이다. 상담자의 임무는 내담자가 세상을 주관적으로 인식하는 방식을 파악하여 정서와 행동에 미치는 영향을 밝혀냄으로써 부적응적 인지변화를 돕는 것이다. 이를 위해 상담자는 내담자와 협력하여 그의 부적응 행동 또는 감정을 유지시키는 내담자의 정보처리 방식을 탐색하고, 내담자가 자신의 역기능적 사고패턴을 확인하며, 타당성을 검토하여 적응적 사고로 변화시키도록 돕는다.

## 상담기법

인지치료(CT)의 상담기법으로는 신념에 대한 비판적 검토과정에 사용되는 ① 소크라테스식 대화('유도된 발견'), ② 신념에 대한 경험적 검증과 과제, ③ 내담자 가정에 관한 자료수집, ④ 활동기록, ⑤ 대안적 해석 등이 있다.

**[글상자 10-8] 인지치료의 전략과 기법들이 기반을 두고 있는 원리** 

1. 정서장해의 인지모델에 근거한다.
2. 단기적이며 시간제한에 따라 이루어진다.
3. 건전한 치료관계는 효과적인 인지치료의 필요조건이다.
4. 치료는 치료자와 환자의 협력적 노력이다.
5. 일차적으로 소크라테스적 방법을 사용한다.
6. 구조적 · 지시적이다.
7. 문제지향적 접근이다.
8. 교육적 모델에 근거한다.
9. 이론과 기법은 귀납적 방법에 의존한다.
10. 숙제부과가 중심적 특징이다.

예를 들어, 다른 사람들의 조롱거리가 되었다고 생각하는 내담자에게는 그것이 사실인지 어떻게 알았는지 묻는다("다른 사람들이 실제로 조롱할 가능성이 얼마나 될까요?"). 내담자는 여러 상황을 통해 새로운 사고방식을 습득함으로써 자신의 문제에 대해 새롭고 보다 긍정적인 방식으로 접근하는 방법을 배우게 된다. 상담자는 내담자가 상담회기 사이의 시간에 새로운 사고방식을 연습하도록 과제를 부여한다.

## 상담과정

인지치료(CT) 과정은 비교적 직접적인 문제를 다루는 데에 보통 시간제한을 두며, 4~14회기로 진행된다(Beck, 2011). 각 회기는 영향과 효과를 극대화하기 위해 주의 깊게 계획되고 구조화된다. 내담자는 보통 치료가 시작되기 전에 검사 질문지와 최초 면접 질문지를 작성한다. 상담자는 첫 회기를 시작하기 전에 내담자가 작성한 질문지를 검토한다. 각 회기는 명확한 목표와 다룰 주제가 설정된다. 인지행동치료의 초기 회기를 위한 절차는 [글상자 10-9]와 같다(Beck, 2011).

**[글상자 10-9] 인지행동치료의 초기 회기를 위한 절차**

1. 내담자에게 의미 있는 주제를 설정한다.
2. 내담자의 기분 상태를 확인하고, 강도를 측정한다.
3. 호소문제를 확인 · 검토한다.
4. 치료에 대한 내담자의 기대를 확인한다.
5. 내담자에게 인지치료에 대해, 그리고 내담자의 역할에 대해 가르친다.
6. 내담자의 어려움과 진단에 대한 정보를 제공한다.
7. 목표를 설정한다.
8. 회기 간에 수행할 과제와 숙제를 부여한다.
9. 회기를 요약해 준다.
10. 내담자로부터 회기에 대한 피드백을 들어 본다.

초기 회기를 통해 상담자는 치료동맹의 발달을 증진하고, 현실적 희망과 낙관주의를 격려하면서 신뢰와 협동적 태도를 형성한다. 후속회기에도 유사한 구조로 진행된다. 회기는 전형적으로 변화에 초점을 둔 내담자의 기분상태에 대한 평가로 시작된다. 상담자는 내담자에게 회기 구조의 본질과 목적을 확실하게 설명한다. 내담자는 이러한 회기구조가 확실하다는 것을 발견하게 된다. 내담자는 기대되는 것을 알며, 이러한 계획이 그에게 도움이 되리라는 것을 믿는다.

상담 초기에 내담자는 자신의 행동에 대한 가설을 세우고, 구체적인 문제해결 기술 또는 대처기술을 배운다. 상담자의 안내로, 내담자는 생각, 행동, 정서 사이의 연관성을 이해하게 된다. 내담자가 받은 진단에 상관없이 인지치료에서는 현재 문제에 초점을 둔다. 단, 핵심 역기능적 신념이 언제, 어떻게 형성되었는지 확인해야 할 경우, 그리고 이 신념들이 개별도식에 어떻게 영향을 주는지 확인해야 할 경우, 내담자의 과거를 다룬다.

시간제한적time-limited/단기치료brief therapy에 속하는 인지치료에서는 내담자의 증상 완화, 가장 고통스러워하는 문제해결 지원, 문제 유지에 기여하는 신념과 행동 변화 촉진 및 재발 방지 전략 또는 기술을 가르친다. 내담자는 상담 시간뿐 아니라 상담회기 사이에 과제를 수행함으로써 적응기술을 습득하고 상담효과를 극대화하여 상담기간을 단축한다.

과제는 내담자가 수행 가능한 정도의 것이어야 하고, 쉬운 것에서부터 점차 어려운 것을 부과한다. 과제의 예로는 ① 역기능적 사고 기록지 작성, ② 활동계획표 작성, 행동실험 계획 및 실행, ③ 문제 관련 서적 읽기 등이 있다. 인지치료로 우울증을 치료하는 절차는 [글상자 10-10]과 같다.

[글상자 10-10] **인지치료를 통한 우울증 치료 절차**

1. 내담자의 비활동성과 우울감에의 집착을 막기 위한 활동계획표를 만든다.
2. 유쾌한 활동 비율과 무언가를 완성하는 경험을 증대시킨다.
3. 인지적 시연, 즉 중요한 과제수행에 필요한 일련의 과정을 상상하게 하는 한편, 저해요인을 파악하도록 돕는다.
4. 자기주장훈련과 역할훈련을 실시한다.
5. 우울한 사건 전 또는 사건 동안 발생하는 자동사고를 파악한다.
6. 자동사고의 현실성, 정확성, 타당성에 대해 탐색 · 조사한다.
7. 부정적 결과에 대한 비난을 자신이 아닌 다른 적절한 곳으로 돌리도록 가르친다.
8. 문제를 해결 불가능한 것으로 간주하고 자신을 비난하는 대신, 대안을 찾도록 돕는다.

## 인지행동수정

도널드 마이켄바움은 캐나다 온타리오주 워털루 대학교의 명예교수다. 뉴욕에서 태어나 자랐고, 박사학위 과정에 입학하기 위해 중서부로 이주했다. 그 후, 워털루 대학교에서 30년 넘게 교수로 근무했다. 1998년 은퇴한 후, 마이애미 소재 멜리사 연구소에서 학교폭력 예방을 위한 연구의 책임자로 연구를 수행하고 있다. 그 후, 다양한 논문과 저서를 발표했는데, 『스트레스 면역훈련[Stress Inoculation Training(SIT)]』과 『인지행동수정[(Cognitive Behavior Modification(CBM)]』은 이 분야의 고전으로 평가되고 있다. 20세기의 가장 영향력 있는 심리치료자 10인 중 한 사람으로 지명되기도 했고, 심리학 분야에서의 명성뿐 아니라, PTSD, 아동의 교육적 잠재력, 내적 대화 등에 관한 강의와 저작 활동을 이어 가고 있다.

도널드 마이켄바움
(Donald Meichenbaum, 1940~현재)

인지행동수정Cognitive Behavior Modification(CBM)은 내담자의 자기대화self-talk 변화에 초점을 두는 치료적 접근이다. 자기대화는 타인의 진술과 동일하게 개인의 행동에 영향을 준다(Meichenbaum, 1977). 인지행동수정에서는 행동 변화가 일어나려면 내담자의 생각, 감정, 행동, 그리고 자신이 다른 사람들에게 미치는 영향을 먼저 확인해야 하고, 도식화된 행동특성을 중단시켜 다양한 상황에서 자신의 행동을 평가해야 한다고 전제한다(Meichenbaum, 1993, 2007).

인지치료와 마찬가지로, 인지행동수정에서도 고통스러운 정서가 대개 부적응적 사고에서 나온다고 가정한다. 이에 내담자는 **자기지시훈련**Self-Instruction Training(SIT)을 통해 자기대화와 자신에 대한 이해의 틀을 인식할 수 있게 된다. 특히, **인지 재구조화**cognitive restructuring는 이 훈련의 핵심 기법이다. 인지행동수정에서는 정서와 생각을 동전의 양면으로 본다. 즉, 감정 패턴이 생각에 영향을 주듯이 사고방식도 감정에 영향을 준다고 가정한다. 또 생각보다 행동을 바꾸는 것이 더 쉽다고 본다. 인지행동수정의 상담과정은 내담자가 문제를 좀 더 효과적으로 처리할 수 있도록 안내서를 수정하는 자기진술을 교육·훈련하는 것으로 구성된다.

인지행동수정(CBM)의 목표는 내담자의 행동과 사고의 변화다. 즉, 행동치료의 목표를 비롯하여 내담자의 역기능적 사고의 인식, 평가, 수정을 돕는 일에 중점을 둔다. "난 완벽해야 해!" "난 사랑스럽지 않아!" 등 내담자의 역기능적인 신념 변화, 그리고 자기대화 또는 자신감에 긍정적인 변화를 유발하도록 돕는 것을 목표로 한다.

인지행동수정에서는 인지적 목표와 행동적 목표는 상보적이라는 점에서 내담자의 사고와 행동 둘 다의 변화에 초점을 맞춘다. 상담자는 긍정적·협력적 치료동맹을 중시하면서 교사, 자문자, 조언자, 선의의 비판자, 지지자, 역할모델, 격려자, 조력자 등의 역할을 한다. 이들은 적극적 경청, 공감적 이해, 관심, 존중, 배려를 바탕으로 내담자의 긍정적인 변화를 그의 공로로 인정·격려·강화하고, 조언과 칭찬을 아끼지 않으며, 진솔성과 전문성을 중시한다. 또 상담자는 내담자가 새로운 행동을 시도하고, 회기 사이에 자기 모니터링과 과제를 완성하도록 돕는다. 내담자는 상담과정에 온전히 참여하고, 자신의 문제와 목표를 확인하며, 변화를 위한 계획실행에 책임을 진다.

## 핵심어

| □ 합리정서행동치료 | | |
|---|---|---|
| • 비합리적 신념 | • 당위주의 | • 정서장해 |
| • 성격의 ABC 이론 | • ABCDEF 모델 | • 무조건적 자기수용USA |
| • 무조건적 타인수용UOA | • 무조건적 생애수용ULA | • 논박 |
| • 인지과제 | • 조건화 대처 | • 유머 |
| • 소크라테스식 대화법 | • 독서치료 | • 자기진술 대처 |
| • 정서기법 | • 합리정서 심상법 | • 역할연습 |
| • 수치감 공격 연습 | • 강제적 자기진술 | • 강제적 자기대화 |
| • 행동기법 | • 체계적 둔감법 | • 이완기법 |
| • 모델링 | • 조작적 조건화 | • 자기관리 |
| • 과제 | • 논의/논쟁 | • 역설기법 |

| □ 인지치료 | | |
|---|---|---|
| • 부정적 인지삼제 | • 자동사고 | • 인지왜곡/인지오류 |
| • 역기능적 인지도식 | • 포괄적 인지모델 | • 임의적 추론 |
| • 양분법적 사고 | • 선택적 추론 | • 과잉일반화 |
| • 확대 · 축소 | • 개인화 | • 잘못된 명명 |
| • 파국화 | • 소크라테스식 대화법 | • 역기능적 사고 기록지 |

| □ 인지행동수정 | | |
|---|---|---|
| • 자기대화 | • 스트레스 면역훈련SIT | • 자기지시훈련 |
| • 인지 재구조화 | | |

## 복습문제

※ 다음 밑줄 친 부분에 들어갈 말을 쓰시오.

1. 합리정서행동치료(REBT)는 ________변화를 통해 정서와 행동 변화를 유발하고자 하는 이론이다. 이 이론에서는 심리적 문제를 외부사건이 아니라, 개인의 잘못된 인식과 ________의 산물로 간주한다.
2. ________신념이란 부적절하고 자기패배적 정서를 일으키는 생각 또는 믿음을 말한다. 특히, ________은/는 비합리적 사고와 정서장해의 원인이 되는 '~ 해야 한다'는 표현을 사용하는 것을 의미한다.
3. ABCDEF 모델에서는 확인된 비합리적 신념(iB)은 ________을/를 통해 합리적 신념(rB)으로 대체되는 ________을/를 습득하게 되어 내담자는 새로운 ________와/과 ________을 습득하게 된다.
4. REBT의 궁극적인 목표는 내담자의 정서적 어려움을 최소화하고, ________행동을 감소시키며, ________을/를 앞당겨 행복한 삶을 영위할 수 있도록 돕는 것이다. 이를 위한 기본 목표는 내담자의 ① 무조건적 ________, ② 무조건적 ________, ③ 무조건적 ________을 돕는 것이다.
5. 인지치료(CT)의 주요 초점은 왜곡된 ________을/를 이해하고 부적절한 ________ 변화를 돕는 것이다. 그는 ________이/가 정서와 행동에 영향을 미친다고 보았다.
6. 인지치료는 1960년대에 정신분석과 행동치료로 잘 치료되지 않았던 ________ 치료를 위해 개발되어 그 효과를 인정받았다. 거의 같은 시기에 ________ 교의를 토대로 개발된 REBT와는 달리, 인지치료는 ________연구에 기초하여 개발되었다.
7. 벡(A. Beck)의 주요 업적으로는 우울증의 발생원인을 구체적으로 알지 못하더라도 ________, 즉 ① 자신, ② ________(비관주의), ③ ________(무망감)에 대해 부정적 관점을 가지고 있을 거라는 예측이 가능하게 한 것이다.
8. 정보처리 과정에서 생활사건의 의미를 자의적으로 해석하여 자동사고를 생성해 내는 인지과정을 ________(이)라고 한다. 이러한 과정의 유형에는 적절한 근거 없이 또는 정반대의 근거로 결론을 내리는 현상인 ________와/과 일부 정보만 선택적으로 받아들여 전체인 것처럼 해석하고, 다른 명확한 정보는 무시하는 현상인 ________이/가 포함된다.
9. ________은/는 완벽주의적 · 당위적 · 비현실적 · 역기능적 신념으로 구성된 인지적 요인이다. 이는 어린 시절의 경험에 의해 형성되어 생활사건의 의미를 부정적으로 왜곡 · 해석하는 ________활성화의 원인을 제공하게 되면서 ________증상을 야기한다.
10. ________이/가 창시한 인지행동수정(CBM)은 내담자의 ________변화에 초점을 두는 치료적 접근이다. 이 치료적 접근에서 내담자는 ________훈련의 참여를 통해 자신에 대한 이해의 틀을 인식할 수 있게 되는데, 특히 ________은/는 이 훈련의 핵심 기법이다.

## 소집단 활동

**비합리적 신념 체크리스트** 3~5인으로 소집단으로 나누어, 흔히 정서장해를 초래하는 비합리적 신념 목록을 읽고, 각자 자신에게 해당하는 비합리적 신념을 체크한 다음, 그 결과를 소집단에서 발표하고 서로 소감을 나누어 보자.

_____ 1. 어른이라면 주변의 모든 사람으로부터 인정을 받아야 해!

_____ 2. 가치 있는 사람으로 인정받으려면 능력 있고, 적합하며, 모든 면에서 완벽해야 해!

_____ 3. 나쁘고 못된 짓을 하는 사악한 사람들은 반드시 비난 · 처벌받아야 해!

_____ 4. 일이 뜻대로 되지 않으면 끔찍한 파멸이야!

_____ 5. 불행은 외적 원인에 의해 발생하므로 이로 인한 슬픔과 고통은 통제할 수 없어!

_____ 6. 위험이나 두려운 일이 일어날 것에 대해 항상 깊이 염려해야 해!

_____ 7. 특정 문제나 책임은 직면보다 회피하는 것이 더 쉬워!

_____ 8. 사람은 누군가에게 의지해야 하고 그럴 사람이 꼭 필요해!

_____ 9. 어떤 일이 삶에 깊이 영향을 미치면 이 영향은 무한정 계속될 것이고, 과거의 일은 현재 행동의 중요한 결정요인이야!

_____ 10. 문제에는 예외 없이 옳고, 정확하며, 완벽한 해결책이 있어! 완벽한 해결책을 찾지 못하면 파멸이야!

_____ 11. 사람은 타인의 문제와 어려움에 대해 속상해해야 해!

_____ 12. 세상은 공평하고 정의로워야 하는데 그렇지 않다면 끔찍하고 참을 수 없어!

_____ 13. 사람은 항상 편안하고 고통이 없어야 해!

_____ 14. 사람은 다소의 불안감 경험으로도 정신병에 걸릴 수 있어!

_____ 15. 사람은 무기력과 무행위, 수동적이고 무책임하게 즐김으로써 큰 행복을 누릴 수 있어!

**소감** ________________________________________

________________________________________

________________________________________

________________________________________

**수용** 사람은 자신이 믿는 것처럼 느낀다. 엘리스(A. Ellis)는 건강한 삶을 위한 방법으로 수용에 대한 삶의 태도와 가치를 제안했다. 2인 1조로 나누어 다음의 글을 읽고 난 다음, 다른 집단원들과 서로의 의견과 소감을 나누어 보자.

1. 아무리 많은 실패를 했다고 하더라도 무조건적으로 자신을 수용하라.
2. 결함이 있는 다른 사람을 무조건적으로 수용하라.
3. 죄가 아니라 죄지은 사람을 수용하라.
4. 삶의 가혹한 조건이 변화될 수 없을 때, 그러한 조건을 수용하라.
5. 자신의 역기능적인 감정을 바꿀 수 없다면, 그 감정을 수용하라.
6. 현재의 제약과 고통이 미래에 도움이 될 때, 그 제약과 고통을 수용하라.
7. 과거사는 변할 수 없지만, 그것에 대한 현재 반응은 변할 수 있음을 수용하라.
8. 생물학적 · 사회적으로 학습된 한계를 수용하되, 이러한 것이 존재하지 않기를 요구하지 않는다.
9. 영원히 살고 싶다고 할지라도 결국 죽는다는 사실을 수용하라.
10. 보통 많은 노력과 실천이 요구되지만, 자신의 생각, 감정, 행동을 변화시킬 수 있음을 수용하라.
11. 완전히 선하거나 악한 것은 거의 없다는 사실을 수용하라.
12. 자신과 다른 사람들이 흔히 쉽게 혼란에 빠질 수 있고, 어떤 문제를 야기함이 없이도 아주 비이성적으로, 그리고 당혹스럽게 행동할 수 있음을 수용하라.

**소감** ____________________

____________________

____________________

____________________

____________________

____________________

____________________

____________________

____________________

# | 11 |

# 현실치료

*Reality Therapy*

윌리엄 글래서
(William Glasser, 1925~2013)

윌리엄 글래서는 미국 클리블랜드에서 화목한 가정의 3형제 중 막내로 태어났다. 학창 시절 밴드부로 활동했고 스포츠에도 관심이 많았다. 19세 때 화학공학 전공으로 케이스웨스턴리저브 공대를 졸업했고, 1948년 임상심리학 전공으로 석사학위를 받았으나 박사논문은 통과되지 못했다. 1953년 케이스웨스턴리저브 의과대학에서 의학사 학위를 받았다. 1957년 아내와 함께 LA 예비군관리센터와 UCLA에서 정신과 레지던트를 마쳤다. 레지던트 3년차 때 수련감독자 해링턴G. L. Harrington에게 정신분석의 효과에 대한 의구심을 나타냈고, 해링턴은 7년간 글래서가 현실치료의 개념을 구성하는 데 영향을 주었다. 1956년 주립 벤추라 여학교(비행청소년 수용시설)의 정신건강 자문의로 근무하면서 정신분석의 결함을 보완하여 현실치료의 기초를 다졌고, 현실치료의 기본원리를 적용하여 벤추라 여학교에서의 재범률을 20% 정도로 줄일 수 있었다.

1962년, 전국청소년훈련학교협회 연차대회에서 현실정신의학Reality Psychiatry이라는 이름으로 자신의 이론을 소개했다. 현실치료라는 용어가 공식적으로 사용된 것은 1964년 4월, 「현실치료: 어린 범법자에게의 현실적 접근(Reality Therapy: A Realistic Approach to the Young Offender)」이라는 논문을 통해서였다. 이 논문을 통해 전통적인 정신의학이 사례 진단에 대한 논의에 시간을 허비하고 있다고 지적하는 한편, 더 실용적이고 임상가와 대중 모두가 쉽게 이해할 수 있는 접근법의 필요성을 강조했다. 현실치료가 상담의 주요 이론으로 부각된 계기는 1965년 저서 『현실치료(Reality Therapy)』가 출판되면서부터다. 1967년 캘리포니아주 캐노가 파크Canoga Park에 현실치료연구소를 설립했고, 1998년에는 사람들이 자신이 되고자 하는 방식대로 선택한다고 보고, 통제이론을 선택이론으로 변경했다. 2013년 세상을 떠났다.

현실치료Reality Therapy(RT)는 행동선택에 대한 책임을 강조하는 **내부통제 심리학**('선택이론choice theory')에 기초하고 있다. 이에 비해 종전의 **외부통제 심리학**(예 행동주의)에서는 벌과 보상을 통해 타인의 행동을 통제하려는 태도에 초점을 둔다. 선택이론은 사람들이 활동하는 이유와 방식을 설명하는 논리적 체계다. 개인의 내적 동기가 행동을 통제하고, 모든 행동에는 목적이 있으며, 개인은 다른 사람을 통제할 수 없다는 것이다. 이러한 점에서 선택이론이 고속도로라면, 현실치료는 물품을 실어 나르는 차량이다(Wubbolding, 2011). 이 이론은 인간발달에 관해 설명하지 않고, 인간의 삶과 본성의 중요한 양상에 초점을 둔다.

현실치료에서는 인간을 반결정론적이고, 심리적 욕구를 지닌 존재로 본다. 행동은 지각의 통제에서 비롯된다는 통제이론은 1970년대 후반에 현실치료의 주요 이론으로 자리잡았다. **통제이론**control theory은 인간의 뇌에서 진행되는 지각을 강조한다. 글래서는 1998년 현실치료의 이론인 통제이론을 선택이론으로 변경했다. **선택이론**choice theory은 삶의 질은 자신이 선택하는 생각, 정서, 행동에 의해 결정된다는 인식에 근거한 이론이다. 즉, 개인이 택하는 생각, 정서, 행동에 따라 삶의 질이 달라진다는 것이다.

현실치료에서는 어떤 자극이 개인을 행동하도록 하는 것이 아니라, 개인의 내적 욕구 또는 바람이 행동을 생성한다고 본다. 이는 '말을 물가에 끌고 갈 수는 있지만, 물을 마시게 할 수는 없다'는 격언의 의미를 담고 있다. 즉, 말의 욕구를 파악한다면, 굳이 말을 물가에 끌고 가는 헛된 노력을 할 필요가 없다는 것이다. 이는 마치 설정된 온도에 따라 자동온도조절기가 작동하는 것처럼, 개인의 기본욕구에 따라 뇌의 통제체계가 기능하는 것과 같다.

현실치료에 의하면, 사람들에게는 보편적으로 추구하는 기본욕구가 있지만, 이를 충족하는 방법은 다양하다. 사람들은 자신의 기본욕구를 충족시키는 내적 세계인 지각 또는 정신화첩을 창조하며, 이러한 지각에 따라 행동이 형성된다. 또 심리적 문제는 정신질환이 아니라 개인의 욕구를 최선으로 만족시키기 위한 잘못된 선택으로, 기본욕구를 책임 있고 적절한 방식으로 충족하지 못한 결과다.

이에 현실치료에서는 보험처리를 위한 목적 외에는 내담자에게 진단명을 붙이지 않는다. 진단은 단순히 사람들이 불만족스러운 관계에서 오는 고통과 좌절을 다루기 위해 선택하는 행동을 명명한 것으로, 비효과적인 행동을 정신장애로 진단하는 것은 잘못된 것이라는 이유에서다(Glasser, 2000). 단, 명백한 뇌 손상과 관련된 경우(치매, 뇌전증, 뇌 감염)는 예외다.

현실치료의 관점에서 보면, 내담자의 문제는 불만족스러운 대인관계 또는 의미 있는/만족스러운 대인관계 부재에 기인한다. 이에 내담자는 사람들과의 접촉이 가능해질수록 행복을 체험할 수 있게 된다고 가정한다. 대인관계를 해치는 행동으로는 비판, 비난, 불평, 잔소리, 협박, 벌, 매수/회유 등의 **치명적 습관**deadly habits이 있는데, 이 중에서도 비난은 최악의 행동으로 꼽힌다. 정신적으로 건강한 삶을 영위하려면 치명적 습관은 경청, 존중, 수용, 신뢰, 격려, 지지 같이 긍정적인 것으로 대체되어야 한다. 이에 현실치료에서는 내담자가 만족스러운 관계형성·유지를 돕고, 더 효과적인 방식으로 행동하도록 가르친다.

사람들은 흔히 불행을 초래하는 자신의 문제가 잘못된 행동방식으로 인한 것임을 잘 인식하지 못한다. 이들은 자신들이 큰 고통 속에 있고, 불행한 상태에 있다는 것만을 알고 있을 뿐이다. 그런가 하면, 자신이 아닌 학교, 부모, 배우자, 법원, 고용인 등 권위를 지닌 사람이 내담자의 행동에 불만을 품고 강제로 상담을 받게 한 사실에 대해 불만스러워한다. 이에 현실치료에서는 내담자가 불만족스러운 관계로 인한 좌절감을 다루는 방식으로 행동을 선택한다고 믿는다.

## 핵심개념

현실치료(RT)의 핵심개념으로는 ① 선택이론, ② 전행동, ③ 정신화첩·질적 세계, ④ 기본욕구, ⑤ WDEP 모델이 있다.

### 선택이론

첫째, **선택이론**choice theory은 행동을 내적으로 동기화된 것으로 간주한다는 점에서 외부 자극에서 동기화된다는 외부통제이론과 대조를 이룬다. 이 이론에 의하면, 사람이 할 수 있는 것은 행동뿐으로, 행동은 다섯 가지 기본욕구(① 생존, ② 소속, ③ 힘, ④ 자유, ⑤ 즐거움에 대한 욕구) 중 한 가지 또는 그 이상을 충족하기 위해 주어진 상황에서 선택한 최상의 시도다(Glasser, 2000).

### 전행동

둘째, **전행동**total behavior은 ① 활동하기acting, ② 생각하기thinking, ③ 느끼기feeling, ④ 생리적 반응physiological reaction으로 구성되어, 통합적으로 기능하는 행동체계다. 모든 행동에는 목적이 있는데, 이는 항상 네 가지 구성요소가 통합적으로 기능하는 전행동

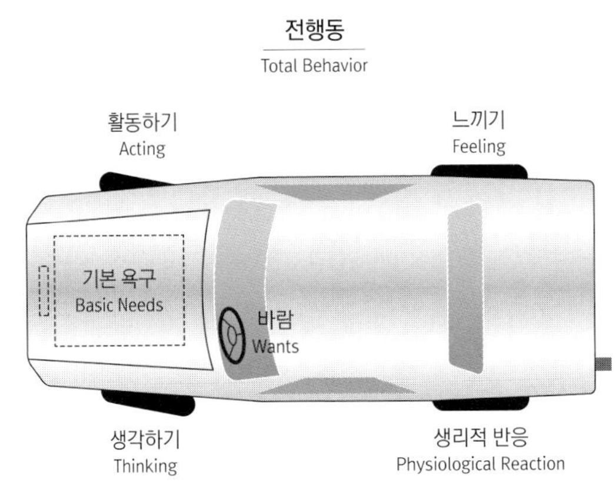

[그림 11-1] 전행동 도식

의 관점에서 이해된다. 현실치료에서는 전행동의 구성요소 중 **'활동하기'**를 중시한다. 이 요소는 거의 완전한 통제가 가능하기 때문이다.

**'생각하기'**도 통제가 비교적 수월한 편이나, **'느끼기'**는 통제가 어려우며, **'생리적 반응'**은 더더욱 어렵다. 전행동을 자동차의 네 바퀴에 비유한다면, 앞바퀴에 해당하는 '활동하기'와 '생각하기'가 변화되면, 뒷바퀴에 비유되는 '느끼기'와 '생리적 반응'은 따라오게 되어 전행동의 변화가 용이하다.

## 정신화첩

셋째, **정신화첩**mental picture album은 개인의 욕구충족을 위한 구체적이고 선명한 이미지를 담고 있는 독특한 내면세계다. 이러한 관점에서 볼 때, 내담자는 세상에 대해 각자 주관적으로 지각해서 세상이라는 그림을 그려 왔고, 또 그리고 있는 존재다. 이들 각자의 정신화첩에는 내면의 욕구를 충족시킬 수 있다고 믿는 특수한 그림들이 담겨 있다. 이러한 그림들은 정신화첩에 수록되어 **질적 세계**quality world에 간직된다. 인간의 기본욕구는 타고난 것으로, 일반적 · 보편적 · 중복적 · 상호갈등적 · 대인갈등적인 특징이 있다. 욕구는 순간적으로 충족되었다가 다시 불충분한 상태가 되기 때문에 계속 충족된 상태로 지속될 수 없다. 이는 바로 동기의 근원이 된다.

인간은 이 다섯 가지 기본욕구에 우선순위를 정하는 데에서 끊임없이 갈등을 느끼며, 이를 해소하려고 시도한다. 즉, 자신의 욕구충족을 위해 자기 나름대로의 정신앨범을 머릿속에 만들어 보관한다. 기본욕구를 충족시키기 위해서는 끊임없이 행동해야 한다. 사람들은 각자 순간순간 최선이라고 판단되는 행동을 한다. 사람들은 나름대로 창의적인 방법을 좇아 기본욕구를 충족시킨다. 이러한 이유로 사람들은 자신의 욕구충족을 위한 다양한 방법과 수단을 지각세계의 부분인 자기 내면세계 또는 질적 세계에 심리적 사건으로 저장했다가 필요할 때마다 꺼내 쓴다.

## 기본욕구

넷째, **기본욕구**basic needs는 내담자를 움직이는 강력한 힘으로, ① 생존survival욕구(구뇌에 위치)와 ② 소속belonging, ③ 힘power, ④ 자유freedom, ⑤ 즐거움fun에 대한 욕구(신뇌에 위치한 심리적 욕구)가 있다. **욕구**need는 유전적 속성이라는 점에서 모든 사람이 공통적으로 가지고 태어나지만, 욕구를 충족시키는 방법인 바람want은 개인마다 독특하고 차이가 있다. 글래서는 정신과 치료가 필요한 사람들은 자신의 기본욕구를 충족할 수 없기 때문에 고통받는다고 본다. 그리고 증상의 심각성은 개인이 자신의 욕구를 충족할 수 없는 정도를 반영한다(Glasser, 1965, p. 5).

사람들의 문제는 다음 두 가지 이유로 발생한다. 하나는 개인의 기본욕구에서 비롯된 바람이 진정 무엇인지 파악하지 못하기 때문이고, 다른 하나는 개인이 자신이 원하는 바람을 파악했다고 하더라도 그러한 바람을 효과적으로 충족시키지 못하기 때문이다. 이런 점에서 **정신병**psychosis은 개인이 책임질 수 있고, 효과적으로 자신의 욕구를 충족시키지 못한 데서 비롯된다. 이들 욕구에 대한 설명은 〈표 11-1〉과 같다.

**표 11-1** 인간의 기본 욕구

| 기본욕구 | 설명 |
|---|---|
| 1. 생존 | ❍ 살고자 하고, 생식을 통해 자기 확장을 하고자 하는 속성 |
| 2. 소속 | ❍ 사랑하고 나누고 협력하고자 하는 속성(예 교우관계, 가족, 사랑, 결혼) |
| 3. 힘 | ❍ 경쟁, 성취, 그리고 중요한 존재로 인정받고 싶어 하는 속성 |
| 4. 자유 | ❍ 이동과 선택을 마음대로 하고 싶어 하는 속성으로, 원하는 곳에서 살고, 생활방식을 택하며, 마음대로 표현하고 싶어 하는 욕구 |
| 5. 즐거움 | ❍ 새로운 것을 배우고 놀이를 통해 즐거움을 만끽하고자 하는 속성이 있음<br>❍ 욕구충족을 위해 위험도 감수하며 생활양식을 바꾸기도 함(예 암벽타기, 번지점프 등) |

사람은 누구나 자신의 욕구를 충족하고 싶어 한다. 사람은 자신의 욕구를 충족하려는 바람에 따라 내적 세계를 창조한다. 글래서는 소속욕구를 세 가지 형태, 즉 ① 사회집단에 소속하고 싶은 욕구, ② 직장에서 동료집단에 소속하고 싶은 욕구, ③ 가족에게 소속하고 싶은 욕구로 구분했다. 그 이유는 욕구의 충족은 다양한 환경에서 이룰 수 있기 때문이다. 소속욕구는 생존욕구처럼 절박한 욕구는 아니지만, 개인의 삶에 원동력이 되는 기본욕구다.

새로운 것을 배우는 것은 아동들에게는 즐거움을 제공하는 욕구충족 활동이다. 이에 글래서는 저서 『실패 없는 학교(Schools Without Failure)』에서 학생이 공부에 싫증을 느낀다면, 이는 교육자의 잘못에서 비롯된 것이라고 주장했다. 사람은 즐거움에 대한 욕구가 충족되면 웃는다. 즐거움은 삶에 있어서 절대 필요한 활력소 역할을 하므로, 사람들은 즐거운 삶을 원한다. 현실치료의 핵심 질문은 두 가지다. 하나는 '당신은 진정 무엇을 원하는가?'이고, 다른 하나는 '당신이 현재 하고 있는 행동은 당신이 진정 원하는 것에 기여하는가?'다.

## WDEP 모델

로버트 우볼딩
(Robert E. Wubbolding, 1936~현재)

끝으로, **WDEP 모델**은 로버트 우볼딩이 창안한 것으로, 내담자가 욕구충족에 필요한 행동변화 촉진을 위해 사용된다(Wubbolding, 2011). 상담자는 질문을 통해 내담자가 원하는 것$^{Wants}$(W)을 인식하고, 현재 어떤 방향으로 어떤 행동$^{Do/Direction}$(D)을 하고 있으며, 그 행동이 욕구를 충족시키고 있는지 평가$^{Evaluation}$(E)하게 하고, 개선을 위한 계획$^{Plan}$(P)을 세우도록 돕는다.

**[글상자 11-1] WDEP 모델 적용을 위한 질문 목록**

- W: "무엇을 원하나요?", "진정으로 원하는 것이 무엇인가요?"
- D: "지금 무엇을 하고 있나요?"
- E: "지금 하고 있는 행동이 당신이 원하는 것을 얻게 하고 있나요?"
- P: "원하는 것을 얻기 위해 무엇을, 어떻게 할 계획(장 · 단기)인가요?"

WDEP 모델은 상담자들이 사용하기에 편리하고 이론 적용과 개념화에 유용하여, 현실치료의 임상 영역을 크게 확장했다는 평가를 받고 있다(Wubbolding, 2009).

## 상담목표

현실치료(RT)의 목표는 내담자가 스스로 책임지고 선택한 방법으로 각자의 기본욕구(소속감, 힘, 자유, 즐거움) 충족을 위한 전행동 선택을 돕는 것이다. 즉, 내담자가 자신의 질적 세계에서 선택한 사람들과의 관계형성 또는 재형성을 돕는 것이다. 현실치료에서는 개인이 자신의 환경적인 여건에 의존하기보다 자신의 결정에 더 의존함으로써 책임을 다할 수 있고, 성공적이고 만족스러운 삶을 영위할 수 있음을 강조한다. 불만족스러운 현실 상황에서 변화를 가져오게 하는 것은 행동을 바꾸려는 결단에서 비롯된다.

상담자는 이러한 사랑 · 소속 욕구 외에도 힘, 성취, 내적 통제, 자유/독립, 즐거움 등의 욕구충족을 위한 더 효과적인 방식을 습득하도록 돕는다. 또 개인이 자신의 기본욕구를 충족시키기 위해 원하는 것의 파악을 중시한다. 개인이 원하는 것에 대한 현명한 선택을 위해서는 인지적 해석이 중요하다. 이를 위해 상담자와 내담자는 상담의 장 · 단기목표를 세운다.

## 상담기법

현실치료(RT)에서 주로 사용되는 기법으로는 ① 질문, ② 긍정적 태도, ③ 은유, ④ 유머, ⑤ 직면/도전, ⑥ 계약, ⑦ 역할연습, ⑧ 지지, ⑨ 과제, ⑩ 논의/논쟁, ⑪ 역설기법이 있다. 이러한 기법들을 간략히 정리하면 〈표 11-2〉와 같다.

표 11-2 현실치료의 주요 기법

| 기법 | 설명 |
| --- | --- |
| 1. 질문 | ❍ 정보수집 · 제공, 메시지 명료를 위해 사용됨<br>❍ 내담자가 원하는 것에 대해 생각하고, 행동이 옳은 방향으로 나아가고 있는지에 대한 평가에 사용됨 |
| 2. 긍정적 태도 | ❍ 내담자가 할 수 있는 것에 초점을 맞추고, 기회가 있을 때마다 내담자의 긍정적인 행동 실행과 건설적인 계획수립을 강화해 주는 기법 |
| 3. 은유 | ❍ 내담자의 언어적 표현에 주의를 기울이면서 그 언어를 사용함으로써 상담자가 이해하고 있음을 전달하는 기법 |
| 4. 유머 | ❍ 상황이 생각보다 심각하지 않음을 깨닫도록 돕기 위해 사용되는 기법<br>❍ 심각하다고 여기는 상황에서 웃을 수 있다는 것 자체는 문제통찰, 해법탐색, 변화능력 촉진의 효과가 있음 |
| 5. 직면/도전 | ❍ 행위에 대한 책임수용을 촉진하기 위해 특정 행동에 도전하는 기법<br>❍ 현실적 책임과 관련된 모순이 보일 때, 행동의 실천을 요구함<br>❍ 행동에 영향을 미치는 비생산적 사고나 신념을 파악하게 되면서 비생산적 행동의 대안 모색 또는 새로운 계획수립으로 이어짐 |
| 6. 계약 | ❍ 내담자의 행동 변화에 대한 약속을 문서로 작성하는 기법 |
| 7. 역할연습 | ❍ 내담자가 대인관계에 어려움을 겪고 있거나, 새로운 행동을 실행에 옮기고자 할 때 사용되는 기법 |
| 8. 지지 | ❍ 긍정적인 결과에 대한 내담자의 자각, 예상, 기대를 높이기 위해 사용되는 기법 |
| 9. 과제 | ❍ 상담회기 사이의 연속성 유지, 회기 간의 문제해결 독려, 상담성과 증진을 위해 사용되는 기법<br>❍ 흔히 새로운 행동 시도, 현재 행동의 감소 또는 중단, 현재 행동의 기록 또는 구체적인 문제해결 방안 모색 등이 포함됨 |

| | |
|---|---|
| 10. 논의/논쟁 | ❍ 내담자가 말한 질문에 대한 답변에 현실성이 없거나 합리적이지 않을 때 사용함<br>❍ 욕구 또는 욕구충족 방법의 현실성과 책임성에 초점을 맞춤 |
| 11. 역설기법 | ❍ 내담자에게 계획실행을 중단할 것을 요구하거나 천천히 수행하게 하거나, 계속해서 계획에 어긋나게 하도록 요구하는 기법<br>❍ 계획실행에 저항하는 내담자에게 모순된 제안을 함으로써, 내담자가 기꺼이 실수하면, 내담자의 문제 통제가 이루어지고 있는 것으로 간주함 |

현실치료에 의하면, 인간은 보편적으로 추구하는 기본욕구를 가지고 있지만, 이를 충족시키기 위해서는 각자 다양한 방법을 선택한다. 사람마다 욕구를 충족시키는 방법은 다 다르다. 이는 개인이 세상에서 독특한 존재임을 의미한다. 행복과 불행을 선택하는 사람은 바로 자신이다. 사람들은 순간순간 기본욕구를 충족시키기 위해 행동을 선택한다. 우유부단해서 선택하지 못하는 것도 선택이고, 결정하지 않은 것도 결정이다. 이에 현실치료에서는 '3R'(responsibility, realistic, right)을 강조한다.

3R의 첫 번째는 **책임**responsibility이다. 현실치료의 관점에서 정신병이나 반사회적 행동은 병이 아니라 개인의 무책임한 행동의 결과다. 자신의 행동이 자신의 문제해결을 위해 **현실적**realistic인지 또는 **정당한**right 것인지도 책임과 관련되어 있다. 어떤 행동을 선택할 것인지는 전적으로 개인에게 달려 있다. 개인이 선택한 활동하기와 행동하기는 그를 행복하게 할 수도 있고 불행하게 할 수도 있다. 즉, 개인의 삶과 행복을 통제하는 사람은 바로 그 자신이다.

## 상담과정

현실치료(RT)는 크게 **상담 사이클**counseling cycle(① 상담환경 조성, ② 행동변화로 이어지는 구체적 절차 수행)로 개념화된다(Wubbolding, 2015). 이를 위해 상담자는 내담자가 삶에 가치를 부여하고, 효과적인 방향으로 나아가도록 이 두 가지 요소의 통합을 촉진하는 상담기술을 사용한다. 상담 사이클의 진행절차는 [글상자 11-2]와 같다.

**[글상자 11-2] 상담 사이클의 진행절차**

1. 내담자와 우호적 · 지지적 환경을 조성을 통해 작업관계를 형성한다.
2. 내담자에게 자신의 욕구와 지각을 비롯한 전행동을 탐색하게 한다.
3. 원하는 것을 얻기 위해 선택한 행동의 효과를 스스로 평가하게 한다.
4. 내담자가 새로운 행동을 시도해 보기로 결정하면, 그 행동을 성취할 계획을 수립한다.
5. 내담자와 함께 수립한 계획을 실행한다.
6. 변화된 행동을 유지하도록 추수지도하고, 필요한 경우 자문해 준다.

상담 사이클의 절차는 단순해 보이지만, 이를 효과적으로 실행하기 위해서는 상당한 기술과 창조력이 동반되어야 한다(Wubbolding, 2011). 현실치료의 원리는 같지만, 이 원리는 상담자의 특성과 경험, 그리고 내담자의 상황에 따라 달리 적용된다. [글상자 11-2]에 제시된 상담 사이클을 정리하면, 현실치료는 ① 우호적 · 지지적 환경 조성, ② 전행동 탐색, ③ 행동평가, ④ 계획수립, ⑤ 계획실행 순으로 진행된다.

## 1단계: 우호적 · 지지적 환경 조성

**우호적 · 지지적 환경 조성 단계**에서 상담자는 친근한 경청을 통해 내담자의 욕구충족을 위한 방법 탐색에 도움을 줄 수 있는 사람이라는 신뢰감을 형성한다. 이에 상담자는 지금 여기에 초점을 맞추고 논쟁, 공격, 비난, 비판, 비하, 남탓, 조종, 위협, 결점 지적, 훈계, 지시, 강요, 설득, 진단, 변명 · 적대감 · 두려움 · 조기 포기 조장, 강압적인 행동을 피하는 대신 수용, 지지, 공감, 격려, 온정적인 태도로 안전한 치료적 환경을 조성한다(Wubbolding, 2011, 2015). 이를 기반으로 내담자가 자신의 행동에 대해 옳거나 그름의 도덕적 판단 또는 가치판단을 통해 현실적인 욕구충족을 하도록 돕는다. 이처럼 보살핌이 수반되는 환경에서 내담자는 관계를 성공적으로 이끄는 만족스러운 환경을 조성하는 법을 배운다. 이를 바탕으로 내담자는 창조적으로 변화하게 되고, 새로운 행동을 시도하게 된다.

## 2단계: 전행동 탐색

**전행동 탐색단계**에서 상담자는 내담자를 평가하기보다 그의 전행동을 검토하도록 돕는다. 현실치료에서는 삶의 변화 또는 삶에 대한 통제는 활동하기acting를 통해 가능하나, 전행동이 기본욕구를 충족시키지 못하기 때문에 내담자가 삶에 만족감을 느끼지 못한다고 가정한다. 현실치료에 의하면, 사람들은 ① 현재 행동으로는 원하는 것을 획득하지 못한다는 확신이 들 때, ② 원하는 것을 얻을 수 있게 하는 다른 행동을 선택할 수 있다고 믿을 때, 변화에 대한 동기가 부여된다.

상담자는 상담과정에서 신비와 불확실성을 조장하지 않는 대신, 상담을 통해 얻고자 하는 바와 대인관계에서 어떤 선택을 하고 있는지에 관한 질문한다. 또한 내담자가 원하는 것을 탐색 · 정의하고, 중요한 인물(부모, 배우자, 자녀, 고용주 등)과의 불만족스러운 관계를 탐색한다("누구의 행동을 통제할 수 있나요?"). 이후에도 이 질문을 반복함으로써 내담자가 자신이 통제할 수 있는 것에 집중하도록 격려한다.

내담자가 자신의 행동을 통제할 수 있음을 인식하게 되면, 상담의 진행이 촉진된다. 이후, 상담은 내담자의 더 나은 선택을 위한 방법에 초점을 둔다. 중요한 인물이 변하지 않더라도 내담자는 변화를 선택할 수 있고, 타인에 의해 좌지우지되는 희생자가 아니며, 내적 통제감을 지니고 있어서 자유롭게 선택할 수 있는 존재이기 때문이다(Wubbolding, 2011).

이 과정을 통해 내담자는 더 나은 미래에 대한 희망을 갖게 된다. 상담자는 내담자가 자신의 기본 욕구를 인식하고, 질적 세계 발견, 그리고 증상/행동을 스스로 선택하고 있고, 내담자의 변화는 그의 선택의 결과로 이루어진다는 사실을 깨닫도록 돕는다. 이 외에도, 상담자는 내담자가 자신이 원하는 것의 탐색을 돕기 위해 [글상자 11-3]에 제시된 질문을 한다.

[글상자 11-3] **원하는 것의 탐색 · 확인을 돕기 위한 질문 예시**

- 진정으로 삶을 변화시키기를 원하나요?
- 원하지만 삶에서 얻지 못하는 것은 무엇인가요?
- 원하는 변화를 가로막고 있는 것은 무엇인가요?
- 되고 싶었던 사람이 된다면, 어떤 사람이 될 것 같나요?
- 당신과 가족들이 원하는 것이 같았다면, 당신의 가정은 현재 어떤 모습일까요?
- 당신이 원하는 방식대로 살고 있었다면, 당신은 지금 무엇을 하고 있을까요?

[글상자 11-3]에 제시된 질문들은 내담자가 외적통제에서 내적통제로 옮겨 가도록 돕는다. 이러한 질문은 준비단계에서 사용된다. 현실치료에서 상담자가 언제, 무엇을, 어떻게 질문할지 아는 것은 상담자의 역량에 달려 있다. 일련의 적절한 질문을 통해 내담자는 통찰 · 계획 · 해결에 도달하게 된다. 따라서 시의적절하고 개방적인 질문은 내담자의 목표성취를 촉진하는 반면, 과도한 질문은 내담자의 저항과 방어로 이어질 수 있다. 이 과정에서 상담자는 과거사 언급은 현재 상황 설명에 도움이 되지 않는 한 허용하지 않고, 감정 또는 신체 현상을 전행동과 분리하여 말하는 것을 금한다. 또 무책임한 행동에 대한 변명을 허용하지 않되, 벌이나 비판 없이도 행동 선택에 대한 필연적인 결과를 깨닫도록 돕는다.

## 3단계: 행동평가

**행동평가 단계**에서 상담자는 질문을 통해 내담자가 자신의 행동방향, 구체적인 활동, 욕구, 지각, 관여수준, 새로운 방향의 가능성, 활동계획의 평가를 돕는다. 이때 필요한 질문의 예는 [글상자 11-4]와 같다.

[글상자 11-4] **행동평가를 위한 질문의 예**

- "현재 행동은 원하는 것을 얻는 데 도움이 되고 있나요?"
- "현재 행동을 통해 원하는 것을 얻고 있나요?"
- "당신은 규칙을 위반하고 있나요?"
- "현재 원하는 것들은 현실적이고 달성 가능한가요?"
- "그것을 그렇게 보는 것이 얼마나 도움이 되나요?"
- "지금 이 순간 친해지고 싶은 사람과 친해지기 위해 무엇을 할 건가요?"
- "모든 사람과 멀어져 있다면, 새로운 사람과 가까워지기 위해 무엇을 하고 있나요?"

행동평가를 마치면, 내담자의 더 나은 대인관계, 행복 증진, 삶에 대한 내적 통제감 증진을 위해 변화 목표를 정하고, 변화촉진을 위한 계획을 세운다(Wubbolding, 2011). 이 과정에서 상담자는 내담자에게 상황에 관계없이 희망을 불어넣어 준다. 이처럼 상담자가 내담자의 편에 선 옹호자 역할을 함으로써 내담자는 더 이상 혼자가 아니고 변화의 가능성을 느끼게 된다.

## 4단계: 계획수립

**계획수립 단계**에서 상담자는 내담자가 자신이 원하는 것을 얻기 위한 계획수립을 돕는다. 내담자의 문제는 현재 또는 미래의 계획을 통해 해결할 수 있다. 계획수립과 실천과정은 삶을 효과적으로 통제할 수 있게 한다. 계획은 생리적 · 심리적 욕구(소속, 힘, 자유, 즐거움) 충족을 위한 구체적인 행동을 실행하기 위한 것으로, 구체적이고 단순하며 성취 가능한 것을 중심으로 수립한다. 효과적인 치료계획의 구성요소, 즉 'SAMIC3/P'에 관한 설명은 [글상자 11-5]와 같다(Wubbolding, 1991, pp. 107-111). 여기서 계획자[planner]를 나타내는 'P'는 분모에 있음에 주목한다. 이는 계획수립과 실행에 대한 모든 책임이 계획자에게 있음을 의미한다.

[글상자 11-5] **효과적인 치료계획의 구성요소**

1. 단순하다(simple).
2. 도달할 수 있다(attainable).
3. 측정할 수 있다(measurabe).
4. 즉각적이다(immediate).
5. 계획자에 의해 통제된다(controlled).
6. 일관성이 있다(consistent).
7. 이행하겠다는 언약이 있다(committed).

상담자는 "당신의 계획은 무엇인가요?"라는 질문을 시작으로 내담자가 원하는 것의 우선순위를 정하고, 자신에게 가장 중요한 것을 드러내도록 돕는다(Wubbolding, 2011). 계획수립은 '내담자에게 어떤 도움을 줄 수 있는가'와 '내담자의 삶에서 다른 사람에게 어떻게 영향을 줄 것인가'의 관점에서 이루어진다. 효과적인 계획수립을 위한 지침으로는 'SAMIC', 즉 ① 단순하고[Simple], ② 달성 가능하며[Attainable], ③ 측정할 수 있고[Measurable], ④ 즉각적이며[Immediate], ⑤ 설계자에 의해 조정되고 지속적으로 수행되는[Controlled by the planner, and consistently done] 것이어야 한다. 효과적인 계획의 특징은 [글상자 11-6]과 같다.

**[글상자 11-6] 효과적인 계획의 특징**

1. 내담자의 동기 또는 능력의 범위 내에 있다.
2. 단순하고 이해하기 쉽다.
3. 긍정적인 행동을 포함하고 있다.
4. 다른 사람의 행동과 관계없이 실천이 가능하다.
5. 반복적으로 매일 할 수 있다.
6. 즉각적으로 실천할 수 있다.
7. 과정중심의 활동으로 구성되어 있다.
8. 계획의 현실성, 실현 가능성, 필요성, 원하는 것과의 상관성에 대해 상담자와 함께 검토한 것이다.
9. 서면으로 작성된 것이다.

아무리 좋은 계획이라도 실행이 뒤따르지 않으면 쓸모가 없다. 계획의 실천 여부는 내담자에게 달려 있다. 이에 내담자가 자신의 행동에 대한 통제력을 갖게 할 필요가 있다. 내담자의 자기주도적이고 책임 있는 계획실행은 변화의 촉매제가 된다. 따라서 상담자는 내담자가 성취할 수 있는 계획수립을 돕되, 계획에 대한 책임은 전적으로 내담자 각자에게 달려 있음을 강조한다. 그러나 만일 계획이 제대로 진행되지 않으면, 내담자는 상담자의 도움을 받아 계획을 수정한다. 계획은 새로운 출발점을 제공하는 동시에, 필요에 따라 수정할 수 있다.

## 5단계: 계획실행

**계획실행 단계**에서 상담자는 구두 또는 문서로 작성된 계약을 통해 내담자의 계획실행을 공고히 한다. 특히 문서로 작성된 계약서는 무엇을 성취해야 하는지 구체적으로 명시할 수 있다는 이점이 있다. 계약서에는 계약서의 내용대로 이행하지 않는 경우에 대한 결과 또는 조치를 명시한다. 이 단계에서 내담자는 원하는 것을 더 효과적으로 얻을 수 있는 방법과 문제를 현재에서 다루는 법을 학습한다.

## 핵심어

| | | |
|---|---|---|
| • 내부통제 심리학 | • 외부통제 심리학 | • 치명적 습관 |
| • 선택이론 | • 전행동 | • 정신화첩 |
| • 질적 세계 | • 기본욕구 | • 생존욕구 |
| • 소속욕구 | • 힘욕구 | • 자유욕구 |
| • 즐거움욕구 | • WDEP 모델 | • 질문 |
| • 긍정적 태도 | • 은유 | • 유머 |
| • 직면/도전 | • 계약 | • 역할연습 |
| • 역설기법 | • 과제 | • 논의/논쟁 |

## 복습문제

※ 다음 밑줄 친 부분에 들어갈 말을 쓰시오.

1. 현실치료(RT)는 행동선택에 대한 책임을 강조하는 ________ 심리학, 즉 ________ 이론에 기초하고 있다. 반면, 종전의 ________ 심리학에서는 벌과 보상을 통해 타인의 행동을 통제하려는 태도에 초점을 둔다.
2. 현실치료의 창시자 글래서(W. Glasser)는 1998년 ________ 이론을 선택이론으로 변경했다. 이 이론에 의하면, 삶의 질은 자신이 선택하는 ________, 정서, 행동에 의해 결정된다. 이에 현실치료에서는 어떤 자극이 개인을 행동하도록 하는 것이 아니라, 개인의 내적 ________ 또는 ________이/가 행동을 생성한다고 전제한다.
3. 현실치료에 의하면, 심리적 문제는 정신질환이 아니라, 개인의 욕구를 최선으로 만족시키기 위한 잘못된 ________으로, ________을/를 책임 있고 적절한 방식으로 충족하지 못한 결과다. 이 치료적 관점에서 보면, 내담자의 문제는 불만족스러운 ________에 기인한다.
4. 효과적인 치료계획의 구성요소를 의미하는 'SAMIC3/P'에서 ________을/를 나타내는 'P'가 분모에 있는 이유는 ________ 수립과 ________에 대한 모든 책임이 개인에게 있음을 의미한다.
5. 대인관계를 해치는 행동으로는 비판, 비난, 불평, 잔소리, 협박, 벌, 매수, 회유 같은 ________이/가 있는데, 이 중에서 ________은/는 최악의 행동으로 꼽힌다. 정신적으로 건강한 삶을 영위하려면 이러한 요소들은 ________, ________, 수용, 신뢰, 격려, 지지 같이 긍정적인 것으로 대체되어야 한다.
6. ________은 ① 활동하기, ② ________, ③ ________, ④ 생리적 반응으로 구성되어, 통합적으로 기능하는 행동체계다. 현실치료에서는 이 네 요소 중 ________을/를 중시한다. 이 요소는 거의 완전한 ________이/가 가능하기 때문이다.
7. 개인의 욕구충족을 위한 구체적이고 선명한 이미지를 담고 있는 독특한 내면세계를 ________(이)라고 한다. 여기에는 사람들 각자의 내면 욕구를 충족시킬 수 있다고 믿는 특수한 그림들이 담겨 있다. 이러한 그림들은 각자의 ________ 세계에 간직된다.
8. ________은/는 내담자를 움직이는 강력한 힘으로 ① 생존, ② 소속, ③ 힘, ④ ________, ⑤ ________에 대한 것이 있다. 이는 유전적 속성이라는 점에서 모든 사람이 공통적으로 가지고 태어나지만, 이를 충족시키는 방법인 ________은/는 개인마다 독특하고 차이가 있다. 현실치료에서는 정신과 치료가 필요한 사람들 대부분이 이를 충족할 수 없어서 고통받는다고 본다.
9. 현실치료에서는 '3R'의 중요성을 강조한다. 3R은 ① ________, ② ________, ③ right(정당한)의 앞글자를 딴 것이다.
10. ________모델은 우볼딩(R. Wubbolding)이 창안한 것으로, 내담자가 욕구충족에 필요한 행동변화 촉진을 위해 사용된다. 상담자는 질문을 통해 내담자가 원하는 것을 인식하고, 현재 어떤 방향으로 어떤 행동을 하고 있으며, 그 행동이 욕구를 충족시키고 있는지 ________하게 하고, 개선을 위한 ________을/를 세우도록 돕는다.

## 소집단 활동

**심리적 욕구** 2인 1조로 나누어, 각자 네 가지 심리적 욕구(소속, 힘, 자유, 즐거움) 중 우선순위를 정한 다음, 소집단에서 그 이유를 설명하고, 심리적 욕구들을 어떻게 충족하고 있는지 이야기를 나누어 보자.

**소감** ________________________________________________

________________________________________________

________________________________________________

________________________________________________

________________________________________________

________________________________________________

________________________________________________

________________________________________________

________________________________________________

**선택** 선택하지 않는 것도 선택이다. 결정하지 않는 것도 결정이다. 개인의 전행동의 결정요인인 생각하기와 활동하기를 현명하게 선택하는 것은 그의 행복과 불행을 결정한다. 선택이론은 개인의 자유를 강조하는 이론이다. 글래서는 저서 『선택이론(Choice Theory)』에서 개인이 느끼는 불행과 흔히 정신병으로 여겨지는 행동 역시 선택할 수 있다고 보았다. 그는 외적통제 심리학을 선택이론으로 대체하면 개인적 자유를 만끽할 수 있다고 주장했다.

외적통제 심리학이란 현재 많은 사람에게 지배적인 비판, 차별, 처벌, 보상, 강요, 불평, 비난 등의 외적통제 전략 사용으로 작동하는 심리학이다. 선택이론은 오래된 외적통제 심리학 메커니즘을 유지 · 향상 · 강화시키는 행동과 전략으로 대체해야 한다는 것을 가르친다. 글래서에 따르면, 건강한 삶을 영위하기 위해 개인적 자유가 촉진될 수 있는 선택이론의 원리는 다음과 같다(Glasser, 1998, pp. 332-336). 5인 1조로 나누어 다음의 글을 읽고 난 다음, 다른 조원들과 서로의 의견과 소감을 나누어 보자.

1. 행동을 통제할 수 있는 사람은 자기 자신이다.
2. 타인에게서 얻을 수 있는 모든 것은 정보다.
3. 지속되는 모든 심리적 문제는 관계문제다.
4. 관계문제는 항상 개인이 현재 영위하는 삶의 일부다.
5. 현재의 삶에 영향을 주고 있는 과거의 고통스러운 일을 들춰내는 것은 현재 개인이 할 필요가 있는 것에 거의 도움이 되지 않는다.
6. 개인은 기본욕구인 생존, 사랑/소속감, 힘, 자유, 즐거움에 의해 행동한다.
7. 사람은 단지 각자의 질적 세계에 있는 앨범을 충족시킴으로써 기본욕구를 충족시킬 수 있다.
8. 평생 우리가 할 수 있는 것은 행동뿐이다. 모든 행동은 활동하기, 생각하기, 느끼기, 생리적 반응으로 구성된 전행동이다.
9. 모든 전행동은 동명사로 나타내며, 가장 쉽게 인식할 수 있는 용어로 표현된다.
10. 모든 전행동은 선택되지만, 우리는 단지 활동하기와 생각하기를 직접 통제할 수 있다.

소감 ____________________

# 12

# 여성주의치료

*Feminist Therapy*

캐럴 길리건은 1958년 스와트모어 대학Swartmore College에서 문학 전공으로 수석졸업, 1960년 라드클리프 대학Radcliffe College에서 임상심리학 전공으로 석사학위, 1964년에는 하버드 대학교에서 사회심리학으로 박사학위를 받았다. 1967년부터 하버드 대학교에서 가르치기 시작했고, 1970년에 로렌스 콜버그Lawrence Kohlberg의 조교로 연구 활동을 시작했다. 그 후, 콜버그의 도덕성 발달이론이 남성 중심임을 지적하면서, 여성의 도덕성 발달은 돌봄care과 관계변인의 영향이 크다고 주장했다. 1982년 저서 『다른 목소리로(In a Different Voice)』를 통해 'Difference Feminism(차별 여성주의)' 분야의 창시자로 인정받고 있다.

캐럴 길리건
(Carol Gilligan, 1936~현재)

진 베이커 밀러는 보스턴 의과대학 정신과 교수이자 웰즐리 대학Wellesley College 스토운 센터의 진 베이커 밀러 연구소 책임자였다. 관계적 · 문화적 이론을 심리치료 외에 다양성, 사회운동, 직장환경 변화 등 다양한 쟁점 영역에의 적용을 통해 이론의 발전에 공헌한 인물로 손꼽힌다.

진 베이커 밀러
(Jean Baker Miller, 1928~2006)

캐럴린 저브 엔스는 아이오와주 마운틴 버논 소재 코넬 대학교Cornell University 심리학과 교수로, 여성연구 프로그램의 참여자다. 캘리포니아 대학교 상담심리학 박사과정 때 여성주의치료에 관심을 갖게 되었고, 줄곧 여성주의치료가 상담자의 치료 방식에 미치는 영향을 연구주제로 삼았다. 그 후, 다문화 여성주의 교육에 관한 저서 출간을 통해 여성주의치료에 기여하고 있다.

캐럴린 저브 엔스
(Carolyn Zerbe Enns)

올리버 에스핀
(Oliva M. Espin)

올리버 에스핀은 샌디에이고 주립대학교 여성학과 교수다. 쿠바 태생으로, 코스타리카 대학교 심리학과를 졸업했고, 플로리다 대학교에서 다문화 여성의 심리상담 및 치료와 라틴문학 전공으로 박사학위를 받았다. 다양한 문화적 배경을 지닌 여성들을 대상으로 여성주의치료 이론과 실제의 적용에 있어서 선구자로, 다문화 관련 쟁점에 관한 연구, 교육, 훈련에 앞장서고 있다. 특히 라틴계 미국인, 여성 이민자, 난민 대상의 심리치료와 라틴계 사람들의 성, 이중언어 사용자 치료에서의 언어, 다문화 집단상담을 위한 임상가 훈련 등에 관해 여러 권의 서적을 저술했다.

로라 브라운
(Laura S. Brown)

로라 브라운은 여성주의치료의 창립멤버로, 이에 관한 교육과 훈련을 위한 국제 학술대회의 이론 워크숍 회원이다. 상담과 심리치료에서 여성주의치료의 핵심에 관한 여러 권의 서적을 저술했다. 최근에는 여성주의 법심리학과 외상을 겪은 사람들의 치료에 여성주의치료를 적용하는 것에 관심을 갖고 있다.

여**성주의치료**Feminist Therapy(FT)는 1960년대 말에서 1970년대 초에 시작된 여권신장운동과 여성주의feminism 이론을 바탕으로 빛을 보게 되었다. 초기 여성주의치료는 여성의 경험을 가치 있게 여기고, 정치적 현실을 인식하며, 가부장제도 하에서 여성이 부딪치는 문제를 이해하는 데 초점을 두었다. 동시에, 여성 내담자를 이해하려면 문제의 원인이 되는 사회적 · 문화적 · 정치적 맥락을 고려해야 한다고 전제했다.

그러나 여성주의치료의 초점은 점차 문화적 소수집단으로서의 여성문제로 옮겨졌다. 오늘날 여성주의치료는 여성의 외모에 따른 차별 금지, 사회에서의 남녀평등, 사회병리에 저항할 방법 탐색, 그리고 이러한 쟁점에 대한 여성들의 인식과 문제해결을 위한 여성들의 참여 지원에 앞장서고 있다.

## 여성주의치료의 쟁점

여성주의이론가들은 여성문제의 본질이 사회에서 강요와 억압을 받고 있고, 이로 인해 여성의 힘이 평가 절하되며, 돌봄의 역할을 하도록 사회화되고, 자신의 욕구를 부인하게 되었다는 신념을 공유한다. 또 여성이 겪는 문제들이 사회적 · 정치적 · 문화적 압력의 결과라고 여긴다. 이에 여성주의치료는 문화적 성과 권력을 상담의 중심에 둔다. 여성주의치료에서 초점을 두는 쟁점으로는 ① 남아선호사상, ② 남녀분리교육, ③ 성역할에 대한 압력, ④ 외모지상주의, ⑤ 육아부담, ⑥ 일, ⑦ 노화과정, ⑧ 가정폭력 및 학대가 있다.

### 남아선호사상

첫째, **남아선호사상**은 여성 차별의 원인이 되었고, 여성의 정체성과 자존감 발달에 부정적인 영향을 주었다. 이러한 양상에는 많은 변화가 있었지만, 일부 문화권에서 여전히 여아에 대한 선택적 낙태가 이루어지고 있음은 남아선호사상이 남아 있음을 의미한다. 부모의 남아선호는 자녀양육 태도에도 영향을 미친다. 신생아들은 남녀 차이가 거의 없지만, 성별에 따른 어른들의 차별은 남녀 간 차이의 폭을 넓히게 된다(Hyde, 1996).

### 남녀분리교육

둘째, **남녀분리교육**, 즉 성별에 따라 분반하는 교육제도 역시 성차를 심화시키는 요인이다. 남자는 남자끼리, 여자는 여자끼리 어울리게 하는 것은 인종 요인보다 더 분리를 조장할 수 있고(Schofield, 1982), 결정적 시기에 다른 성과 연관된 행동 습득을 막는 압력으로 작용할 수 있다. 학령기에 남아와 같은 행동을 보이는 여아는 말괄량이tomboy로, 여성스러운 행동을 보이는 남아는 계집애sissy, 호모homosexual 등으로 불리며 주위의 놀림감이 되곤 한다.

다른 성에 대한 고정관념적 특성이 가치 절하되면서 3세경에 성별에 상관없이 돈독하던 관계는 7세경이 되면서 점차 사라진다(Gottman & Parker, 1987). 또 중요한 타인들과의 상호작용으로, 남아에게는 독립성과 효율성이, 여아에게는 양육적이고 무기력한 태도가 길러진다(Crawford & Unger, 2004). 그뿐 아니라 또래, 미디어 같은 사회적 요인들의 영향을 받아 성별에 적절한 놀이, 장난감, 고정관념적 기대를 통해 전통적인 **성역할 선호성**sex role preference이 전달되기도 한다.

## 성역할에 대한 압력

셋째, **성역할에 대한 압력**은 생리적·사회적 요인들로 인해 남녀 간에 다르게 작용하고, 성차를 심화시킨다. 특히 청소년기에 성역할에 대한 압력은 다른 어떤 시기보다 훨씬 더 심화된다. 이 시기가 되면, 여성의 신체와 성역할에 대한 사회의 편견으로 인해 여자 청소년들은 갈등을 겪게 된다. 예컨대, 초경은 청소년 자신뿐 아니라 부모도 부정적으로 반응하기도 한다. 게다가 가슴의 발달은 주위 사람들의 눈에 쉽게 띄게 되어 당혹감을 주는 한편, 또래 남아들로부터 놀림감의 표적이 되면서 성역할에 대한 압력을 한층 심화시킨다. 이러한 갈등은 성역할 고정관념이 부모의 기대에 영향을 미친다는 점에서 모녀, 모자, 부녀, 부자의 조합에 따라 다른 양상을 보인다(Crawford & Unger, 2004).

## 외모지상주의

넷째, **외모지상주의**lookism는 여성들의 심리적 안녕에 영향을 준다. 여아는 사회적 요인에 노출되면서 날씬한 몸매를 유지해야 매력적으로 보일 수 있다는 사실을 인식하게 된다. 개인차와 또래 집단에 따라 차이가 있겠지만, 미디어media는 여성들의 외모를 집중적으로 다룸으로써 외모지상주의 조성에 큰 역할을 해 왔다. 그러나 흥미로운 사실은 흑인 여자 청소년들의 경우는 다르다. 왜냐하면 미국의 십대 청소년들이 주로 보는 잡지에 흑인 여자 청소년들이 모델로 등장하지 않는 경향이 있기 때문이다. 한편, 이성교제 역시 여성의 외모에 따라 가치가 평가된다는 점에서 여성의 성격발달에 주요인으로 작용한다. 여성은 남성의 시선을 끌기 위해 다른 여성들과 경쟁하는 법을 습득하면서도 자기보호를 위해 성행동을 조절하는 법을 배운다.

## 육아부담

다섯째, **육아**, 즉 아기를 낳아서 기르는 일은 여성의 삶에 영향을 준다. 엄마가 된다는 것은 임신과 출산에 따른 생물학적 변화뿐 아니라, 직장생활, 결혼관계, 신체상body image 등에도 다양하게 영향을 미친다. 이러한 문제는 여성의 사회계층, 인종, 성지향성sexual orientation 등에 따라 달리 나타난다. 이러한 변화에 대한 적응 수준은 자녀, 배우자, 또는 파트너와의 관계 같은 다양한 요인의 영향을 받게 된다. 예컨대, 결혼은 했어도 출산은 하지 않는 여성들은 사회적 압력, 피임, 낙태 같은 문제에 직면하게 된다. 또 육아에 대한 사회적 인식이 달라졌지만, 여전히 자녀양육의 많은 부분은 여성에게 맡겨지고 있기 때문이다. 문화적 관습과 관점은 자녀 양육방식에 영향을 준다(Crawford & Unger, 2004).

## 일

여섯째, 기혼여성들에게 있어서 **일**work은 기혼남성들과는 다른 양상을 띤다. 가사를 분담하는 가정도 있지만, 여전히 여성이 가사의 많은 부분을 담당하고 있기 때문이다. 집안일로는 식사 준비를 비롯하여 세탁, 주택관리뿐 아니라 배우자, 자녀, 그리고 때로 연로한 부모 부양 같이 다른 사람과 관련된 것들이 있다. 또 여성은 남성보다 비전문적인 직업에 종사하고 있고, 그에 따라 재정적 수입이 적은 편이라는 문제가 있다.

## 노화

일곱째, **노화**aging, 즉 여성들에게 있어서 나이가 들어 간다는 것은 남성들과 다른 양상을 띤다. 폐경기를 지나면서 신체적 · 심리적으로 어려움을 겪거나, 자녀가 학업, 취업, 또는 결혼으로 집을 떠남으로써 자녀양육에 대한 책임이 대폭 줄어들면서 무가치감을 느끼게 되는 것이 그 예다. 만일 이러한 상황에서 재정적 어려움까지 겹친다면, 심리사회적 스트레스는 더 높아질 수 있다.

이처럼 사회가 여성들을 돌보는 역할을 담당하는 구성원으로서 가치 부여를 계속하는 한, 사회는 물론 여성들의 역할에 대한 인식 변화는 어려울 것이다. 그러나 다른 한편으로, 폐경기는 여성들에게 새로운 활동에 참여하여 성취경험을 할 기회일 뿐 아니라 양육경험을 통해 습득한 대인관계 능력은 **빈 둥지 증후군**empty nest syndrome(자녀들이 독립하면서 부모/양육자가 느끼는 슬픔)의 예방 또는 극복을 위한 윤활유 역할을 한다.

## 가정폭력 및 학대

끝으로, 여성에 대한 **가정폭력**과 **학대**는 남성에 대해 가해지는 것보다 훨씬 더 빈번하고, 연령에 관계없이 발생한다. 특히 여아에 대한 아동학대와 근친상간은 성인이 되어서까지 심각한 심리적 외상trauma을 초래한다. 반면, 청소년기와 성인기 여성들은 데이트 강간date rape을 비롯하여 다양한 형태의 성폭력, 성희롱, 또는 배우자 폭력에 희생되기도 한다. 일반적으로 폭력행위의 발생 건수는 통계수치보다 훨씬 높을 것으로 추산된다. 그 이유는 자료 누락도 있겠지만, 피해자들이 신체적 위협을 느끼거나 사건의 원인 제공을 했다는 사회적 비난 등을 의식하여 신고하지 않기 때문이다.

# 핵심이론

여성주의치료(FT)에 의하면, 인간은 발달상의 성차가 있는 존재다. 그러나 상담/심리치료와 성차에 관한 연구에서는 남녀에 대한 두 가지 편견, 즉 알파편견과 베타편견을 경계해야 한다(Hare-Mustin & Marecek, 1988). **알파편견**alpha bias은 남녀를 두 범주로 분리하는 것이다. 이는 여성을 이질적이고 동등하지 않은 존재로 봄으로써 남녀에 대한 고정관념을 심화시킬 위험이 있다. 반면, **베타편견**beta bias은 남녀를 동질적 존재로 보는 것이다. 이는 남성의 삶과 여성의 삶 사이에 존재하는 차이를 간과

할 위험이 있다.

이 두 개념은 연구와 상담에서 성차 또는 유사성을 과장하지 않아야 함을 시사하고 있다. 예컨대, 여성의 사회적 발달상의 차이점을 지나치게 강조하는 것은 알파 편견을 조장할 위험이 있고, 성차를 과잉일반화하는 것일 수 있다(Brown, 2010). 여성주의치료는 ① 성도식이론, ② 길리건의 돌봄 도덕성, ③ 관계문화 모델에 기초하고 있다.

## 성도식이론

**성도식이론**gender schema theory은 벰(Sandra Bem, 1944~2014)의 양성성 개념에 관한 일련의 연구들을 토대로 창안되었다. **양성성**androgyny이란 남성과 여성의 심리적 특성이 균형 있게 배합된 상태를 말한다. 초기에 벰은 남성성과 여성성을 일직선상의 양쪽 끝에 위치시켜 이를 토대로 **벰성역할검사**Bem Sex Role Inventory(BSRI)를 개발했다. 이 검사는 개인이 고도의 남성성, 고도의 여성성, 또는 복합적(양성성) 성별 특성이 있는지 측정한다.

그 후 벰은 관심의 초점을 양성성에서 성도식이론으로 옮겨 갔다. **도식**schema은 지각 해석에 사용되는 조직화된 일련의 정신적 연상이다. 이 개념은 개인의 핵심신념인 동시에 개인이 세계를 어떻게 조망하는지에 대한 가정이다. 성도식이론은 성별이 개인의 견해와 사회적 상호작용에 미치는 영향의 정도에 초점을 둔다(Bem, 1983). 이를 설명하기 위해 벰은 아동들이 진흙에서 놀고 있는 광경을 바라보고 있는 사람들이 서로 다른 도식을 사용하여 기술하는 방식을 제시했다(〈표 12-1〉 참조).

**표 12-1** 도식에 따른 관점의 예

| 도식 | 관점 |
|---|---|
| 1. 놀이도식 | ❍ "아이들 넷이서 즐겁게 놀고 있군." |
| 2. 리더십도식 | ❍ "가장 작은 아이가 놀이를 주도하고 있네." |
| 3. 성도식 | ❍ "저런, 여자아이 옷에 온통 흙투성이네. 엄마가 저 광경을 보면 어떨까?" |

성도식이론은 발달의 모든 수준에 적용될 수 있다. 아동은 남녀에 대한 사회의 관점을 학습할 뿐 아니라, 그 관점을 자신에게도 적용하는 법을 습득한다(Bem, 1993). 예를 들어, 여성은 드레스를 입고, 입술에 립스틱을 바르며, 손톱에 매니큐어를 바르지만, 남성은 그렇게 하지 않는다는 사실을 학습한다. 또 남자들에게는 멋있다거나 핸섬하다고 하지만, 여자들에게는 예쁘거나 아름답다고 하는 것을 학습한다. 특히 청소년들은 이성과 자신의 신체적 매력에 관심을 갖게 되면서 성별에 초점을 맞추는 경향이 있다. 성별에 초점을 맞추는 성인들은 주변 사람을 기술할 때 남자답지 않다거나 여성스럽지 못하다고 보는 경향이 있다. [글상자 12-1]에 제시된 일화를 읽고 질문에 답해 보자.

**[글상자 12-1] 성도식의 이해를 돕기 위한 일화**

아버지와 아들이 함께 타고 가던 차가 사고가 났다. 아버지는 현장에서 사망했고, 아들은 심하게 다쳤다. 아버지의 시신은 곧바로 근처 병원의 영안실로 옮겨졌고, 아들은 앰뷸런스에 실려 수술실로 옮겨졌다. 담당 외과 의사는 환자를 보자마자, "오 하느님, 내 아들!"이라고 큰 소리로 외쳤다. 이 의사는 도대체 누구이기에 환자를 보고 아들이라고 했을까? 이 상황을 설명할 수 있는가? 아버지는 현장에서 사망했고 그는 계부가 아니었으며, 의사 역시 소년의 계부가 아니었다(Hyde, 1996, p. 55). 과연 이 의사는 환자와 어떤 관계인가?

한편, 해이즈(Hays, 2008)는 개인을 구성하는 **다중 정체성**을 두문자 ADDRESSING으로 묘사했는데, 그 내용은 〈표 12-2〉와 같다.

**표 12-2** 두문자 ADDRESSING에 관한 설명

| 요인 | 설명 |
|---|---|
| 1. **A**ge 연령 | ❍ 연령 또는 세대의 문제가 개인에게 미치는 영향 |
| 2. **D**isability acquired 습득된 장애 | ❍ 장애가 가족 또는 보호자 이외의 관계에 미치는 영향 |
| 3. **D**isability developmental 발달장애 | ❍ 장애가 삶의 서로 다른 시점에서 관계에 미치는 영향 |
| 4. **R**eligion 종교 | ❍ 개인의 양육배경과 현재의 신념 |
| 5. **E**thnicity 민족 | ❍ 개인이 속한 공동체에서 민족 또는 인종 정체성이 갖는 의미 |

| | |
|---|---|
| 6. Social class 사회계층 | ❍ 직업, 수입, 교육, 결혼여부, 성, 민족, 공동체에 따라 결정되는 사회경제적 지위 |
| 7. Sexual orientation 성 지향성 | ❍ 이성애자, 동성애자, 양성애자, 또는 성전환자 여부 |
| 8. Indigenous heritage 토착유산 | ❍ 토착적 유산 |
| 9. National origin 출신국가 | ❍ 출신국가와 제1언어 |
| 10. Gender 성별 / sex 성 | ❍ 성역할과 성역할 기대 |

## 길리건의 돌봄 도덕성

길리건(Gilligan, 1977)은 여성의 선goodness인 것처럼 여기는 동정심compassion과 돌봄care 같은 특성은 여성의 도덕성 발달에 불리한 조건으로 작용한다고 보았다. 특히 돌보는 역할은 여성의 개별성과 성취감 발달에 대한 가치 인식을 저해한다고 지적했다. 길리건은 스승 로렌스 콜버그(Lawrence Kohlberg, 1927~1987)가 도덕성 발달 연구에서 남성을 묘사한 가설적 예를 사용했고, 남성들(84명)만을 표본으로 사용했다고 비판했다. 동시에 그녀는 독자적으로 여성의 도덕성 발달에 관한 연구를 수행했다.

그 결과, 콜버그(Kohlberg, 1981)의 모델을 '정의의 도덕성', 자신의 모델을 '돌봄과 책임의 도덕성' 모델로 명명했다. 이 두 접근의 차이는 제프리Jeffrey와 캐런Karen이라는 만 8세 남녀 아동에게 올바른 접근방법을 잘 모르는 상황을 기술하도록 했을 때의 반응을 비교한 것에서 찾을 수 있다(Gilligan, 1982, pp. 32-33).

[대화상자 12-1] 길리건의 돌봄이론의 기초가 된 성차 비교

제프리: 친구들한테 정말 가고 싶은데요, 엄마가 지하실 청소를 하고 있으면, 난 내 친구들을 생각하고, 그리고 엄마를 생각하고, 다음에 옳은 일에 대해 생각해요. (그것이 옳은 일인지 어떻게 아니?) 다른 일들보다 먼저 해야 하는 일이 있잖아요.

캐 런: 나는 친구들이 많아요. 그렇지만 항상 모든 친구와 놀 수 없잖아요. 그래서 모든 친구와 교대로 놀아야 할 것 같아요. 왜냐하면 아이들은 모두 내 친구잖아요. 혼자 있는 아이가 있다면, 난 그 애하고 놀아 줄 거예요. (그런 결정을 할 때, 너는 어떤 것들에 대해 생각하니?) 음, 혼자 있는 아이, 외로워하는.

[대화상자 12-1]에서 제프리는 욕구와 의무 사이의 갈등을 해결하기 위해 **순서체계**ordering system를 적용한 반면, 캐런은 자신의 친구들을 포함시키는 **관계체계**relationship system를 적용했다. 즉, 남아는 먼저 할 것을 생각하는 반면, 여아는 누가 남겨지게 될까에 관심을 보였다.

## 관계문화 모델

**관계문화 모델**Relational-Cultural Model(RCM)에 의하면, 관계와 유대감은 여성의 삶에서 중요한 역할을 한다. 즉, 여성의 정체감과 자기개념은 관계맥락에서 발달한다는 것이다. 이러한 주장에 관한 논의는 미국의 매사추세츠주 소재 웰레슬리 대학Wellesley College의 스톤센터Stone Center에서 시작되었다(Jordan, 2010). 이 모델은 진 베이커 밀러Jean Baker Miller의 연구에 기초하고 있다. 그녀에 의하면, 여성의 자기감sense of self은 여성의 관계 발달과 유지 능력에 기초한다(Miller, 1991). 즉, 여성은 타인과 연결되어 있다고 느낄 때, 존재가치를 인정받는 것으로 여긴다는 것이다.

밀러(Miller, 1991)에 의하면, 여성은 백인 남성 중심의 지배계층을 위해 서비스하는 하위계층에 속한다. 이로써 여성들은 지배계층의 비위를 맞추기 위해 수동성, 의존성, 주도성 결여, 무능력 같은 특성이 길러지는 한편, 여성들의 지적·독립적 행동은 비정상으로 받아들여지거나 비판의 대상이 되어 왔다. 이러한 상황에서 여성들은 지배계층(남성들)의 언어·비언어행동을 해석할 필요성 때문에 **'여성 직관**feminine intuition'이 길러졌다. 그 결과, 여성은 남성보다 덜 중요하다고 느끼게 되었고, 타인의 정서적·신체적 욕구에 집중하는 한편, 자신의 강점 개발과 복지 향상을 통해 관계 증진을 위해 애쓰게 되었다는 것이다. 관계모형의 이해를 돕는 대화의 예는 [대화상자 12-2]와 같다.

[대화상자 12-2] 관계모형의 이해를 돕기 위한 두 여성의 대화 예

여성 A: 집으로 걸어가고 있는데, 험상궂게 생긴 남자 둘이 내 바로 뒤에서 이상한 얘기를 하는 거야. 성적인 농담을 하면서 말이야.

여성 B: 어머, 너무 무서웠겠다, 그 사람들이 어떤 짓을 할지도 모르고.

여성 A: 너무 무서웠지. 그 사람들이 나한테 손을 댈지, 무슨 짓을 할지도 모르잖아. 그래서 난 그냥 계속해서 걸었어.

여성 B: 어쩜, 나 같아도 너무 무서웠을 거야. 그런 상황이었다면 정말 앞이 캄캄했을 것 같다.

만일 여성이 남성과 대화를 나누었다면, 그 상황에 대해 어떻게 조치하는 것에 초점을 맞출 개연성이 높을 것이다. 이러한 대화의 예는 [대화상자 12-3]과 같다.

[대화상자 12-3] 관계모형의 이해를 돕기 위한 여성과 남성의 대화 예

여성: 집으로 걸어가고 있는데, 험상궂게 생긴 남자 둘이 내 바로 뒤에 이상한 얘기를 하는 거야. 성적인 농담을 하면서 말이야.

남성: 그래서 너는 어떻게 했어? 그 사람들을 쳐다봤어?

여성: 아니. 난 더 빨리 걸었지. 앞만 똑바로 보고 말이야.

남성: 잘했어. 네가 그 사람들을 쳐다봤다면, 아마 그 녀석들이 원하던 대로 한 것으로 생각했을 거야.

여성: 뭐? 난 그저 가능한 한 빨리 그 상황을 벗어나려고 한 것뿐이었는데.

남성: 그 사람들이 거기에 오래 있었니? 아니면 금방 떠났니?

[대화상자 12-3]에서 여성은 관계를 강조하는 반면, 남성은 지배적인 특성을 보인다. 여성들의 자기self는 자율성 발달을 통해서가 아니라 관계맥락에서 발달하기 때문이다. 밀러(Miller, 1988)에 의하면, 여성은 일생 동안 연결, 단절, 그리고 이전과는 다른 향상된 관계를 경험해 가는데, 정서적 반응을 받지 못하면 단절감을 느끼게 된다. 가장 극단적인 단절감을 느끼게 하는 것은 근친상간 또는 성폭행이다. 그 이유는 여성의 **관계연결**relational connection **욕구**가 심각하게 손상되기 때문이다.

근친상간을 당하는 여아의 경우, 이 사실을 누구에게도 말할 수 없어, 관계욕구

는 좌절되고 심리적 동요로 이어진다. 이러한 힘의 오용은 여아를 고립시키고, 관계연결에 두었던 가치는 정반대되는 행동으로 나타난다. 이러한 주장은 상담자가 이러한 여성의 좌절과 어려움을 이해하는 데 도움을 준다. 벰의 성도식이론, 길리건의 도덕성 발달이론, 밀러의 관계모형은 서로 다른 관점에서 여성의 경험을 조망하고 있다는 점에서 내담자의 문제를 이해·개념화에 유용하다.

## 상담목표

여성주의치료(FT)의 핵심목표는 자신을 위해서든 다른 사람을 위해서든 자신을 활동의 주제로 보도록 내담자를 돕는 것이다. 이를 위해 치료자는 내담자가 자신의 힘을 인식·수용하고, 서로 힘을 합쳐서 집단적 힘을 강화하도록 돕는다. 역량 강화를 통해 내담자는 사회적 성역할의 제약에서 벗어나 제도적 억압에 계속 도전할 수 있게 한다.

여성주의치료의 일반적인 목표로는 ① 증상 제거, ② 자존감 증진, ③ 대인관계의 질 향상, ④ 신체와 성의 수용, ⑤ 문화적 차이 존중, ⑥ 정치적 문제 인식 및 사회활동 참여가 있다. 이 외에도 상담목표에는 역량 강화, 다양성 중시와 지지, 적응보다는 변화를 위한 노력, 평등성, 독립성과 상호의존성의 균형, 사회적 변화, 자기돌봄 등이 포함된다(Enns, 2004).

### 증상 제거

첫째, 내담자의 **증상 제거**다. 이는 심리치료의 전통적인 목표이지만, 여성의 성장과 발달을 저해하지 않는 범위 내에서 이루어진다. 예를 들어, 결혼생활의 갈등으로 인한 두통과 우울을 호소하는 여성에게 증상 감소를 위한 약물 처방은 부적절하다. 여성주의치료에서는 오히려 결혼생활의 갈등을 다루고, 갈등에서 오는 감정의 표출과 주장적 태도 형성을 돕는 것이 내담자의 두통 해소와 우울 감소를 돕는 적절한 접근으로 간주한다.

## 자존감 증진

둘째, 내담자의 **자존감 증진**이다. 자존감 증진은 외적 자원, 즉 타인의 생각에 의존적인 자존감에서 내담자 자신에 대한 느낌에 기초하는 자존감으로 옮겨 가는 것이다. 이는 친구, 가족, 미디어 등에서 요구하는 여성의 모습, 행동, 사고와 상관없이 자신을 좋아하고 자부심을 갖는 것을 의미한다. 상담자는 관계의 흐름에 기여하는 진실성과 투명성의 질을 강조하고, 내담자의 고통에 공감하는 자세로 함께한다(Surrey & Jordan, 2012). 또한 상호 공감과 내담자를 깊이 존중하며, 단절이 개인에게 어떤 영향을 미치는지 이해하고, 치유하는 상담관계를 형성한다(Surrey & Jordan, 2012).

## 대인관계의 질 향상

셋째, **대인관계의 질 향상**이다. 이는 내담자가 자신의 욕구를 희생하면서까지 애써 상냥하고 분위기를 맞추려 하거나, 친구와 가족을 돌봐서는 안 된다는 것이다. 즉, 여성이 다른 사람에게 의존적이기보다 주장적 태도를 통해 오히려 관계를 증진할 수 있다는 것이다. 이에 상담자는 단절과 고립에서 오는 고통을 줄이고, 내담자의 관계 회복력을 증가시키며, 상호 공감과 역량을 발달시켜 사회정의를 증진시킨다(Surrey & Jordan, 2012). 상호 공감을 통해 여성은 자신의 많은 부분을 관계로 끌어들일 수 있다는 것을 발견하는데, 이 과정에서 이들은 학습과 변화에 더 개방할 수 있게 된다.

## 신체와 성의 수용

넷째, 내담자의 **신체와 성의 수용**이다. 이를 위해 상담자는 내담자가 타인의 기준을 자신의 신체를 비판하는 근거로 사용하지 않도록 돕는다. **신체상**body image과 **관능미**sensuality는 주로 미디어와 남성들이 여성의 정의에 활용하는 요소다. 이로써 사회는 여성의 외모와 매력에 비중을 두는 경향이 있다. 따라서 여성주의치료에서는 여성들이 '성역할이 강요된 삶'(Kaschak, 1992)을 인식하고, 성적 결정이 타인의 강압이 아니라 스스로 내려져야 함을 강조한다. 또한 남성이 여성의 신체에 관심을 많이 갖기 때문에 여성의 외모가 중요하게 되었고, 이로써 여성들에게서 섭식장애와 우울장애가 더 많이 나타난다(Kaschak, 1992).

## 문화적 차이 존중

다섯째, **문화적 차이**를 **존중**하는 것이다. 아무리 여성들이 공통적인 쟁점과 목표를 공유하더라도 문화적 차이는 존재한다. 여성의 삶은 문화, 언어, 종교, 경제, 성 지향성 같은 다양한 문화적 배경의 영향을 받는다. 이에 여성주의치료자들은 여권 운동가들의 가치관과 문화적 규준 사이의 갈등을 다루기도 한다. 또한 내담자의 유대감 욕구를 증진시키고, 관계망과 공동체 구축을 돕는다.

## 정치적 문제 인식 및 사회활동 참여

끝으로, **정치적 문제**를 인식하고 **사회활동 참여**를 돕는 것이다. 이 목표는 고정관념적인 **성역할**과 **성차별주의**sexism 같은 사회문제 인식을 강조한다. 사회문제의 인식에는 여권신장을 위해 조직된 단체에 가입하여 성차별적 법과 제도 개선을 위한 협력이 포함된다. 그뿐 아니라 여성 상담자를 성차별적으로 대하는 남성 상담자에 직면하는 것처럼, 비공식적인 방식으로 변화를 도모하는 일 역시 여성주의치료의 목표에 속한다. 이 목표는 사회가 여성에 대한 차별행위로 정신병리 현상을 유발한다는 전제하에 설정된 것이다. 이러한 목표들의 기초가 되는 가정은 [글상자 12-2]와 같다.

**[글상자 12-2] 여성주의치료 목표의 기본가정**

1. 여성들의 관점을 수용한다.
2. 인간관계는 동등해서 남성이 여성 위에, 여성이 남성 위에 군림해서는 안 된다.
3. 사람들은 정치적이고 다양하며 차별적일 수 있는 사회체제 속에 존재한다.

[글상자 12-2]에 제시된 가정은 심리적 문제의 진단과 치료에 영향을 미친다. 여성주의치료에서 내담자는 상담관계에서 파트너 또는 협력자다. 여성주의치료에서는 내담자가 자신과 자신의 경험에 관해 이야기하는 것을 중시한다. 내담자는 상담에서 무엇을 원하는지 결정한다. 이는 내담자가 자기 삶의 전문가임을 인정하는 것이다. 여성주의치료자의 역할은 [글상자 12-3]과 같다(Enns, 2004).

[글상자 12-3] **여성주의 상담자의 역할**

1. 내담자의 성역할 사회화 과정과 내면화된 성역할의 인식발달과 촉진
2. 개인의 능력 및 자유롭게 선택된 행동 범위의 발달 촉진
3. 내담자의 환경 변화를 촉진하기 위한 기술 습득 조력
4. 남녀평등 관계의 촉진 및 장려
5. 내담자의 독립과 상호 의존적 측면에서의 균형 유지
6. 내담자의 자기돌봄self-care 지원
7. 성, 문화, 생활 면의 다양성에 관한 가치 부여

## 상담기법

여성주의치료(FT)의 핵심 기법으로는 ① 성역할 분석, ② 성역할 중재, ③ 힘 분석, ④ 힘 중재, ⑤ 주장훈련, ⑥ 재구조화 · 재명명화, ⑦ 서지치료 · 각본치료, ⑧ 상담의 탈신비화 · 자기개방, ⑨ 집단작업 · 사회활동이 있다.

### 성역할 분석

첫째, **성역할 분석**gender role analysis은 내담자에 대한 사회의 성역할 기대의 영향을 이해하기 위한 기법이다. 성역할 기대는 생애 초기에 개인의 중요한 타인들에게서 나타나는 것으로, 개인의 행동패턴 형성에 강한 영향을 준다. 성역할 분석에서 상담자는 내담자가 중요한 타인들의 기대에 의해 주입되었던 행동을 탐색하고, 이에 대한 통찰이 이루어지도록 돕는다.

예를 들어, 내담자는 "남성에게 의존해야 한다." "수동적 태도를 취해야 한다." "조신하게 처신해야 한다." "예쁘고 귀엽게 행동해야 한다." 같은 메시지를 내면화해 왔을 수 있다. 이런 메시지들은 면밀한 평가과정을 거쳐 긍정적 또는 부정적 영향으로 분류되고, 내담자의 의사에 따라 이에 대한 진술이나 자기진술을 통해 상담목표의 하나로 설정된다. 그러면 목표달성을 위한 계획은 바람직한 변화를 수행할 수 있도록 수립된다. 성역할 분석은 내담자의 욕구에 따라 수정될 수 있다.

## 성역할 중재

둘째, **성역할 중재**gender-role intervention란 사회의 성역할 기대가 내담자에게 미치는 영향에 대한 충분한 이해를 토대로 내담자의 이야기나 문제에 적극 반응하는 것을 말한다. 성역할 중재에서 상담자는 성역할의 함축적 의미를 사회적 측면에서 분석하고, 내담자 입장에서 사회적 기대를 수행하도록 돕는다. 이 과정은 내담자가 자신의 입장을 고려하여 문제를 평가할 수 있는 구조를 제공한다. 이로써 내담자는 사회문제가 자신에게 어떤 방식으로 영향을 미쳐 왔는가에 대한 통찰을 얻게 된다.

예를 들어, 여성은 모름지기 가냘파야 한다는 사회적 기대는 내담자의 신체상, 섭식행동 그리고 자존감 등에 영향을 미치는 한편, 자신의 고통이 사회적 기대에서 파생되었다는 사실을 깨닫게 된다. 여성주의치료자들은 앞서 소개한 성역할 분석 과정을 거치지 않고도 내담자의 심리적 문제에 영향을 미치는 사회적 문제에 관한 통찰을 제공할 수 있다. 이는 사회분석기술, 즉 여성에 대한 긍정적 평가기술을 위한 인지적 틀을 제공하는 기술로 설명될 수 있다(Russell, 1984, p. 76).

## 힘 분석

셋째, **힘 분석**power analysis은 내담자가 사회에서 남성과 여성이 힘에 차이가 있음을 인식하도록 돕는 기법이다. 여기서 힘은 개인적 또는 외적 수준에서 변화를 초래하기 위해 자원을 이용할 수 있는 능력을 말한다(Worrell & Remer, 2003). 힘의 차이를 분석하면서 상담자는 내담자가 자신에게 잠재된 힘과 적절한 변화유발 방법의 탐색을 돕는다. 예를 들어, 내담자는 언어적 · 정신적 학대 같은 혼란스러운 상황을 개인적으로 통제할 수 없을 수 있다. 그러나 적어도 상황 개선을 위해 도움을 요청하거나 그 상황을 떠날 수는 있을 것이다. 또한 어떤 상황에서도 자학적인 메시지를 내면화해서는 안 된다는 점을 강조한다.

## 힘 중재

넷째, **힘 중재**power intervention는 상담에서의 계획과 후속 상담이 필수로 요구되는 기법이다. 이 기법은 내담자에게 정보를 제공하거나 힘을 북돋워 줌으로써 힘을 불어넣어 주고 내담자의 자기감sense of self을 강화하기 위한 것이다. 힘 중재를 통해 내담자는 자기만족감을 느끼고 자신감을 갖게 된다. 예를 들어, 내담자는 부적절한 행동을 하는 사람들에게 솔직하게 반응하고, 자신에게 유익함을 가져다주는 행동 실천을 통해 사회적 지위를 강화하기 위한 노력을 계속할 수 있게 된다.

## 주장훈련

다섯째, **주장훈련**assertiveness training은 내담자가 힘을 얻을 수 있게 하는 방법으로, 자신 있고 강한 방식으로 말하도록 가르치는 기법이다. 이 기법은 자기주장적self-assertive 방식으로 자신의 욕구가 무엇인지 분명하고도 직접적으로 말할 수 있게 하는 데 도움을 준다. **주장성**assertiveness은 공격이나 복종(수동)과는 다르다. 예를 들어, "지금 집에 가고 싶어요."라는 주장적인 진술은 "나는 재미없고 따분한 당신 같은 사람을 떠날 거야." 같은 공격적인 진술이나 "가야 할지 말아야 할지 결정할 수 없어요. 어떻게 하면 좋을까요?" 같이 수동적인 진술과는 차이가 있다. 주장성은 역할연기나 모델링을 통해 습득할 수 있다. 이는 문화적으로 적절한 방식으로 연습 · 적용되어야 하는 기술이다. 특정 진술에 대해 주장적 · 공격적 · 수동적 진술을 통한 반응의 예는 [글상자 12-4]와 같다.

**[글상자 12-4] 주장적 · 공격적 · 수동적 진술 비교**

- 진술: 당신의 책상 서랍에서 거울을 빌렸어요. 개의치 않았으면 좋겠어요.
- 주장적: 내 허락 없이 책상 서랍에서 물건을 꺼내 가지 않으시면 좋겠어요. 혹시 빌리고 싶은 것이 있으면, 저한테 말씀해 주세요. 제가 도울 수 있을 거예요.
- 공격적: 내 서랍을 함부로 뒤지지 마세요. 내 물건에 손끝 하나 대지 말고 그대로 두세요.
- 수동적: 네, 저는 상관없어요.

주장적 행동의 방법과 상황은 다양하다. 내담자는 상담자와의 역할연기를 통해 주장성을 연습할 수 있다. 두 사람은 내담자와 다른 사람의 역할을 교대로 연습하거나 예상되는 상황에서 공격적 · 주장적 · 수동적 행동을 비롯한 서로 다른 전략들을 연습할 수 있다. 주장성은 자칫 남성의 전유물로 보일 수 있어서 남성의 주장적 행동은 단호하거나 권위적으로 보일 수 있다. 이와는 대조적으로, 여성의 행동은 융통성이 없고 고집이 센 행동으로 보일 수 있다. 여성들의 주장적 행동은 남성의 행동에 비해 남성과 여성 모두에게 덜 수용적인 것으로 인식될 수 있기 때문이다(Enns, 2004).

## 재구성

여섯째, **재구성**reframing은 개인의 행동을 바라보는 조회체계를 변화시키는 기법이다. 이 기법은 자신을 비난하는 것으로부터 사회로 방향을 전환하는 것을 의미한다. 재구성은 흔히 사회적 압력이 어떻게 내담자의 문제를 심화시켜 왔는가를 이해할 수 있도록 돕기 위해 사용된다. 예를 들어, 우울증 같은 병리학적으로 보일 수 있는 행동은 여성이 처한 독특한 상황을 재구성함으로써 대처기제coping mechanism나 사회의 강압적 정책이나 관습에 대한 반작용으로 **재명명화**relabeling할 수 있다.

여성주의치료에서는 내담자의 자기이해를 심화시킬 수 있도록 내담자에 대한 사회적 기대를 집중 탐색한다. 이를 통해 상담자는 내담자가 사회의 기대에 부응하지 못해 비난받는 입장에서 탈피하여 적극적으로 자신의 안녕과 이익을 추구하는 방향으로 나아갈 수 있도록 돕는다.

## 서지치료 · 각본치료

일곱째, **서지치료**bibliotherapy와 **각본치료**scriptotherapy는 읽기와 쓰기를 통해 내담자의 치료적 탐색을 강화하는 기법이다. 여성주의치료자들은 내담자가 자신과 사회를 잘 이해할 수 있도록 단행본, 잡지, 영화 같은 미디어 매체 활용을 권한다. 배우고 생각하고 느낄 수 있는 소감문을 주기적으로 쓰게 하는 것 역시 치료에 적극 활용한다. 자신이 과체중이라고 여겨 우울에 빠진 여성은 여성주의치료를 통해 날씬한 몸매를 유지하는 것이 마치 여성의 삶의 지상목표인 것처럼 강화하는 미디어와 사회적 가치를 직시하게 하는 것이 그 예다.

이러한 상황을 재구조화함으로써, 여성 내담자는 자신의 문제를 우울증으로부터 날씬함에 대한 압력에 압도되어 분노감을 갖게 된 것으로 재명명화하여 자신이 새롭게 깨닫고 느끼고 배우는 점들을 지속적으로 기록해 감으로써 상담의 효과를 얻게 될 수 있다. 읽거나 쓰는 자료들은 상담회기 중 상담자와의 논의거리를 제공한다는 이점이 있다.

## 치료-탈신비화

여덟째, **치료-탈신비화**therapy-demystifying란 상담자가 내담자보다 더 큰 힘을 쥐고 있거나 신비로운 과정이 아니라, 평등한 분위기에서 내담자를 위해 진행되는 진지한 과정임을 인식시키는 작업을 말한다. 탈신비화 작업의 일환으로 여성주의치료자들은 사회에서처럼 힘의 불균형이 치료관계에서도 나타나지 않도록 내담자와 개방적이고 명확한 관계를 형성한다. 이를 위한 두 가지 방법은 정보제공과 상담자의 자기개방이다. 정보제공은 내담자에게 상담이 무엇이고, 어떻게 이루어지는지, 그리고 평등한 관계를 중시할 것임을 알려 주는 것이다.

반면, **자기개방**self-disclosure은 상담자가 개인적인 생각과 느낌을 내담자와 공유하는 것이다. 상담에 대한 신비로움은 상담과정과 기술에 대해 상세하게 설명해 줌으로써 없애도록 돕는다. 상담의 시작단계에서 치료자는 자신의 이론적 지향성, 이와 연관된 개인의 가치관, 내담자의 권리, 상담료, 상담의 회기, 상담목표 등에 관해 설명해 준다. 내담자는 상담이 진행되기 전에 이러한 것들에 대해 동의한다. 또 치료자는 주장성, 행동통제 방법, 선택증진 방법 등을 가르친다. 자기개방은 상담자가 자신의 고통을 나누기 위한 것이 아니라, 내담자의 성장을 위해 실시된다. 자기개방은 상담자에게는 적절하다는 느낌이 들어야 하고, 내담자에게는 교육적인 효과가 있어야 한다.

### 집단작업 · 사회활동

끝으로, 여성주의치료는 **집단작업**과 **사회활동**을 중시한다. 치료자들은 특히 지지집단, 자조집단, 후원집단 등을 통해 집단작업을 부가적으로 사용한다(Corey, 2016). 이러한 유형의 집단들은 여성들 사이의 협력을 촉진하고, 다른 사람들과 연대하도록 돕는 효과가 있다. 집단참여는 여성 내담자들에게 상담 종결 후에도 상담의 효과가 강력하게 유지되는 효과가 있다. 또한 사회활동 참여는 여성 내담자들에게 여성의 사회적 고정관념을 바꿀 수 있고, 자신과 타인을 도울 수 있다는 자신감을 갖게 하는 효과가 있다.

## 여성주의치료의 최근 동향

여성주의치료(FT)의 최근 동향은 사회정의의 쟁점에서 다문화주의와 통합된 경향을 띠고 있다(Enns et al., 2013). 여성주의치료는 정신내적인 정신병리학적 관점(불행의 원천이 여성의 내면에 있다고 봄)에서 남성뿐 아니라 여성에게 해를 가하고 억압하며 제약하는 사회 및 문화세력의 이해에 초점을 두는 관점으로 바뀌었다. 이로써 내담자의 문제 이해에 있어서 외부 요인과 맥락 요인을 내적 역동과 마찬가지로 중시하고(Evans & Miller, 2016), 증상을 정신병리의 증거가 아니라 대처전략 또는 생존전략으로 이해한다(Bitter, 2008; Evans & Miller, 2016).

오늘날 여성주의치료에서는 여성주의, 다문화주의, 사회정의를 중시한다. 여성주의치료에서 진단은 부차적인 것으로 여기면서 강점, 기술, 자원 확인과 평가를 우선시한다(Brown, 2010). 또한 다양한 억압, 권력, 특권, 다문화 역량, 사회정의, 그리고 소외된 사람들이 받는 억압을 이해하는 것을 포함하는 다양한 접근을 강조한다(APA, 2007; Enns & Byats-Winston, 2010). 이를 위해 여성주의치료자는 상담관계만으로 변화를 일으킬 수 있다고 생각하지 않는다. 대신, 상담과정에서 정치와 권력관계를 강조하고, 실생활에서 힘을 둘러싼 관계에 관심을 갖는다.

## 핵심어

| | | |
|---|---|---|
| • 여성주의 | • 다문화주의 | • 사회정의 |
| • 남아선호사상 | • 남녀분리교육 | • 성역할에 대한 압력 |
| • 외모지상주의 | • 성역할 선호성 | • 신체상 |
| • 성 지향성 | • 빈 둥지 증후군 | • 알파편견 |
| • 베타편견 | • 성도식이론 | • 돌봄 도덕성 |
| • 관계문화 모델 | • 양성성 | • 벰성역할검사 |
| • 도식 | • 다중 정체성 | • ADDRESSING |
| • 정의의 도덕성 | • 돌봄과 책임의 도덕성 | • 순서체계 |
| • 관계체계 | • 여성 직관 | • 관계연결 욕구 |
| • 성역할 분석 | • 성역할 중재 | • 힘 분석 |
| • 힘 중재 | • 자기감 | • 주장훈련 |
| • 재구조화 | • 재명명화 | • 서지치료 |
| • 각본치료 | • 탈신비화 | • 자기개방 |

## 복습문제

※ 다음 밑줄 친 부분에 들어갈 말을 쓰시오.

1. 역사적으로, 여성주의치료(FT)는 1960년대 말에서 1970년대 초에 시작된 ________ 운동과 여성주의이론을 바탕으로 빛을 보게 되었다. 오늘날 여성주의치료의 초점은 점차 ________(으)로서의 여성 문제로 옮겨졌고, ________와/과 ________을/를 상담의 중심에 둔다.

2. 여성주의이론가들은 여성문제의 본질이 사회에서 강요와 ________을/를 받고 있고, 이로 인해 여성의 힘이 평가 절하되며, ________의 역할을 하도록 사회화되고, 자신의 ________을/를 부인하게 되었다는 신념을 공유한다.

3. 여성주의치료에서 초점을 두는 쟁점으로는 ① ________ 사상, ② 남녀 ________, ③ ________에 대한 압력, ④ ________ 지상주의, ⑤ ________ 부담, ⑥ 일, ⑦ 노화과정, ⑧ 가정폭력 및 학대가 있다.

4. 여성주의이론가들의 주장에 의하면, 다른 성에 대한 고정관념적 특성이 가치 절하되면서 ____세 경에 성별에 상관없이 돈독하던 관계는 ____세 경이 되면서 점차 사라진다. 또 중요한 타인들의 상호작용으로, 남아에게는 ________ 과 효율성이, 여아에게는 ________이고 무기력한 태도가 길러지며, 또래나 미디어 같은 사회적 요인들의 영향을 받아 전통적인 ________이 전달되기도 한다.

5. ________ 은/는 여성들에게 있어서 남성들과 다른 양상을 띤다. ________ 기를 지나면서 신체적·심리적으로 어려움을 겪거나, 자녀가 학업, 취업, 또는 결혼으로 집을 떠남으로서 자녀양육에 대한 책임이 대폭 줄어들면서 ________ 을/를 느끼게 되는 것이 그 예다.

6. 상담과 성차에 관한 연구에서는 남녀에 대한 두 가지 편견을 경계해야 한다고 강조한다. 하나는 ________ 편견, 즉 남녀를 두 범주로 분리하는 것이고, 다른 하나는 ________ 편견, 즉 남녀를 동질적 존재로 보는 것이다.

7. 벰(S. Bem)이 창안한 ________ 이론에서 ________ 은/는 남성과 여성의 심리적 특성이 균형 있게 배합된 상태를 뜻한다. 벰은 남성성과 여성성을 일직선상의 양쪽 끝에 위치시켜 이를 토대로 ________ 검사를 개발했다.

8. 길리건(C. Gilligan)은 여성의 선으로 여기는 ________ 과 돌봄 같은 특성은 여성의 도덕성 발달에 불리한 조건으로 작용한다고 주장했다. 그녀는 독자적으로 여성의 도덕성 발달에 관한 연구를 수행한 결과, 콜버그의 모델을 '________의 도덕성', 자신의 모델을 '________와/과 ________의 도덕성' 모델이라고 명명했다.

9. 해이즈(P. A. Hays)는 개인을 구성하는 ________을/를 'ADDRESSING'으로 묘사했다. 이 중에서 E는 ________을/를, I는 ________을/를 의미한다.

10. 밀러(J. B. Miller)의 연구에 기초한 관계문화모델(RCM)에 의하면, 관계와 ________은/는 여성의 삶에서 중요한 역할을 한다. 즉, 여성의 ________와/과 ________은/는 관계맥락에서 발달한다는 것이다. 특히, 여성의 ________은/는 그녀의 관계발달과 유지 능력에 기초한다.

## 소집단 활동

**여 vs. 남** 같은 성별끼리 조를 나누어 보자(여성은 여성끼리, 남성은 남성끼리). 각자 다른 조원들과 어떻게 성역할을 습득했고, 반대 성에 대해 어떤 생각과 느낌이 드는지 논의해 보자. '향후 어떤 변화가 필요하다고 생각하는가? 어떤 전통은 유지되는 것이 좋다고 생각하는가?' 등 조별로 관심 있는 이슈에 관해 자유롭게 이야기를 나누어 보자.

**소감**

**다음 생…** 다음 생에 다시 태어난다면, 당신은 현재와 같은 성 또는 다른 성으로 태어나고 싶은가? 그 이유는 무엇인가?

**소감**

# | 13 |

# 포스트모던 접근

*Postmodern Approaches*

포스트모던 접근Postmodern approach은 여러 사람의 집단적 노력에 의해 형성되었다. 이 접근에서는 '세상에 유일한 진리는 없고, 개인이 자기 자신이라는 실체를 만들어 가며, 실제는 관찰과정과 언어체계와는 별개의 것이며, 존재하지 않는다'고 전제한다. 이 접근에 의하면, 사람은 본래적으로 건강하고 탄력적이며, 각자의 자원이 있고, 삶의 방향을 바꿀 능력이 있으며, 자신과 세계를 이해할 이야기를 지니고 있다. 사람들은 이야기에서 언어의 형식과 사용법이 의미를 창조한다. 의미는 이야기하는 사람 수만큼 많고, 각각의 이야기는 이를 말하는 사람에게는 진실이다. 심지어 과학조차 사회구성 과정의 영향을 벗어나지 못한다.

이에 포스트모던 접근에서 상담자는 **'알지 못함**not-knowing**'의 입장**을 취하는 한편, 내담자가 삶의 진정한 전문가 역할을 하게 한다. 또 개인적 경험의 긍정적인 면을 강조하면서 내담자가 문제해결에 적극 관여하게 한다. 그리고 이해와 수용적 분위기 조성을 통해 내담자가 자신의 자원을 활용하여 건설적으로 변화하도록 돕는다. 포스트모던 접근은 ① 해결중심단기치료, ② 이야기치료를 중심으로 살펴보기로 한다.

## 해결중심단기치료

스티브 드셰이저는 위스콘신 주 밀워키에서 전기기술자인 아버지와 오페라 가수인 어머니 사이에서 태어나 자랐다. 1964년 미국 위스콘신주 밀워키 대학교에서 미술전공으로 학사학위(BFA)를, 1971년 사회사업과학 전공으로 석사학위를 받았다. MRI 내의 단기가족치료센터Brief Family Therapy Center(BFTC)에서 존 위클랜드John Weakland의 지도를 받았다. 또 과학적 방법론을 통해 세상을 조망하는 시대적 조류에 도전한 루드비히 비트겐슈타인Ludwig Witgenstein의 사상에 깊은 감명을 받았고, 이는 포스트모더니즘의 초석이 되었다. 김인수, 그리고 다른 세 명의 상담자와 함께 정신연구소Mental Research Institute(MRI) 내에 단기가족치료센터를 개설했다. 당시 통찰지향접근을 하는 상담자들이 적어도 수개월간 상담을 진행한 것과 비교할 때, 이 센터에서는 평균적으로 6회기 만에 상담을 종결함으로써 단기치료를 몸소 실행에 옮

스티브 드셰이저
(Steve de Shazer, 1940~2005)

졌다. 내담자가 최상의 자원이고, 단기간 내에 이들을 돕기 위해 최상의 성과를 낼 수 있는 기법을 확인하기 위해 동영상을 촬영하고 직접 관찰했다. 이러한 경험을 토대로 기적질문이 고안되었다. 단기치료 사례가 축적될수록, 내담자가 긍정적인 정보제공자이고, 짧은 시간 내에 내담자를 도울 수 있다고 확신하게 되었다. '가장 단순한 해결책이 최상의 해결책'이라는 신념으로 내담자에 대한 추수연구를 통해 단기치료의 효과성을 입증했다.

김인수
(Insoo Kim Berg, 1934~2007)

김인수는 서울에서 태어나 이화여자대학교에서 약학을 전공하고 1957년 도미했다. 1967년 위스콘신주 밀워키 대학교에서 학사학위를, 1969년 사회사업 전공으로 석사학위(MSSW)를 받았고, 1980년까지 밀워키 가족서비스에서 근무했다. 이 기간에 메닝거 연구소Menninger Institute와 시카고 가족연구소Family Institute of Chicago에서 훈련을 받았다. 당시 치료를 받던 가족들의 고통이 속히 사라지기를 바랐지만, 수주, 수개월, 수년을 기다려야 하는 통찰지향적 접근에 강한 회의감이 들었다. 그러던 중, 단기치료를 지향하는 제이 헤일리Jay Haley와 존 위클랜드John Weakland의 글에 매료되어 팔로 알토 소재 MRI로 건너가 이들과 함께 BFTC에 관한 연구에 참여했다. 이곳에서 존 위클랜드의 소개로 드셰이저와 만나게 되었고, 그와의 결혼은 해결중심단기치료(SFBT) 탄생의 계기가 되었다.

해결중심단기치료Solution-Focused Brief Therapy(SFBT)는 1980년대 초 미국 밀워키의 단기 가족치료센터에서 드셰이저와 김인수가 포스트모더니즘과 사회구성주의 관점에서 창안한 미래지향적 · 목표지향적인 이론이다. 이 이론은 실용적 · 낙관적 · 반결정론적 접근으로, 내담자의 변화 가능성에 대한 낙관적 · 희망적 가정에 기반을 두고 있다("사람들은 삶에 대한 도전을 해결할 능력을 이미 갖추고 있지만, 때로 방향감각을 잃어버리고 자신에게 능력이 있다는 사실을 망각할 뿐이다."). 이에 표준과 정신병리에 대한 진단을 거부하는 한편, 내담자의 결핍, 단점, 약점, 문제보다는 해결책과 강점을 중시한다(de Shazer & Dolan, 2007).

해결중심단기치료에서는 내담자 문제의 예외상황과 문제에 대한 내담자의 개념화에 초점을 두는 한편, 내담자의 강점과 회복탄력성을 중시한다. 이 접근에 의하면, 사람들은 신속하게 변화할 능력이 있고, 새로운 현실을 위해 노력할 때, 문제에서 벗어난 언어로 대체할 수 있다. 이에 모든 문제에는 예외가 있다는 전제하에 내담자는 자신의 문제뿐 아니라 해결에 관한 이야기를 통해 해결책을 모색한다. 해결중심단기치료의 기본가정과 변화원리는 〈표 13-1〉과 같다.

표 13-1 해결중심단기치료(SFBT)의 기본가정과 변화원리

| 기본가정 | 변화원리 |
|---|---|
| 1. 변화는 필연적 · 지속적이다. | ☛ 변화를 기회로 인식하라. |
| 2. 못 쓸 정도가 아니면 그대로 써라. | ☛ 내담자가 문제로 여기지 않는 행동은 변화시키려 하지 말라! |
| 3. 잘 작동하는 부분이 있다면, 그 부분을 더 활용하라. | ☛ 무엇이 작동하고 있고 더 잘 기능할 것 같은가? |
| 4. 작동하지 않으면, 다른 방법을 모색 · 사용하라. | ☛ 내담자에게 맞는 방법을 찾을 때까지 다른 행동을 시도하라! |
| 5. 내담자는 우리에게 자신의 자원과 강점을 알려 준다. | ☛ 내담자는 자신의 삶에서 어떤 것이 효과적이고, 어떤 것이 그렇지 않은지 알고 있다. |
| 6. 작은 진척이 큰 변화를 이끈다. | ☛ 충분히 좋은 상태로 불릴 수 있을 정도로 점진적으로 나아가라. |
| 7. 해결책과 문제 사이에 논리적인 관계가 있을 필요는 없다. | ☛ 바람 빠진 타이어를 고칠 때 왜 바람이 빠졌는지 아는 것보다는 고치는 것이 더 중요하다. |
| 8. 해결책 마련과 관련된 언어는 문제를 설명하는 데 필요한 언어와 다르다. | ☛ 결핍, 병리, 부정적 언어를 사용하는 문제중심 접근보다는 해결에 초점을 맞춰라! |
| 9. 문제는 항상 일어나는 것이 아니고, 항상 활용할 예외상황이 있다. | ☛ 문제에 대한 예외상황을 탐색하여 새로운 해결책을 도출하라. |
| 10. 미래는 창조되며 절충이 가능하다. | ☛ 내담자는 자기 운명의 '건축가'다. 대화를 통해 새로운 미래를 재창조하라. |

## 핵심개념

해결중심단기치료(SFBT)의 주요 개념으로는 ① 사회구성주의, ② 해결중심 · 미래지향, ③ 예외상황 · 내담자의 강점, ④ 저항이 아닌 준비상태가 있다.

### 사회구성주의

첫째, **사회구성주의**social constructionism는 포스트모던 세계관을 심리학적으로 기술한 것으로, 지식과 진리는 사회적 과정과 대화를 통해 구성된다는 입장의 철학 사조다(Gergen, 1999). 즉, 사람들이 진리라고 여기는 것은 일상생활에서 타인들과 상호작용한 결과이므로, 삶 또는 세상을 이해하는 데 유일하게 '옳은' 방법은 존재하지 않는다는 것이다. 이에 이 이론에서는 정확성과 합리성을 따지지 않고 내담자의 실제를 있는 그대로 존중한다(Gergen, 1991, 1999).

사회구성주의는 케네스 거겐(Gergen, 1985, 1991, 1999)을 중심으로 사회적 관계에서 의미를 만드는 방법에 관심을 갖게 되면서 시작되었다. 이 이론에 의하면, 실제의 이해는 언어 사용에 기반을 두고 있고, 사람들은 생활환경의 영향을 받는다. 예를 들어, 자신이 우울한 사람이라는 정의를 사용하면 우울한 사람이 되는 것이다. 이처럼 자신에 대한 정의를 받아들이면, 이에 반대되는 행동을 지각하기가 매우 어렵다. 우울로 고통을 겪는 사람은 삶에서 좋았던 시절을 가치 있게 생각하지 못하는 것이 그 예다.

### 해결중심 · 미래지향

둘째, **해결중심 · 미래지향**은 ① 포스트모더니즘과 사회구성주의에 내재된 철학적 전제를 바탕으로, ② 내담자는 빨리 변할 수 있고, ③ 자신에 대한 전문가이며, ④ 강화 가능한 강점이 있다고 믿고, ⑤ 문제가 아닌 해결에 초점을 두며, ⑥ 해결책 탐색은 미래에 초점을 두고, ⑦ 상담자와의 대화에서 내담자가 새로운 현실을 창조함으로써 ⑧ 문제에서 벗어나는 새로운 언어를 창조할 수 있다고 믿는 것을 말한다.

따라서 해결중심단기치료 상담자는 현실은 보는 사람의 시각 안에 있으므로, 올바른 행동방식에 대한 정해진 규범은 없다고 보고, 내담자의 행위를 다른 사람들의 것과 비교하지 않으며, 내담자가 그들처럼 행동하도록 요청하지 않는다. 그뿐 아니라, 전통적으로 병리적 증상으로 분류되는 행동을 나타내는 내담자의 문제도 병리적 관점에서 조망하지 않는다. 왜냐하면 그것을 전문적인 '집단적 사고'의 결과로 간주하기 때문이다.

## 예외상황

셋째, **예외상황**은 내담자의 삶에서 효과적이었던 시기를 가리키는 것으로, 내담자의 강점을 부각시키고자 하는 목적이 있다. 내담자는 흔히 문제중심 상태로 상담을 찾는다는 점에서 이들이 생각하는 해결책 역시 문제중심인 경향이 있다. 이에 상담자는 성취 가능한 목표에 대한 믿음의 중요성을 강조하는 낙관적인 대화로 내담자의 부정적인 이야기에 대처한다. 이를 위해 상담자는 내담자의 **문제중심의 이야기** problem-saturated story를 재구조화하여 내담자의 인식을 전환한다. 이는 내담자가 자신의 삶에 문제만 있는 것이 아니라고 인식하게 하는 효과가 있다.

## 저항이 아닌 준비상태

넷째, **저항이 아닌 준비상태**란 내담자에게 저항적이라고 낙인찍기보다 변화하지 않은 내담자는 아직 변화할 수 있는 메커니즘을 찾지 못한 것일 뿐이라고 여기는 것을 말한다. 내담자의 적극적인 참여, 상담자와의 긍정적 관계 경험, 그리고 내담자의 이야기를 존중하고 중요하게 다루어 주는 것은 상담효과의 필수요소다(Murphy, 2015). 해결중심단기치료를 찾는 내담자들은 종종 세 가지 유형(① 고객형customers, ② 불평형complainants, ③ 방문자형visitors)으로 나뉘는데, 유형별 특징은 〈표 13-2〉와 같다(de Shazer, 1988).

표 13-2 내담자의 세 가지 유형과 특징

| 유형 | 특징 |
|---|---|
| 1. 고객형 | ❍ 목적이 분명하고, 문제해결을 위한 작업준비가 되어 있음<br>❍ 앞으로 다룰 문제와 해결방안을 함께 모색하게 됨<br>❍ 목표달성을 위해 스스로 노력해야 한다는 것을 알고 있음 |
| 2. 불평형 | ❍ 문제와 작업할 것을 인식하고 있지만, 해결책 발견에 어려움이 있음<br>❍ 문제해결은 타인에게 달려 있다고 여기고 문제에 관해 이야기만 할 뿐, 해결방안을 모색하지는 않음<br>❍ 자신이 문제라고 지목한 사람을 상담자가 변화시켜 주기를 기대함 |
| 3. 방문자형 | ❍ 상담자를 시험하듯이 이곳저곳을 기웃거림<br>❍ 타인(교사, 배우자, 연인, 보호관찰관 등)에 의한 의뢰로 상담을 받게 됨<br>❍ 자신이 문제라고 여기지 않고 상담에서 탐색할 것을 정하기 힘들어함 |

〈표 13-2〉는 상담자가 내담자를 분류하기 위한 것이 아니라, 불평형과 방문형 내담자도 고객형 내담자가 될 가능성이 충분히 있음을 강조하기 위해 마련된 것이다. 따라서 상담자는 내담자를 고정된 상태로 보지 않도록 유의해야 한다(de Jong & Berg, 2013).

## 상담목표

해결중심단기치료(SFBT)에서는 내담자는 의미 있는 목표를 정의하는 능력과 자신의 문제해결을 위한 자원을 지니고 있다고 가정한다. 따라서 상담목표는 내담자마다 고유하고 더 풍성한 미래를 위해 내담자에 의해 설정된다(Prochaska & Norcross, 2014). 상담자는 내담자와 함께 내담자 자신의 미래, 그리고 삶에서 달라지기를 원하는 것에 관한 이야기를 나눈다.

상담자는 규모가 작고 현실적이며, 분명하고 구체적이면서, 관찰 · 성취 가능한 변화에 중점을 둠으로써 긍정적인 결과로 이어지도록 돕는다. 이는 궁극적인 목표성취는 작은 규모의 성공경험에서 시작될 수 있다는 가정에 기초한 것이다(de Shazer & Dolan, 2007). 다른 이론과 비교할 때, 해결중심단기치료 상담자의 역할은 [글상자 13-1]에 제시된 것과 같은 특징이 있다.

**[글상자 13-1] 해결중심단기치료(SFBT) 상담자의 태도와 역할**

1. 문제problem보다는 해결solution에 초점을 두고, 이에 대한 논의방식을 중시한다.
2. 내담자가 자신의 삶에 대해 가장 잘 알고 있다고 가정한다.
3. 진단, 평가, 처치의 전문가로 보지 않으며, 이런 의미의 단어를 사용하지 않는다.
4. 문제 개념화에서 어휘 선택을 중시한다.
5. 돌봄, 관심, 존중하는 태도를 지닌 호기심, 개방성, 공감, 접촉, 매력 등의 개념을 관계의 필수요소로 간주한다.
6. 상호존중, 대화, 탐색, 지지 분위기를 조성하여 내담자가 새로운 이야기를 자유롭게 재작성하도록 돕는다.
7. 내담자를 치료한다기보다 그와 함께 치료하고자 한다.
8. 내담자의 건설적인 변화에 영향을 주는 자원활동을 위한 이해 · 수용 분위기를 조성하고자 한다.
9. 상담과정에서 평가 또는 기법보다 공감과 협력적 동반자 관계를 더 중시한다.

해결중심단기치료에서 상담자는 상담 분위기에 주의를 기울이는 한편, 상담에서의 대화가 원칙과 일치하는지 확인한다. 상담자는 내담자가 협력과 해결책에 집중하게 하여, 내담자가 과거 또는 통찰에 초점을 맞추는 대신, 가능한 해결책과 기회를 발견할 수 있도록 돕는다. 해결중심단기치료의 적용 원칙은 [글상자 13-2]와 같다.

**[글상자 13-2] 해결중심단기치료(SFBT)의 적용 원칙**

1. 상담에서의 대화가 비병리적인 내용으로 계속되는 것에 초점을 맞춘다.
2. 가능성이 열려 있는 방식으로 문제를 변화시킨다.
3. 문제의 예외상황에 초점을 맞춘다.
4. 내담자의 강점과 대처방안에 대한 논평을 제공한다.
5. 문제에 대한 통찰에 초점을 맞추는 경향성을 피한다.
6. 긍정적인 대처 행동에 초점을 맞춘다.
7. 내담자는 문제에 압도된 것이 아니라 삶에 대한 호소내용이 있는 존재로 본다.
8. 내담자가 더 단순한 해결책을 찾도록 돕는다.
9. 내담자가 점차 해결책에 친숙해지도록 격려한다.

## 상담기법

해결중심단기치료(SFBT)의 기법은 주로 예외발견질문, 척도질문, 기적질문 등을 통해 내담자가 다르게 행동할 것에 대한 탐색을 돕는 데 사용된다. 아무리 유용한 기법이라도 내담자와의 협력적 작업동맹이 제대로 형성되지 않은 채 기계적으로 사용되면 효과적인 결과를 얻을 수 없다(Murphy, 2015). 해결중심단기치료에서 상담자는 상담초기에 내담자의 문제에 대해 공감적으로 경청함으로써, 관계 형성과 문제의 이해를 촉진한다. 이는 내담자를 존중하는 행위로, 해결과 관련된 대화보다는 짧게 하도록 한다.

해결중심단기치료에서 흔히 사용되는 기법으로는 ① 첫 회기 전 변화질문, ② 대사 역할, ③ 가설적 태도, ④ 확장, ⑤ 재구성, ⑥ 예외발견질문, ⑦ 기적질문, ⑧ 척도질문, ⑨ 요약 피드백이 있다. 이 기법들은 내담자에 맞게 유연하게 다듬어서 사용된다.

### 첫 회기 전 변화질문

첫째, **첫 회기 전 변화에 관한 질문**은 상담자가 내담자에게 첫 회기를 예약하고 오기 전까지 어떤 변화가 있었는지 확인하는 기법이다. 해결중심단기치료에서는 상담 약속만 잡았는데도 내담자의 행동이 긍정적으로 변화되기도 한다. 이에 상담자는 첫 회기에 다음과 같은 질문을 한다("상담 약속을 잡으신 후 문제에 변화를 가져온 어떤 행동을 했나요?" "문제에 변화를 가져오기 위해 상담을 신청한 이후로 무엇을 해 왔나요?")(de Shazer, 1985, 1988).

이러한 질문은 내담자의 목표성취에 있어서 치료자보다는 자신의 강점과 자원에 의지하도록 격려하기 위한 것이다. 문제의 변화는 상담과정을 통해 유발되는 것이 아니므로, 변화에 관한 질문은 내담자가 상담목표를 성취하려면 상담자보다 자신의 자원을 더 의지하게 하는 효과가 있다. 변화에 관한 질문은 내담자가 긍정적 변화를 가져오는 방향으로 이미 한 행동을 추출·동기화·확장한다.

## 대사 역할

둘째, **대사**ambassador **역할**은 외국에 상주하는 대사처럼 다른 문화에 속한 사람들에게 존경과 호기심을 보이며, 수용적 태도로 접근하여 그들을 이해하려는 태도를 보이는 것을 말한다. 상담자가 내담자에게 '전문가'로 접근하는 기존의 치료 모델과 달리, SFBT 상담자는 겸손한 태도로 내담자를 대하고, 내담자의 어려움에 관심을 기울이며, 그들의 존재방식을 존중하고 이야기를 수용함으로써, 그들에 관한 정보수집과 치료동맹을 공고히 한다.

## 가설적 태도

셋째, **가설적 태도**는 내담자를 전문가로 여기고 내담자가 어려움을 겪는 이유에 대해 가정 또는 해석을 조심스럽게 하는 자세를 말한다. 가설적 태도를 보여 주기 위해 상담자는 전문가 행세를 하지 않고, 대신 내담자에게 겸손과 존중, 호기심 어린 자세를 유지하면서 다음과 같은 형식으로 말한다(예 "~일 수 있을까요?" "~라고 가정하는 게 맞을까요?" "저는 ~라고 생각하는데, 그렇지 않다면 수정해 주세요." "~라고 추측해 봅니다.").

## 확장

넷째, **확장**은 격려를 통해 내담자에게 효과적이었던 해결책에 대한 논의를 활성화하여, 내담자가 문제 중심 대화에서 벗어나도록 도와서 성공의 범위를 넓히는 기법이다. 확장의 예는 다음과 같다("다시 운동을 시작한 것이 기분 변화와 생활에 활력을 되찾는 데 도움이 된 것으로 들리네요. 운동이 어떤 점에서 도움이 되었는지 좀 더 구체적으로 말씀해 보실래요?").

## 재구성

다섯째, **재구성**이란 자신이 뭔가 잘못되었거나 결핍되었거나 정신장애가 있다고 여기는 내담자의 관점에 새로운 방식을 제공함으로써, 자신의 문제를 이해하는 방식에 변화를 주는 것을 말한다. 이 기법은 사회구성주의의 관점을 반영하고 있다.

## 예외발견질문

여섯째, **예외발견질문**exception-finding question은 내담자의 삶에서 현재 문제로 지목되는 일이 문제가 되지 않았던 때에 관해 탐색하기 위한 기법이다. 이 기법의 예는 다음과 같다("문제가 해결되었다면 그것을 어떻게 알 수 있을까요?" "최근 들어 문제가 일어나지 않은 때는 언제였나요?"). 예외발견질문은 내담자에게 현재 문제가 존재하지 않았거나, 이처럼 심각하지 않았을 때로 거슬러 올라가게 한다.

여기서 예외는 문제가 일어날 수도 있었지만, 무엇인가를 해서 문제가 발생하지 않았던 내담자의 지난 생활경험(de Shazer, 1985; Murphy, 2015)이다. 이러한 경험을 검토해 보는 것은 해결을 위해 노력할 가능성을 높인다(Guterman, 2013). 이 과정을 통해 성공사례를 찾아내면, 내담자는 앞으로 변화를 위해 유용하게 사용할 것이다. 이런 방식의 탐색을 통해 내담자는 문제가 절대적이지 않고, 영원히 존재하는 것도 아니라는 사실을 깨닫게 된다. 또 자기 내면의 자원을 활성화하고 강점을 활용하여 가능한 해결방안을 모색하게 된다. 이에 상담자는 이런 예외가 더 자주 일어나게 하려면 무엇을 어떻게 해야 할지 내담자에게 질문한다.

## 기적질문

일곱째, **기적질문**miracle question은 내담자를 만족스럽게 하는 미래의 모습을 상상하게 하는 질문기법이다. 이 기법은 구체적 · 현실적이고 성취 가능한 목표설정을 힘들어하는 내담자를 돕기 위해 드셰이저가 처음 활용했다(예 "어느 날 밤 당신이 잠든 사이에 기적이 일어나 이 문제가 해결되었다면, 그것을 어떻게 알 수 있을까요? 무엇이 달라질까요?" "만일 기적이 일어난다면, 당신의 삶이 어떻게 바뀔 것 같나요?" "당신이 아내에게 기적에 대해 아무 말도 하지 않았는데, 아내는 그것을 어떻게 알까요?"). 이 질문을 하고 나면, 내담자에게 문제가 아직 있는 것은 알지만, '달라질 것'을 실행해 보게 한다.

만일 내담자가 마음이 편안해질 것이라고 말한다면, 상담자는 "오늘 상담실 문을 나서서 마음이 편안하게 행동한다고 생각해 보세요. 무엇을 다르게 행동할까요?"라고 묻는다. 이렇게 가설적인 해결을 생각해 보게 하는 과정은 인식된 문제에 대한 행동과 관점이 변하면, 문제가 변한다는 가정에 기초한 것이다(O'Hanlon & Weiner-Davis, 2003). 이처럼 기적질문은 내담자에게 기적이 일어날 것을 생각해 보게 함으로써 다양한 미래의 가능성을 열게 하는 효과가 있다(de Jong & Berg, 2013).

## 척도질문

여덟째, **척도질문**scaling question은 내담자가 자신의 문제와 관련된 상황을 0부터 10까지의 척도로 평정해 보도록 고안된 기법이다. 이 기법은 내담자가 감정, 자신감, 의사소통, 대인관계 등 자신의 문제를 단순히 말로 표현하는 것이 모호하거나 쉽게 관찰되지 않는 문제 또는 경험의 변화 정도를 가늠하기 어려워할 때, 그 정도를 구체적으로 파악하는 데 도움이 된다(de Shazer & Berg, 1988). 변화에 대한 내담자의 생각을 명확하게 정리하는 데 도움이 되는 척도질문의 예는 [글상자 13-3]과 같다.

[글상자 13-3] **척도질문의 예**

- 0에서 10점 척도에서 10점이 가장 바람직한 상태라면, 당신이 변화하길 바라는 정도는 몇 점인가요?
- 0에서 3까지 척도점수를 올리려면, 앞으로 2주 이내에 어떤 변화가 필요할까요?
- 0에서 10점 척도에서 10점이 가장 자신 있는 상태라면, 당신이 앞으로 2주 동안 성공할 것에 대한 자신감은 몇 점이나 되나요?
- 0에서 10점 척도에서 10점이 가장 자신 있는 상태라면, 당신이 성공할 가능성에 대해 당신의 친구들이 확신하는 정도는 몇 점이나 될까요?

만일 척도질문에 대해 내담자가 1점이라도 상승했다고 말한다면, 그것은 나아진 것이다. 그러므로 상담자는 이러한 반응에 대해 척도질문을 통해 내담자가 원하는 방향으로 더 나아가도록 돕는다("1점을 올리기 위해 무엇을 했나요?" "척도에서 1점이 더 올라가려면, 무엇을 할 필요가 있나요?"). 척도질문은 내담자가 자신의 현재 행동과 자신이 바라는 변화의 방향으로 나아가기 위해 어떤 조치가 필요한지 살펴보게 하는 효과가 있다.

척도질문은 내담자가 측정을 통해 자신의 변화 가능성을 구체적으로 이해하는 데 도움을 준다. 이처럼 질문은 해결중심단기치료의 핵심기법으로, 정보수집보다는 주로 내담자의 경험 이해와 가장 효과적인 문제해결 방법 탐색을 돕기 위한 목적으로 사용된다. 예외질문, 기적질문, 척도질문 외에 ① 목표선택질문, ② 평가질문, ③ 대처질문coping question, ④ 해결지향질문, ⑤ 악몽질문이 있다. 이러한 질문기법에 관한 설명은 〈표 13-3〉과 같다.

표 13-3 해결중심단기치료(SFBT)에서 주로 사용되는 질문

| 질문 | 설명 |
|---|---|
| 1. 목표선택질문 | ❍ 목표를 구체화하도록 돕기 위한 질문(예 "당신의 미래가 어떻게 되기를 원하나요?") |
| 2. 평가질문 | ❍ 목표달성에 도움이 되는 행동과 그렇지 않은 행동 구분을 돕는 질문(예 "당신은 현재 무엇을 하고 있고, 그것은 효과가 있나요?") |
| 3. 대처질문 | ❍ 내담자가 문제해결에 도움이 되었던 과거 행동에 초점을 맞추도록 하는 질문(예 "당신은 과거에 그 문제에 어떻게 대처했나요?") |
| 4. 해결지향질문 | ❍ 미래지향적이고, 목표달성을 돕는 새롭고 긍정적인 방법을 개발할 기회를 제공하는 질문(예 "문제가 없다면, 내담자의 삶은 어떻게 달라질까요?") |
| 5. 악몽질문 | ❍ 면담 전 변화에 대한 질문, 기적질문, 예외발견질문이 효과가 없다고 판단될 때, 주로 사용됨<br>❍ SFBT에서 유일하게 부정적인 문제중심적 질문으로, 내담자가 자신의 상황이 더 악화되어야 문제에서 벗어나려는 의지를 보일 때 유용함(예 "오늘 밤 잠들었는데, 악몽을 꾸었습니다. 그런데 오늘 가져온 모든 문제가 갑자기 훨씬 더 악화된 것입니다. 내일 아침에 무엇을 보면 악몽 같은 삶을 살고 있다는 사실을 알 수 있을까요?") |

## 요약 피드백

끝으로, **요약 피드백**summary feedback은 한 회기 동안 상담자가 관찰한 내담자의 강점, 희망의 단서, 문제의 예외에 대한 설명, 현재 행동 중 내담자가 원하는 방향으로 나아

가는 데 유용한 행동 등을 글로 적어서 내담자에게 주는 기법이다. 이를 위해 상담자는 각 회기 종료 전에 5~10분 정도의 휴식시간에 요약 피드백을 작성한다. 요약 피드백은 ① 칭찬, ② 다리, ③ 과제 제안의 세 부분으로 구성된다.

**칭찬**은 내담자가 효과적인 해결방안 실행을 인정해 줌으로써 이를 지속해 나가도록 진술하게 독려하는 기법이다("어떻게 그런 변화가 일어나게 했나요?" "이전과 비교할 때, 친구들이 당신을 어떻게 다르게 대해 주었나요?" "이런 변화를 통해 당신이 알게 된 것은 무엇인가요?" "운동을 시작하면서 기분이 나아졌다니, 참 잘한 일이라는 생각이 들어요."). **다리**는 칭찬을 과제 제안과 연결해 주는, 과제의 근거를 제공하는 진술이다.

**과제 제안**은 상담자가 생각하기에 내담자가 해결방안 모색에 도움이 될 행동에 대한 의견을 제시하는 것이다. 이러한 질문은 발생한 변화에 대해 내담자가 기여한 점을 스스로에게서 찾을 수 있도록 지지·격려하는 효과가 있다. 그뿐 아니라, 내담자가 상담을 통한 학습을 일상생활에서 실행에 옮기도록 돕는다.

## 상담과정

해결중심단기치료(SFBT)의 상담과정은 내담자의 목표 인식, 자원, 피드백에 의해 가장 효과적으로 진행된다. 해결중심단기치료는 0단계에서 6단계까지 모두 7단계(⓪ 면담 전 변화확인, ① 협력관계 형성, ② 문제규정, ③ 목표설정, ④ 문제에서 해결로의 초점이동, ⑤ 목표성취, ⑥ 종결)로 진행된다.

### 0단계: 면담 전 변화확인

**면담 전 변화확인 단계**에서는 첫 회기 전에 약속시간을 정하면서 내담자에게 첫 회기 전까지 어떤 변화가 있었는지를 파악하도록 요청한다('첫 회기 전 변화질문' 참조). 이때 내담자에게 자신의 삶에 대해 전문가라는 지위를 부여한다. 상담자는 내담자의 행동과 경험의 의미를 당연히 알 수 있다고 생각하지 않는다. 대신, 내담자가 자기 삶의 진정한 전문가임을 실제로 믿는다. 특히 내담자가 일상생활과 상담에서 원하는 것이 무엇인지, 무엇을 변화하고 싶은지를 다룰 때 그렇다. 상담자는 내담자의 변화에 초점을 두다가 신뢰관계 형성에 충분히 주의를 기울이지 않는 실수를 범하지 않도록 해야 한다.

## 1단계: 협력관계 형성

**협력관계 형성 단계**에서 상담자는 내담자와의 사이에서 잠재적 권력 차이를 줄이고, 마치 대사 같은 역할(호기심, 존중, 수용적 태도)을 통해 경청, 공감, 가설적 태도로 내담자가 자신의 힘과 자원을 찾도록 돕는다. 해결중심단기치료에서는 상담자와 내담자 관계의 질이 중시된다. 상담자의 태도는 상담성과의 결정요인으로, 두 사람 사이의 신뢰감 형성은 내담자가 다음 회기에 오게 하고, 기꺼이 과제를 수행하게 한다.

협력관계 형성 단계에서 상담자는 내담자에게 변화되어야 할 것을 지시하기보다 변화의 방향을 알려 준다(George et al., 2015; Guterman, 2013). 또 내담자가 자신의 진화를 위한 이야기를 자유롭게 창조·탐색하여 공동으로 집필할 수 있는 상호존중, 대화, 지지적인 분위기를 조성한다. 이를 위해 상담자는 '문제를 이야기하면 문제가 계속되고, 변화를 이야기하면 변화가 일어난다'는 전제를 토대로 자신의 언어에 주목하고 내담자의 희망과 낙관성을 높이며 가능성과 변화에 대해 열린 자세로 경청한다.

## 2단계: 문제규정

**문제규정 단계**에서 상담자는 전 단계에서 사용했던 기법을 사용하여, 해결에 초점을 맞추기 전 약 15분간 내담자의 문제를 경청한다(de Jong & Berg, 2013). 이를 통해 내담자가 첫 회기 동안 편안함을 느끼도록 돕는 한편, 되도록 신속하게 다른 기법을 사용하여 내담자가 목표설정에 관심을 기울이도록 돕는다. 이 단계에서 상담자는 내담자가 자신의 삶이 어떻게 달라지기를 원하는지와 이런 변화를 가져오려면 무엇을 해야 할지 상상하도록 돕는다.

이를 위해 상담자는 질문을 하고, 내담자의 대답을 기초로 다른 질문을 한다("상담을 통해 무엇을 얻고 싶은가요?" "당신이 원하는 변화를 얻는다면, 삶이 어떻게 달라질까요?" "변화를 이루기 위해 지금 무엇을 할 수 있나요?"). 의미 있는 개인적 목표를 수립하기 전에 내담자는 자신의 관심사를 상담자가 잘 들었고 이해했다고 느낄 수 있어야 한다.

## 3단계: 목표설정

**목표설정 단계**에서 상담자는 내담자가 원하는 미래에 관한 질문에 답하게 한다. 상담자는 진솔한 호기심과 관심, 존중, 개방적 태도로 개방적 질문을 하고, 내담자는 경험을 자신의 말로 기술한다. 이는 내담자가 자신의 목소리를 내게 하는 한편, 미래의 가능성에 대해 생각해 볼 기회를 제공함으로써 건설적인 해결책 마련을 위한 목표를 설정하도록 돕기 위함이다. 상담자는 ① 상황에 대한 관점 또는 참조틀 변화, ② 문제 상황에서의 행동 변화, ③ 내담자의 강점과 자원 활용의 세 가지 형태의 목표를 설정한다(O'Hanlon & Weiner-Davis, 2003). 내담자의 목표설정을 돕기 위한 지침은 [글상자 13-4]와 같다(Murphy, 2015).

[글상자 13-4] **내담자의 목표설정을 돕기 위한 지침** 

1. 내담자의 언어로 긍정적으로 기술한다.
2. 행동 중심의 언어로 기술한다.
3. 지금 여기에서 구성한다.
4. 성취 가능하고, 구체적이며, 개별적이고, 측정 가능한 목표를 세운다.
5. 내담자가 통제하도록 한다.

## 4단계: 문제에서 해결로의 초점이동

**문제에서 해결로의 초점이동 단계**에서는 일련의 질문을 통해 내담자가 문제보다 해결에 초점을 맞추도록 돕는다. 해결중심단기치료 상담자는 내담자가 자신의 문제에 대한 평가 없이도 문제의 해결책을 찾아낼 수 있다고 믿는다(de Shazer, 1991). 이에 상담자는 다양한 방법을 통해 내담자가 새로운 해결책을 찾도록 돕는다. 상담자는 추가적인 긍정적 성과를 일구어 낼 규모가 작고 현실적이며 성취 가능한 변화에 집중한다("지난 상담 이후에 무엇을 했고, 어떤 변화가 있었나요? 어떤 점이 좋아졌나요?")(Bubenzer & West, 1993).

## 5단계: 목표성취

**목표성취 단계**에서는 첫 회기 이후 다음 회기에 참여할 때까지 세부목표를 실행하고, 목표성취를 위해 노력함으로써 맞이하는 단계다. 이 단계에서 상담자는 척도질문을 통해 내담자가 사용했던 새로운 방법의 효과성 평가를 돕고, 변화 촉진을 위해 내담자에게 효과적인 것을 고려하여 다음 회기의 목표를 수정하기도 한다. 상담자는 경청과 공감, 내담자의 새로운 시도 또는 노력에 대한 칭찬을 통해 목표성취를 촉진한다.

## 6단계: 종결

**종결 단계**는 설정한 목표를 성취하게 되면서 다다르게 된다. 해결중심단기치료의 궁극적인 목표는 상담을 마치는 것이다(Guterman, 2013). "상담자가 계획에 의해 상담을 짧게 하려고 적극적으로 노력하지 않아도, 많은 경우 상담이 짧게 끝나게 된다"(p. 104). 해결중심단기치료 상담자는 첫 회기부터 종결을 염두에 둔다. 내담자가 만족스러운 해결방안을 마련한다면, 상담을 종결할 수 있기 때문이다. 상담자는 목표설정을 위해 "저와 만나는 것이 가치 있다고 말하려면, 여기 온 결과로 당신의 생활에서 무엇이 달라져야 할까요?"라는 질문을 한다. 또 척도질문을 통해 내담자가 언제 상담에 다시 오지 않아도 되는 시점의 상황을 결정하게 할 수 있다(de Jong & Berg, 2013).

상담 시작부터 명확한 목표설정은 효과적인 종결의 기초가 된다(Murphy, 2015). 상담 종결에 앞서, 상담자는 내담자가 이미 이룬 변화가 미래에도 이어지도록 무엇을 할지를 내담자가 정하게 한다. 또 변화유지의 걸림돌이 될 만한 것을 생각해 보게 한다. 상담자는 내담자에게 삶을 되돌리거나 이야기를 새롭게 할 필요가 있을 때면 언제든지 다시 상담을 신청할 수 있음을 알려 준다. 해결중심단기치료는 단기치료로, 현재에 집중하며, 특정한 불평에 초점을 둔다는 점에서 내담자는 추후에 다른 발달상의 문제를 겪을 수 있다. 후속 회기는 내담자가 해결중심 지향적 삶의 지속 여부를 점검하기 위해 갖는다. 이 단계에서는 주로 경청과 공감, 칭찬, 척도질문이 사용된다.

## 이야기치료

마이클 킹슬리 화이트
(Michael Kingsley. White, 1948~2008)

마이클 킹슬리 화이트는 오스트레일리아 애들레이드의 가난한 노동자 가정에서 2남 2녀 중 둘째로 태어났다. 아버지는 제2차 세계대전 참전군인으로 보수적이고 엄격한 성품이었던 반면, 전업주부였던 어머니는 개방적이고, 인정이 많았으며, 열심히 일해서 자신이 갖지 못한 기회를 자녀들이 누릴 수 있기를 바랐다. 어린 시절은 가족, 친척들과 좋은 관계를 유지했지만, 천식 발작이 있어서 늘 건강에 신경을 썼다. 고교 졸업 후 조경사, 노동자, 기계 제도공 등으로 일하면서 정의롭지 못하다고 생각하는 일에 목소리를 냈고, 베트남 전쟁에 반대하는 일에 앞장서기도 했다. 1971년 반전反戰 시위에서 셰릴Cheryl과 만났고, 이듬해에 그녀와 결혼했다. 셰릴의 페미니즘과 사회정의에 대한 관심, 동정적이고 진보적인 어머니, 가정환경, 1960년대의 격변의 시대에서의 삶은 삶과 일, 그리고 이야기치료의 형성에 크게 영향을 주었다.

1970년대 초, 화이트는 우울증으로 정신과 치료를 받았는데, 경직되고 비인도적인 방식의 진단과 치료로 인해 굴욕감을 느끼면서 새로운 치료법에 관심을 갖게 되었고, 병원에서 반복되는 치료자와 내담자 사이의 불공평한 권력관계에도 문제의식을 갖게 되었다. 1974년 남호주 대학교에서 사회복지 전공으로 전문학사 학위를 받았고, 애들레이드 아동병원에서 임상 사회복지사로 근무했다. 1980년대 후반에는 모더니즘의 가설에 이의를 제기하면서 세상을 이해하는 데에는 여러 방법이 있다고 전제하는 포스트모더니즘에 관심을 갖게 되었다. 그 후, 빈곤층, 소수인종과 민족, 동성애자, 여성 같이 억압받는 사회계층 사람들을 돕는 데 힘썼고, 여러 나라를 방문하며 사례연구를 발표하고 이야기치료 보급에 많은 시간을 보냈다. 그러던 중, 2008년 4월 샌디에이고에서 심장마비로 세상을 떠났다.

데이비드 엡스턴은 캐나다 온타리오주 피터버러 태생으로, 1963년 19세의 나이로 캐나다를 떠나 1964년 뉴질랜드에 정착했다. 1969년 오클랜드 대학교에서 사회학과 인류학을 전공한 뒤, 1971년에는 에든버러 대학교에서 지역사회발달 전공으로 학위를 받았다. 1976년 영국 워릭 대학교에서 응용사회연구 전공으로 석사학위를 취득한 후, 1977년에 사회복지사 자격증을 취득했다. 뉴질랜드에서 오클랜드 병원의 선임 사회복지사로 일을

데이비드 엡스턴
(David Epston,
1944~현재)

시작하여, 1981~1987년까지 오클리의 레즐리 센터에서 가족치료자 자문자로 근무했다. 1970년대에 엡스턴은 화이트와 함께 호주와 뉴질랜드에서 가족치료를 확장했다. 1980~1990년대에 이르기까지 두 사람은 자신들의 사상을 발전시켰고, 급기야 『치료적 목적을 위한 내러티브(Narrative Means to Therapeutic Ends)』라는 저서를 세상에 내놓았다. 이는 이야기치료의 치료 방법에 관한 최초의 책이다. 1997년 로보비츠D. Lobovits, 프리만J. Freeman 등과 함께 집필한 『심각한 문제를 위한 재미있는 접근들(Playful Approaches to Serious Problems)』을 출간했고, 이어 'Narrative Approaches'이라는 웹사이트를 열었다.

이야기치료Narrative Therapy(NT)는 마이클 화이트와 데이비드 엡스턴이 창시한 이론이다('내러티브치료'로도 불림). 이야기치료는 포스트모더니즘postmodernism과 사회구성주의social constructionism에 내재된 원리와 철학적 가설에 토대를 두고 있다. 이러한 원리와 가설에 의하면, 세상을 이해하는 데에는 여러 방법이 있고, 자신이 누구인지에 대한 정의는 기본 규칙이 없으며, 타인을 더 잘 이해하는 데에도 한 가지 방법만이 유효한 것이 아니라는 것이다. 또 권력자들의 가치는 개인이 자신을 비교하는 표준이 될 뿐 아니라, 이 표준은 개인이 사용하는 언어에 의해 재강화된다는 것이다. 사회구성주의와 포스트모더니즘의 관점에서 보면, 권력, 지식, 진실이 가족, 사회, 문화의 맥락에서 어떻게 생성되는지 알 수 있다(Freedman & Combs, 1996).

이야기치료에 의하면, 사람들은 해석적인 이야기로 삶의 의미를 구성하고, 그것을 '진실'이라고 생각한다(White, 1992). 문화를 지배하는 이야기의 힘 때문에 사람들은 자기 삶의 기회와는 상반되는 지배적 담론을 내면화하는 경향이 있다. 이 치료적 접근에서는 사회적 환경의 언어 사용이 어떻게 지배적인 현실을 만들어 내는지에 초점을 둔다. 왜냐하면 사람들은 사회환경(가족, 문화, 사회 등)에서 만나는 타인과의 지속적인 담론 속에 있고, 이러한 상호작용을 통해 자신에 대한 개념을 만든다고 보기 때문이다.

따라서 이 접근에서는 내담자의 이야기/내러티브를 이해하고, 문제로 가득 찬 이야기를 해체하며, 내담자가 자신을 이해하는 방식으로 이야기를 재구성하도록 돕는다(White & Epston, 1990). 이처럼 이야기치료는 내담자가 자신을 힘 있고, 자신이 원하는 삶을 사는 존재로 인식하도록 돕기 위해 상담자와 내담자의 협력을 강조하는 강점기반 접근이다.

## 핵심개념

이야기치료(NT)는 다른 전통적인 이론들과는 다른 부분에 초점을 둔다. 이 접근의 핵심개념으로는 ① 포스트구조주의, ② 사회구성주의, ③ 이야기와 지배적 이야기/문제로 가득 찬 이야기, ④ 해체, ⑤ 상대주의, ⑥ 재저술, ⑦ 중립성 결여가 있다.

첫째, **포스트구조주의**post-structuralism는 구조주의structuralism(사물의 의미는 개별이 아니라 전체 체계 안에서 다른 사물들과의 관계에 따라 규정된다는 관점의 철학 사상)에 대한 반동으로 태동한 철학 사조다. 이야기치료에서는 진실에 대한 믿음은 앎knowing에 대한 시각을 좁힌다고 본다. 또 구조주의적 사고에서의 '진실'은 사회의 언어에 의해 재강화되고, 이러한 진실을 받아들이지 않는 사람들은 흔히 심리적으로 문제가 있고, 어리석고 방어적이며, 부도덕하고 반항적인 성향이 있는 것으로 간주된다고 본다.

둘째, **사회구성주의**Social Constructionism는 언어와 담론이 정신개념을 형성하고, 개인이 진실이라고 믿는 것들의 근간이 된다고 보는 철학 사조다. 사회구성주의자들은 지식은 언제나 변하고, 역사적·문화적 환경의 기능을 하며, 언어에 의해 문화와 개인에게 전수되며(Winslade & Geroski, 2008), 개인은 타인과의 교류를 통해 평생 끊임없이 변하는 존재로 간주한다. 이들은 사회적 환경의 언어 사용이 어떻게 지배적인 현실을 만들어 내는지에 관심을 갖는다(해결중심단기치료의 '사회구성주의' 참조).

셋째, **이야기**narrative는 내담자가 누구인지를 정의하고, 평생에 걸친 그의 삶에 관한 묘사다. 이는 가족, 문화, 사회의 가치와 개념에 의해 생명력을 얻어 내담자에게 내재화된 것(Freedman & Combs, 1996)으로, 다층적으로 이루어져 있고, 그를 강하게 만드는 데에 도움이 되는 것과 그렇지 않은 것이 있다(Brown, 2007). 따라서 상담자는 내담자의 삶에 문제를 일으키는, 문제로 가득 찬 이야기와 반대되는, 도움이 되는 이야기를 찾아내고자 한다. 특히 **지배적 이야기/문제로 가득 찬 이야기**란 개인의 삶에서 그의 정체성에 속하는 것으로 여겨지는 다층적 이야기를 가리킨다. 이러한 이야기는 흔히 생활, 문화, 공동체, 사회에서 만나는 중요한 타인들에게서 전수되는데, 이 이야기에서 제시되는 표준에서 벗어나는 선택을 하는 경우, 개인은 때로 무언가 잘못되었다고 믿게 된다는 특징이 있다.

넷째, **해체**deconstruction는 당연하게 여겼던 신념, 가치, 개념, 사회적 담론이 지배적 이야기를 뒷받침해 왔다는 것을 이해하고, 지배적 이야기를 분해하는 과정이다. 이를 통해 상담자는 내담자가 자신의 이야기가 어떻게 발전해 왔는지 알 수 있도록 돕는다.

다섯째, **상대주의**relativism는 모든 진리, 태도, 신념이 동등하게 유효하다는 입장의 철학적 사조다(Freedman & Combs, 1996). 이에 상담자는 내담자의 세계에 대한 지각은 그의 진실의 기반이 되는 한두 가지 이야기에 지배되고 있다고 가정한다.

여섯째, **재저술**re-authoring은 내담자의 삶에 관한 이야기를 발전시키게 할 뿐 아니라, 지배적인 이야기에서 벗어나 있던 내용과 잠재적으로 중요한 경험을 삶의 이야기에 포함하도록 돕는 것이다(White, 2007).

끝으로, **중립성 결여**는 치료자는 절대 중립적 입장을 취할 수 없다는 것이다(Winslade & Geroski, 2008). 왜냐하면 치료자가 지식을 습득하는 방법으로 삶에 스며든 이론 또는 문화적 추정은 타인을 조망하는 렌즈가 되고, 내담자와 관계 형성을 돕는 도구가 되기 때문이다. 즉, 치료자의 타인에 대한 이해는 이러한 이론을 통해 걸러지고, 타인과의 대화 내용을 만들어 내며, 미처 깨닫지 못하는 사이에 작업에 영향을 미치기 때문이다.

## 상담목표

이야기치료(NT)의 목표는 내담자가 새롭고 신선한 언어로 자신의 경험을 말하도록 돕는 것이다. 이를 통해 내담자는 가능성에 대한 새로운 전망을 갖게 된다. 또 새로운 언어를 통해 내담자는 문제 많은 생각, 감정, 행동을 대체할 새로운 의미를 개발하게 된다(Freedman & Combs, 1996). 이야기치료는 지배적 문화의 다양한 측면이 인간 생활에 미치는 영향을 염두에 둔다. 상담자는 관점을 확대하고, 내담자에게 고유한 새로운 선택을 발견하거나 만들어 주기 위해 노력한다. 상담자는 돌봄, 관심, 정중한 호기심, 개방성, 공감, 접촉, 매력 등을 통한 적극적인 촉진자다.

상담자는 참여자, 관찰자, 과정촉진자로서, **'알지 못함**not-knowing**'의 자세**, 즉 내담자의 이야기를 따라가며 인정해 주고, 이야기의 안내를 받는다. 상담자의 주요 임무는 내담자가 선호하는 이야기를 구성하도록 돕는 것이다. 상담자는 정중한 호기심으로 내담자와 함께 문제의 영향력과 그 영향력을 줄이기 위해 필요한 일을 탐색한다(Winslade & Monk, 2007). 이를 위해 상담자는 주로 내담자에게 질문하고, 질문에 대한 대답에 기초하여 더 질문한다. 이야기치료자의 역할을 간추리면 [글상자 13-5]와 같다(Freedman & Combs, 1996).

[글상자 13-5] **이야기치료자의 역할** 

1. 호기심과 끈기, 체계적이고 존중하는 방식으로 내담자의 이야기를 주의 깊게 경청한다.
2. 내담자와 협력관계를 형성한다.
3. 내담자의 생애에서 자원이 풍부했던 시절을 탐색한다.
4. 질문을 통해 문제가 내담자에게 미치는 영향과 그 영향 감소를 위한 조치를 함께 탐색한다.
5. 내담자를 진단 또는 분류하지 않는다.
6. 문제를 중심으로 내담자를 설명하지 않는다.
7. 문제가 내담자의 삶에 미치는 영향을 내담자가 그려 보도록 돕는다.
8. 내담자가 문제와 자신을 분리시켜 대안적인 이야기 생성을 돕는다.

## 상담기법

이야기치료에서 주로 사용되는 기법으로는 ① 존중 어린 호기심 · 신비감 · 경외심, ② 질문, ③ 협력, ④ 반영 · 공감 · 말한 그대로 반응, ⑤ 문제 외재화, ⑥ 외재화 대화, ⑦ 이중 경청, ⑧ 회원 재구성 대화, ⑨ 정예의식, ⑩ 진술 · 재진술, ⑪ 대안적 이야기 저술, ⑫ 증거 문서화가 있다.

## 존중 어린 호기심 · 신비감 · 경외심

**존중 어린 호기심**respectful curiosity · **신비감**mystery · **경외심**awe은 내담자와의 상담 관계를 시작하면서 이들의 이야기를 경청하는 상담자의 기본자세인 동시에 기법이다. 이는 내담자 스스로 자신의 문제를 감소할 수 있는 존재로 가정하면서, 그의 상황에서 잘못을 찾아내지 않는 것이다(Morgan, 2000).

## 질문

**질문**은 이야기치료자에게 중요한 도구의 하나로, 문제의 외재화와 그 효과, 그리고 재저술 작업의 체계화에 집중적으로 사용되는 기법이다. 질문은 독특한 대화, 이전 대화에 관한 대화, 독특한 사건의 발견, 지배적 문화 과정과 주장에 대한 탐색에 속한다. 목적에 상관없이 질문은 순환적 · 관계적이고, 새로운 방법으로 내담자를 격려한다. 이는 차이를 만들 수 있는 차이를 찾기 위한 시도다(Bateson, 1972). 상담자는 정보수집이 아니라 경험을 만들어 내기 위해 질문한다. 질문의 목적은 내담자가 선호하는 방향이 무엇인지 알 수 있도록 내담자의 경험을 점진적으로 발견 또는 구성하는 것이다.

질문은 알지 못함의 자세에서 존중, 호기심, 개방성 자세를 바탕으로 이루어진다. 이는 이미 답을 알고 있다고 생각하는 질문은 하지 않는다는 의미다. 질문을 통해 상담자는 내담자가 생활 상황의 다양한 영역을 탐색하여 문제가 처음에 어떻게 시작되었고, 내담자의 자신에 대한 관점에 어떤 영향을 주었는지 파악한다(Monk, 1997). 이 과정을 통해 상담자는 내담자의 문제중심적 이야기를 해체하는 한편, 선호하는 방향을 정하고, 그 방향을 지지하는 대안적 이야기를 만들도록 돕는다.

## 협력

**협력**collaboration은 상담자와 내담자의 권력 차이를 줄이는 동시에, 내담자에게 도움이 되는 방향으로 나아가게 하기 위한 점검 과정으로, 보통 특정 질문(예 "이야기를 계속할까요? 아니면 관심 있는 다른 주제가 있나요?" "현재 대화가 잘 진행되고 있나요?")을 통해 이루어진다(Morgan, 2000). 반면, 성찰은 내담자가 상담과정에 대해 의견을 제시할 기회를 제공함으로써, 상담자가 상담과정에서 행한 것의 영향력을 확인하기 위한 기법이다.

## 반영 · 공감 · 말한 그대로 반응

**반영 · 공감 · 말한 그대로 반응**은 상담자와 내담자 간의 신뢰관계 형성과 연결을 촉진하고, 내담자가 자신의 이야기를 하도록 하며, 새로운 이야기의 발전을 돕는 강력한 도구다. 특히 반영과 공감은 상담자의 신념과 편견을 피할 수 없다는 점에서 중립적이지 않기 때문에, 상담자는 내담자의 말을 그대로 따라 한다. 이 기법은 내담자가 문제로 가득 찬 이야기가 아닌 새로운 이야기의 재저술을 돕는다.

## 문제 외재화

**문제 외재화**externalizing는 내담자가 문제를 자신으로부터 분리하여 문제를 새로운 방식으로 조망할 수 있도록 돕는 기법이다. 이 기법은 '사람이 문제가 아니라 문제가 문제'(White, 2007)라는 전제에 기초한다. 이 문제는 문화적 세계의 산물 또는 권력관계의 산물이다. 외재화는 이야기의 힘을 해체하는 과정이다. 이 과정은 문제와 동일시하는 것에서 내담자를 분리한다('나는 알코올 중독자다' → '알코올이 나의 삶을 침범했다'). 내담자가 자신을 문제로 보면, 문제를 효과적으로 다룰 방법이 제한되기 때문이다.

내담자가 문제를 자기 외부에 있다고 인식하면, 문제와 관계를 맺기 시작한다. 문제와 사람을 분리하면, 희망이 촉진되고 내담자는 비로소 자기비난 같은 특정한 이야기에 맞설 수 있게 된다. 자기를 비난하도록 조장하는 문화의 영향을 이해하게 되면, 내담자는 이러한 이야기를 해체하고, 긍정적 · 치유적 이야기를 생성할 수 있게 된다.

## 외재화 대화

**외재화 대화**externalizing conversation는 내담자를 문제로부터 분리시키는 방법이다. 이 방법은 억압적인 문제중심적 이야기를 거부하고, 내담자가 직면한 문제를 다룰 수 있는 능력이 있다고 느끼도록 힘을 부여한다. 외재화 대화는 두 단계, 즉 ① 문제가 개인의 삶에 미친 영향 탐색, ② 개인의 삶이 다시 문제에 미친 영향 탐색을 거쳐 이루어진다(McKenzie & Monk, 1997). 문제가 개인에게 미친 영향을 그려 보는 과정은 유용한 정보를 제공하는 동시에, 수치심과 비난을 덜 느끼게 해 준다. 이 과정에서 내담자는 경청과 이해를 경험하게 된다.

이때 상담자는 내담자에게 "이 문제가 언제 처음 당신의 삶에 나타났나요?"라고 질문한다. 이 탐색이 잘 이루어지면 내담자의 새로운 이야기에 대한 공동 저술의 기초가 마련된다. 상담자는 내담자가 처음 문제가 일어난 때로부터 지금까지 문제를 추적하도록 돕는다. 또한 다음과 같은 질문으로 뒤틀린 미래를 제시한다("이 문제가 한 달 동안 계속된다면, 당신은 어떻겠어요?" "이 문제가 당신 삶의 어느 영역까지 영향을 미쳤나요?" "이 문제가 당신의 삶에 얼마나 깊이 영향을 미쳤나요?").

## 이중 경청

일곱째, **이중 경청**double listening은 내담자의 이야기를 듣고 반응하면서 마음속에서 내담자를 문제로부터 분리하는 것을 말한다(Winslade & Monk, 2007). 이 기법은 내담자의 다층구조의 이야기, 즉 내담자가 이야기하는 내용뿐 아니라, 명확하지 않거나 말하고 있지 않지만 함축된 내용을 듣는 것으로서 질문이 수반된다. 이중 경청은 내담자가 문제로 가득 찬 자신의 이야기에서 다른 것을 발견하여 자신의 삶에 대해 좀 더 풍부한 설명할 기회를 제공하기 위해 사용된다.

## 회원 재구성 대화

**회원 재구성**re-membering 대화는 삶이라는 클럽의 회원을 다시 새롭게 구성하는 기법이다. 이 기법은 삶의 클럽에서 대안적 이야기로 새롭게 구조화된 삶을 위해서는 클럽 회원도 새롭게 구성해야 한다는 전제에 기초한다. 내담자는 회원 재구성 대화를 통해 자신의 삶에서 여러 가지 부정적인 영향을 주고받던 관계를 긍정적으로 재구조화하여 자신의 정체성을 재구성한다.

## 정예의식

**정예의식**definitional ceremonies은 내담자가 자신에 관한 생각을 다시 만드는 새롭고 풍부한 이야기를 발전시킨 경우, 선택된 친구 또는 배우자/동반자가 지켜보는 앞에서 행하는 의식을 말한다(White, 2007). 이는 내담자에게 자신이 발전하고 있다는 확신을 하게 하는 효과가 있다. 이때 유의할 점은 지켜보는 사람들이 박수, 동의, 축하, 또는 내담자의 이야기를 해석하지 않도록 하는 것이다.

## 진술 · 재진술

**진술**telling · **재진술**retelling은 외부 증인들(상담자 외의 사람들)에게 내담자가 새로 생성한 이야기를 들려주는 기법이다. 이 기법은 새로운 이야기를 격식에 얽매이지 않고, 타인과의 논의, 내담자 자신 또는 타인에게 편지쓰기, 자서전, 창조적 작품 제작(예 그림, 조각 등), 동영상 제작, 블로그 제작, 외부 증인 세우기, 정예의식 등을 활용하기도 한다.

## 대안적 이야기 저술

**대안적 이야기 저술**은 해체와 함께 이루어진다. 상담자는 경청과 질문을 통해 내담자가 고유한 성과를 통해 대안적 이야기 저술을 돕는다("당신은 문제의 영향에서 벗어나 본 적이 있었나요?"). 상담자는 문제에 관한 이야기에서 내담자 능력의 단서를 탐색하고, 이 단서를 중심으로 능력의 이야기 구성을 돕는다. 이야기치료의 전환점은 내담자가 문제중심적 이야기를 따라 살 것인가, 아니면 대안적 이야기가 더 좋다고 말할 것인가를 선택하는 시기다(Winslade & Monk, 2007).

고유한 가능성 질문을 통해 상담자는 상담의 초점을 미래로 옮긴다("당신이 당신 자신에 대해 배운 것에 따르면, 이제 무엇을 해야 할까요?" "당신이 좋아하는 정체성에 따라 행동한다면, 어떤 행동을 더 많이 하게 될까요?"). 이러한 질문은 지금까지 무엇을 성취했고, 다음 단계에서는 무엇을 성취해야 할지를 생각하게 한다.

### 증거 문서화

끝으로, **증거 문서화**가 있다. 새로 생성한 이야기는 이를 들어주고 지지해 줄 청중이 있을 때 지속된다. 내담자가 이룬 성과를 공고히 하는 방법으로는 상담자가 그에게 편지를 쓰는 것이다('치료적 편지쓰기'). 치료적 편지에는 회기의 기록, 문제에 대한 외재화 설명, 내담자에 대한 문제의 영향, 상담과정에서 발견한 내담자의 강점과 능력에 대한 설명 등이 담겨 있다. 편지는 여러 상황에서 다시 읽어 볼 수 있고, 편지에 있는 이야기가 다시 발생할 수 있다. 편지는 내담자가 그동안 문제를 다뤄 온 노력을 부각시키고, 문제중심적 이야기와 선호하는 새로운 이야기를 구분해 준다(McKenzie & Monk, 1997). 이야기 편지는 상담실에서 습득한 내용을 일상생활에서 실천하는 것이 중요하다는 점을 강조한다.

## 상담과정

이야기치료(NT)는 크게 4단계로 진행되는데, 그 과정은 〈표 13-4〉와 같다(White, 2007).

표 13-4 이야기치료의 진행단계

| 단계 | 활동 · 작업 |
|---|---|
| 1. 도입 | ❍ 상담자와 내담자가 만나 관계가 시작되고, 내담자의 '문제로 가득 찬 이야기'를 나눔 |
| 2. 패턴 점검 | ❍ 내담자가 문제로 가득 찬 이야기에 모순 · 반대되는 이야기를 찾아냄 |
| 3. 재저술 | ❍ 내담자가 새롭고 더 긍정적인 이야기를 만들어 내는 시기 |
| 4. 변화 | ❍ 삶에 대해 더 새롭고 긍정적으로 전망하고, 상담종결을 준비함 |

이야기치료에서는 문제 외재화를 통해 내담자가 문제에서 자신을 분리하여, 문제를 좀 더 명확하게 조망할 수 있도록 돕는다. 또한 균형 잡힌 경청과 질문을 통해 내담자의 지배적 이야기에 모순 또는 반대되는 이야기를 되살려 낸다. 특정 문제가 어떻게 내담자의 삶을 저해하고 지배하며 낙담시켜 왔는지에 관한 이야기를 점검·이해하기 위한 논의를 한다. 그뿐 아니라, 내담자의 지배적인 이야기를 이해하고, 반대되는 이야기를 만들도록 도움으로써, 더 만족스러운 삶을 영위할 수 있도록 돕는다.

이에 내담자는 자신의 이야기를 점검·이해하고, 내면에 깊숙이 침투해 있는 이야기를 해체하여, 새로운 이야기를 재저술한다. 내담자는 자신의 지배적 이야기가 지닌 큰 영향력을 깨닫게 되면서, 지배적 이야기의 힘은 약화, 해체, 분리된다. 내담자의 이야기 재저술은 자신이 누구인지에 대한 새로운 시각을 갖게 하고, 더 만족스러운 삶으로 이끌게 하는 효과가 있다(Hart, 1995).

## 핵심어

| □ 해결중심단기치료/SFBT | | |
|---|---|---|
| • 포스트모더니즘 | • 사회구성주의 | • 사회인지이론 |
| • 예외상황 | • 문제중심의 이야기 | • 저항이 아닌 준비상태 |
| • 고객형 | • 불평형 | • 방문자형 |
| • 첫 회기 전 변화질문 | • 대사 역할 | • 가설적 태도 |
| • 확장 | • 재구성 | • 예외발견질문 |
| • 기적질문 | • 척도질문 | • 목표선택질문 |
| • 평가질문 | • 대처질문 | • 해결지향질문 |
| • 악몽질문 | • 요약 피드백 | |

| ☐ 이야기치료/NT | | |
|---|---|---|
| • 포스트구조주의 | • 구조주의 | • 사회구성주의 |
| • 이야기/내러티브 | • 지배적 이야기 | • 해체 |
| • 상대주의 | • 재저술 | • 중립성 결여 |
| • 알지 못함의 자세 | • 존중 어린 호기심 | • 신비감 |
| • 경외심 | • 질문 | • 협력 |
| • 성찰 | • 반영 | • 공감 |
| • 말한 그대로 반응 | • 문제 외재화 | • 해체 |
| • 외재화 대화 | • 이중 경청 | • 정예의식 |
| • 진술 · 재진술 | • 증거 문서화 | |

## 복습문제

※ 다음 밑줄 친 부분에 들어갈 말을 쓰시오.

1. 포스트모던 접근에서는 '세상에 유일한 ________은/는 없고, 개인이 ________(이)라는 실체를 만들어 가며, ________은/는 관찰과정과 언어체계와는 별개의 것이며, 존재하지 않는다.'고 전제한다.
2. 포스트모던 접근에서 상담자는 ________의 입장을 취하는 한편, 내담자가 삶의 진정한 ________역할을 하게 한다. 또 개인적 경험의 ________면을 강조하면서 내담자가 ________에 적극 관여하게 한다.
3. 해결중심단기치료(SFBT)에서는 내담자 문제의 ________상황과 문제에 대한 내담자의 에 초점을 두는 한편, 내담자의 ________와/과 ________을/를 중시한다.
4. 드세이저(S. de Shazer)는 SFBT를 찾는 내담자들을 세 가지 유형으로 나누었다. 이 중에서 목적이 분명하고, 문제해결을 위한 작업준비가 되어 있는 내담자는 ________형, 문제와 작업할 것을 인식하고 있지만 해결책 발견에 어려움이 있는 내담자는 ________형, 그리고 상담자를 시험하듯이 이곳저곳을 기웃거리는 내담자는 ________형에 속한다.
5. ________은/는 내담자에게 저항적이라고 낙인찍기보다 변화하지 않은 내담자는 아직 변화할 수 있는 ________을/를 찾지 못한 것일 뿐이라고 여기는 것이다.
6. 해결중심단기치료 상담자는 내담자의 문제보다는 ________에 초점을 두고, 이에 대한 ________을 중시한다.
7. ________질문은 내담자의 삶에서 현재 문제로 지목되는 일이 문제가 되지 않았던 때에 관해 탐색하기 위한 기법이고, ________질문은 내담자를 만족스럽게 하는 미래의 모습을 상상하게 하는 기법이다. 이에 비해, ________질문은 내담자가 자신의 문제와 관련된 상황을 0부터 10까지 평정해 보도록 고안된 기법이다.
8. 이야기치료(NT)의 핵심개념에는 내담자가 당연하게 여겼던 신념, 가치, 개념, 사회적 담론이 삶에서 정체성에 속하는 것으로 여겨지는 다층적 이야기, 즉 ________을/를 뒷받침해 왔음을 이해하고, 이를 분해하는 과정을 의미하는 ________와/과 내담자의 삶에 관한 이야기를 발전시키게 하고, 잠재적으로 중요한 경험을 삶의 이야기에 포함하도록 돕는 작업을 뜻하는 ________이/가 포함되어 있다.
9. 이야기치료의 주요 기법으로는 내담자가 문제를 자신으로부터 분리하여 문제를 새로운 방식으로 조망할 수 있도록 돕는 기법인 ________이/가 있다. 이 기법은 ________이/가 문제가 아니라, ________이/가 문제라는 전제에 기초한다.
10. ________이/가 외부 증인들(상담자 외의 사람들)에게 내담자가 새로 생성한 이야기를 들려주는 기법이라면, ________은/는 삶이라는 클럽의 회원을 다시 새롭게 구성하는 기법이다.

## 소집단 활동

**SFBT 연습** 3인 1조로 나누어 상담자, 내담자, 관찰자가 되어 보자. 내담자는 자신의 문제 또는 관심사를 말하고, 상담자는 적극적 경청에 기반한 상담기술을 적용하여 반응하면서 해결중심단기치료(SFBT)의 질문기법(예외발견질문, 기적질문, 척도질문, 대처질문, 악몽질문 등)을 연습하고, 관찰자는 역할연습을 관찰하면서 필요한 경우, 의견 또는 교정적 피드백을 제공한다. 어느 정도 시간이 경과하면, 역할을 바꾸어 동일한 방법으로 연습해 보자. 역할연습을 마치면, 서로 소감을 나누어 보자.

소감 ______________________________

**인디언 추장회의** 북아메리카 인디언 부족들은 추장회의 때, 양피goat skin를 준비하여 이를 쥐고 있는 추장만이 발언할 수 있도록 했다고 한다. 5인 1조로 나눈 다음, 조별로 원형으로 둘러앉는다. 그러고 나서 양피를 상징하는 물건(예 손수건, 작은 인형 등)을 쥐고 있는 사람만이 말할 수 있다고 모두에게 알린다. 그런 다음, 이 물건을 쥐고 있는 사람은 다른 구성원에게 건네기 전에 그 사람에게 궁금한 점에 관해 질문을 한다. 예를 들면, "현아 씨가 저와 같은 상황에 있었다면, 어떻게 처신하셨을까요?" "주은 씨가 저의 엄마였다면, 어떻게 하셨을까요?" "아람 씨는 화날 때, 어떻게 푸세요?" "성찬 씨의 눈에는 제가 어떤 사람으로 보이세요?" 같은 질문을 던진다. 이 방식으로 교류/상호작용을 하고 나서 소집단 활동에 대한 소감을 나눈다.

**소감** ______________________________

# | 14 |

# 제3세대 이론

*The Third Generation Theories*

제3세대 이론이란 상담과 심리치료의 제2세대 이론에 뿌리를 두고 새로운 방식mode으로 창안된 이론들에 대한 총칭이다. 그렇다면 제1세대와 제2세대 이론이란 어떤 치료모델을 말하는가? **제1세대 이론**은 프로이트의 정신분석을 비롯하여 칼 융의 분석심리학, 알프레트 아들러의 개인심리학 중심의 정신역동적 접근을 꼽을 수 있다. 특히 프로이트는 대화치료talk therapy의 창안을 통해 종전의 심리적 조력활동의 패러다임을 바꾸면서 상담과 심리치료의 효시를 이룬 인물이다. 또 융과 아들러는 한때 프로이트와 함께 정신분석의 완성을 위해 함께 활동했고, 후속적으로 창안된 이론들의 이론적 단초端初(일이나 사건을 풀어 나갈 수 있는 첫머리)를 제공한 심리학자들이다. **제2세대 이론**은 정신분석의 완성을 위한 연구에의 참여보다는 일시적으로 정신분석을 추종했다가 다양한 이유로 이론적 노선을 변경한 심리학자들이 창시한 이론들을 말한다. 예컨대, 실존치료, 인간중심치료, 게슈탈트치료, 인지행동치료 등이 이 범주에 속한다.

상담과 심리치료의 **제3세대 이론**의 범주는 크게 행동치료, 인지치료, 인간중심치료에서 파생된 이론으로 나눌 수 있다. 행동치료의 경우, 변증법적 행동치료(DBT), 수용전념치료(ACT), 마음챙김 기반 스트레스 감소 프로그램(MBSR) 등 수용에 기반한 치료법들이 있는가 하면, 제3세대 인지치료로 불리는 마음챙김 기반 인지치료(MBCT)가 있다(Herbert & Forman, 2011). 이러한 치료법들의 공통점은 체험기법과 마음챙김mindfulness 기법(예 현재 일어나는 일을 받아들이기, 생각에 대해 판단하지 않기, 현재 이 순간을 자각하기 등)을 인지행동적 접근과 결합했다는 것과 다른 인지행동치료 방법들에 비해 궁극적인 목표를 행동변화에 둔다는 점이다.

한편, 인간중심치료에서 파생된 이론으로는 동기강화면담(MI)과 인간중심 예술표현치료(PC-AET) 등이 있다. 이 외에도 다양하게 진화한 이론들이 개발되고 있지만, 차세대 심리치료는 단순히 인간의 고통 감소보다 경험과 강점을 부각 · 고양시키는 방법을 개발하는 방향으로 나아가야 할 것이다(Padesky, 2007). 상담과 심리치료의 제3세대이자 **뉴웨이브**new wave로 일컬어지는 이론들의 활용은 더욱 확산될 것이고, 이는 증거기반치료를 강조하는 현대 상담과 심리치료의 흐름을 더욱 가속화할 것이다. 이 장에서는 증거기반치료(EBT), 즉 과학적 · 경험적 연구를 통해 그 효과가 검증된 이론들을 중심으로 살펴보기로 한다.

## 행동치료의 제3세대 이론

행동치료의 제3세대로 불리는 이론들은 마음챙김, 수용, 상담관계, 영성, 가치, 명상, 지금 여기에 존재하기, 정서표현 등을 강조한다(Hayes et al., 2004; Herbert & Forman, 2011). 이러한 이론적 접근에서는 다섯 가지 주제(① 심리적 건강에 대한 확장된 관점, ② 상담에서 수용 가능한 효과에 대한 확장된 관점, ③ 수용, ④ 마음챙김, ⑤ 일상생활의 가치에 대한 인식)를 공유하고 있다는 특징이 있다(Spiegler, 2016). 행동치료에서 파생된 제3세대 이론으로는 ① 마음챙김 기반 스트레스 감소(MBSR) 프로그램, ② 변증법적 행동치료(DBT), ③ 수용전념치료(ACT)가 있다.

### 마음챙김 기반 스트레스 감소 프로그램

존 카밧-진
(Jon Kabat-Zinn, 1944~현재)

**마음챙김 기반 스트레스 감소**Mindfulness-Based Stress Reduction(MBSR) **프로그램**은 1979년 매사추세츠 대학교의 존 카밧-진이 스트레스, 통증, 질병 등으로 고통받는 환자들을 돕기 위해 개발한 훈련 프로그램이다. **마음챙김**mindfulness이란 "목적에 주의를 기울이고, 현재에 머물며, 무비판적으로 순간순간의 경험을 알아차리는 것"(Kabat-Zinn, 2003, p. 145)을 말한다. 총 8주로 구성된 MBSR은 참여자들에게 마음챙김 명상을 가르치는데, 프로그램 진행자는 정신건강 전문가가 아닌 경우도 있다.

MBSR의 목적은 참여자들이 스스로 안녕을 책임지고, 신체건강 문제를 다룰 내적 자원 개발을 돕는 것이다. MBSR에서는 사람들이 겪는 고통과 괴로움은 현재에 충실하기보다 과거에의 집착과 미래에 대한 과도한 염려에 마음을 쓰기 때문이라고 가정한다. 이에 MBSR에서는 참여자들에게 인지수정 방법을 가르치거나, 특정 인지에 '역기능적'이라는 꼬리표를 붙이지 않는다. 마음챙김 훈련을 통해 길러내야 할 비판단적 태도와 배치되기 때문이다.

마음챙김은 경험학습과 자발적 발견과정을 중시한다(Dimidjian & Linehan, 2008).

이는 공식적/비공식적 명상을 통해 지속적인 주의력 개발에 도움을 준다. 마음챙김의 수행전략으로는 좌선, 요가, 보디스캔 명상body-scan meditation(신체의 모든 감각의 관찰)이 있다. 프로그램 참여자들은 매일 45분씩 정식 마음챙김 명상수행을 한다. 이를 통해 참여자들은 "어딘가에 도달하거나 무언가를 고치는 것이 아니라, 이미 존재하고 있던 그곳에 자신을 초대하여 순간순간의 직접적인 경험에 대한 내·외적 실체를 자각한다"(Kabat-Zinn, 2003). 또 일상생활에서 마음챙김을 지속할 수 있도록 걷기, 서기, 먹기, 허드렛일 마음챙김 같이 비전형적 훈련을 한다. MBSR은 우울장애, 불안장애, 대인관계 문제, 물질사용, 심리생리적 장애(Germer et al., 2013), 침습적 사고에의 집착 감소(Vujanovic et al., 2011)에 효과가 있었다.

## 변증법적 행동치료

마샤 리네한
(Marsha M. Linehan, 1943~현재)

변증법적 행동치료Dialectical Behavior Therapy(DBT, 이하 DBT)는 1993년 마샤 리네한이 경계성 성격장애로 진단받은 만성적 자살위험이 있는 내담자 치료를 위해 개발한 다면적 치료 프로그램이다. 이 프로그램은 행동치료와 정신분석 기법을 조합한 치료법이다. DBT에서 사람은 감정적으로 취약한 성품을 타고났고, 감정을 인정해 주지 않는 가정환경과의 상호작용을 통해 감정조절의 어려움과 자해행동으로 이어진다고 가정한다. 인정해 주지 않는invalidating 환경은 존중받지 못하고 욕구, 감정, 소통을 위한 노력이 무시·처벌받는 환경을 말한다.

DBT에서는 내담자의 수용적 태도를 길러 주기 위해 마음챙김 절차를 적용하고, 내담자가 현재 상태에 대한 수용적 의사소통을 통해 행동과 환경을 변화시킬 수 있도록 돕는다(Kuo & Fitzpatrick, 2015; Robins & Rosenthal, 2011). 또 인정해 주는 치료환경에서 개별 회기와 집단기술훈련을 통해 내담자에게 문제해결, 감정조절, 대인관계 기술을 가르친다. 특히 정서조절 문제가 있는 내담자를 돕기 위해 동시에 존재할 수 있는 정/반의 힘(예 다가가고 싶으면서도 피하고 싶은 욕구)을 인식·수용할 수 있도록 교육한다.

이처럼 **변증법적 상태**(특정 행동을 하고 싶지 않은 마음과 동시에 원하는 목표를 성취하기 위해서는 그 행동을 해야 한다는 것을 알고 있는 상태)에 대한 이해를 바탕으로 내담자는 양극단(수용과 변화)을 통합하는 방법을 배우게 된다. 이를 통해 내담자는 정서와 행동을 조절하는 방법을 습득하게 된다. 내담자는 〈표 14-1〉에 제시된 기술(① 마음챙김mindfulness, ② 감정조절emotional regulation, ③ 고통감내distress tolerance, ④ 대인효과성interpersonal effectiveness) 훈련 모듈을 2회씩 거치게 된다.

표 14-1 DBT의 기술훈련 모듈

| 기술 | 설명 |
|---|---|
| 1. 마음챙김 | ❍ 흩트러지지 않고 비판적이지 않으면서 순간을 인식하는 능력 |
| 2. 감정조절 | ❍ 감정을 규명하고, 감정이 자신 또는 타인에게 미치는 영향을 인식하고, 부정적인 감정 상태를 바꾸고 긍정적 감정을 일으키는 행동을 증가시키는 법을 습득함 |
| 3. 고통감내 | ❍ 스트레스 상황에 대처하는 법과 자기 위로 방법을 습득함 |
| 4. 대인효과성 | ❍ 대인관계 갈등을 효과적으로 해결하고, 자신의 요구와 욕구를 적절하게 충족시키며, 다른 사람들이 원치 않는 요구를 할 시 적절하게 거절하는 방법 |

DBT의 기술훈련은 최소한 1년이 소요되고, 개인상담과 집단기술훈련으로 진행된다. DBT는 선불교의 교리, 마음챙김, 수용기반훈련을 통합한 치료법이다(Kuo & Fitzpatrick, 2015). DBT에서 활용하는 선불교의 교리로는 지금 이 순간에 머물기, 왜곡 없이 실체를 바라보기, 판단 없이 현실을 수용하기, 고통을 일으키는 집착 내려놓기, 자신과 타인에 대한 수용 능력 키우기, 살아 움직이는 현실과 상호작용하는 현재 활동 속에 자신을 온전히 침잠시키기가 있다(Robins & Rosenthal, 2011).

## 수용전념치료

수용전념치료Acceptance and Commitment Therapy(ACT)는 2005년 스티븐 해이즈Stephen Hayes를 중심으로 수용과 마음챙김 기법을 전념과 행동수정 전략과 결합하여 심리

스티븐 해이즈
(Stephen C. Hayes,
1948~현재)

적 유연성 증진을 위해 개발한 증거기반 치료법이다. 이 치료법은 구성주의, 담화, 여성심리학 등의 철학에 기반하여 인지적 측면을 중시하는 행동치료다. ACT에서는 현재 경험을 온전히 수용하고 장애물을 온전히 내려놓는 것에 초점을 둔다.

여기서 **수용**acceptance이란 현재의 경험을 호기심과 우호적인 태도로, 판단이나 선호 없이 마주하고, 지금 이 순간 충분한 알아차림을 위해 노력하는 과정을 말한다(Germer et al., 2013). 이는 "단순히 인내가 아니라, 지금 여기에서의 경험을 적극적 · 무비판적으로 마주하는 것"(Hayes, 2004, p. 32)이다. 또 상담을 시행하는 마음자세이자 내담자가 삶을 영위하는 자세이며, 내적 경험에 반응하는 대안적 방법이다. 판단, 비판, 회피 등을 수용으로 대체하면, 적응기능이 향상된다(Antony & Roemer, 2011). 이러한 점에서 마음챙김과 수용은 상담과정에 영성을 통합하는 방법이다.

ACT에서는 사고나 정서에 따라 행동하지 않아도 된다고 가르친다. 언어의 내용에 깊이 빠져드는 것은 고통으로 이어질 수 있기 때문이다(Hayes et al., 2011, p. 243). 이에 내담자가 지나간 말을 너무 오래 생각하고 있다면 그것에서 떨어질 것을 권한다. 동시에 은유, 역설, 경험적 훈련을 통해 내담자가 집착하는 사고를 와해시키고 인지, 감정, 기억, 신체감각을 재확인하는 학습을 돕는다.

ACT의 주요 목표는 통제대상이 아닌 인지와 정서를 수용하고, 내담자가 가치를 두고 있는 삶에 전념하도록 격려하는 것이다. 이를 위해 치료자는 마음챙김 훈련을 통해 내담자가 지금 순간을 자각하고, 신체에 집중하며, 수용하도록 돕는다. 두문자 ACT가 의미하는 핵심내용은 [글상자 14-1]과 같다.

[글상자 14-1] 두문자 ACT의 핵심내용 

A = Accept/사고와 감정, 특히 불안 또는 고통 같은 감정을 수용함
C = Choose/내담자의 진정한 모습을 반영하는 삶의 방향 선택
T = Take/행동에 이르는 단계를 밟음

기존의 인지치료와는 달리, ACT에서는 생각의 내용을 바꾸는 것을 강조하지 않

는 대신 수용(비판단적 자각)을 중시한다. 부적응적 인지와 싸우는 것은 오히려 이를 강화할 수 있다는 이유에서다. 이에 ACT에서는 생각을 대하는 태도를 바꾸는 법과 부인하려고 했던 모호한 생각과 감정을 수용하는 법을 배운다. 또 생각에 도전하게 하기보다는 그 생각을 받아들이고, 가치관을 명료하게 하며, 행동변화를 위한 기술 습득을 돕는다.

ACT는 다양한 범위의 문제에 적용될 수 있고, 내담자의 상황에 따라 변화전략을 적용할 수 있다는 장점이 있다. ACT의 경험적 훈련(예 외재화, 회피감정에의 노출, 수용 등)은 공포증, PTSD, 강박장애, 공황장애 등 회피에 의해 강화되는 불안장애(Hayes et al., 2011)와 물질남용, 우울증, 불안, 공포증, PTSD, 만성통증 치료에 효과가 있다(Batten & Cairrochi, 2015).

## 인지행동치료의 제3세대 이론

인지행동치료의 제3세대 이론으로는 ① 마음챙김 기반 인지치료(MBCT), ② 강점기반 인지행동치료(SB-CBT)가 있다.

### 마음챙김 기반 인지치료

마음챙김 기반 인지치료Mindfulness-Based Cognitive Therapy(MBCT, 이하 MBCT)는 1982년 존 카밧-진의 마음챙김 기반 스트레스 감소 프로그램(MBSR)을 기반으로 창시된 것으로, 마음챙김 명상을 비롯하여 인지변화에 중점을 두는 경험적 인지치료다. 카밧-진, 세갈Zindel Segal, 윌리엄스Mark Williams, 티스데일John Teasdale을 비롯한 영국과 캐나다의 인지과학자들은 우울증을 유발·지속시키는 인지 취약성에 관한 연구과정에서 MBSR과 유사하면서도 인지과정에 초점을 둔 MBCT 편람을 개발했다.

인간의 뇌는 위협에 반응하도록 설계되어 있다. 뇌는 특정 사건을 위협으로 인식하면, 이에 대한 신경회로를 활성화한다. 이렇게 활성화된 뇌는 다른 사건에 대해서도 신경회로를 활성화할 가능성이 크다. 이러한 현상은 문제해결을 위해 본능적으로 행동을 통해 균형 상태로 돌아가 부정적 감정을 제거하려는 뇌에 모순이 생기면서 발생한다. 개인이 더 많이 분석하고 심사숙고해서 문제해결을 하고자 할수록, 탈출하고자 하는 사이클을 더 유발하고, 이는 탈출이 불가능한 상태로 이어진다.

MBCT에서는 마음챙김 명상과 수련을 통해 개인이 받아들일 수 없다고 판단하는 상황의 해결을 위해 심각하게 고민하는 사이클을 깨도록 도움으로써 위협을 감소시킨다(Hayes et al., 2011). MBCT는 총 8회기로 회기당 2~2.5시간 동안 집단형태로 진행된다(1회기의 종일상담 포함). 추수회기는 집단참여자들의 실행 강화를 위해 상담 이후 연도에 무작위로 일정을 잡아 실시한다. 집단크기는 보통 10~12명으로 제한되고, 사전면접을 통해 참여자 개개인의 치료 준비도를 심사한다. 마음챙김 기반 인지치료 프로그램의 회기별 활동은 〈표 14-2〉와 같다.

표 14-2 MBCT 프로그램의 회기별 활동

| 회기 | 활동 |
|---|---|
| 1 | ❍ 우울증이 있는 사람들의 부정적인 자동사고를 확인하고, 마음챙김의 기초를 소개한다. |
| 2 | ❍ 일상 경험에 반응하는 법을 배우고 마음챙김 수련을 한다.<br>❍ 자신과 타인에게 친절과 자비를 베푸는 것의 중요성을 배운다. |
| 3 | ❍ 흐트러진 마음을 모으는 데 집중한다.<br>❍ 호흡법과 현재 경험에 주의를 집중하는 법을 배운다.<br>❍ 경험에 자신을 개방하고, 호흡에 집중하며, 생각을 바라보는 수련을 한다. |
| 4 | ❍ 결과에 집착하지 않고 순간을 경험하는 법을 배운다.<br>❍ 정좌 명상과 마음챙김 걷기 수련을 한다. |
| 5 | ❍ 집착 없이 경험을 수용하는 법을 배운다.<br>❍ 수용과 내려놓기의 가치를 배운다. |
| 6 | ❍ 생각을 '그저 생각일 뿐'이라는 자세로 바라보는 수련을 한다.<br>❍ 생가이 떠오른다고 해서 행동으로 옮겨야 하는 것은 아님을 배운다.<br>❍ 스스로에게 '생각은 생각일 뿐, 내가 아니다'라고 말하거나, '생각은 실체 또는 사실이 아니다'라고 말하는 법을 배운다. |
| 7 | ❍ 스스로를 돌보는 법을 배우고, 재발의 위험을 다루는 전략을 개발한다. |
| 8 | ❍ 배운 것을 유지·확장하는 데 초점을 둔다.<br>❍ 마음챙김을 일상의 삶으로 확장하는 법을 배운다. |

MBCT 참여자들은 마음챙김 명상 수행을 위해 시간을 별도로 마련한다. 이들은 바디스캔, 호흡에의 집중, 명상(걷기 명상 포함), 마음챙김 움직임을 수행한다. 치료자는 마음챙김의 영혼을 상징한다. 수행과정에서의 대화는 같은 배를 탄 사람들의 관계처럼 진행되는데, 이는 유사한 문제를 겪은 이들로부터 학습할 기회를 제공한다. 마음챙김을 통해 참여자들은 탈중심화를 통해 현재에 머무르는 것을 배운다. **탈중심화**decentering는 호흡에 집중하게 되면서, 생각을 머릿속에서 떠다니는 구름처럼 여겨 가치 판단을 하거나 한곳에 머무르지 않게 하는 활동이다. 이 기법은 흑백논리적 사고를 버리고, 수용적 태도를 증진하는 효과가 있다.

## 강점기반 인지행동치료

강**점기반 인지행동치료**Strengths-Based Cognitive Behavior Therapy(SB-CBT, 이하 SB-CBT)는 크리스틴 패디스키(Christine A. Padesky, 1953~현재)와 캐서린 무니(Catherine Mooney)가 개발한 치료법이다(Padesky & Mooney, 2012). 이 치료법은 인지치료와 긍정심리학(행복, 탄력성, 이타심, 긍정적 정서, 행동의 기능 등 강조)을 결합한 것으로, 회기마다 내담자의 강점을 파악 · 통합하는 작업에 초점을 둔다. SB-CBT는 경험주의에 기초하는데, 내담자의 강점 부각은 상담효과를 높이고, 변화를 위한 추가적 이점을 제공하는 전략을 적용한다. 이 전략은 행복, 탄력성, 이타심, 긍정적 정서와 행동의 기능 등을 강조하는 긍정심리학(Lopez & Snyder, 2011)에 뿌리를 두고 있다.

SB-CBT에서 상담자는 내담자가 세상과 긍정적인 방식으로 상호작용하는 새로운 방법의 습득을 돕는다. 개인의 탄력성을 개발 · 강화하는 이 모델은 증거기반 인지치료에 통합되어 다양한 정신건강 문제 상담에 활용할 수 있다는 이점이 있다(Padesky & Mooney, 2012). SB-CBT의 원리는 [글상자 14-2]와 같다.

[글상자 14-2] SB-CBT의 기본원리

1. 상담자가 내담자의 문제에 관해 이야기할 때 증거에 기반한 접근을 한다.
2. 내담자는 상담과정 중에 구체적인 실제 경험을 기초로 객관적인 증거를 확인하고자 노력한다.
3. 상담자와 내담자는 목표달성을 위해 상호 협력하여 신념을 검증하고, 새로운 행동실험을 수행한다.

SB-CBT는 초기면접부터 강점 확인에 초점을 둔다. 상담을 신청하게 된 계기를 이야기한 후, 상담자는 내담자 삶의 긍정적 측면에 관심을 기울인다. 이를 위해 상담자는 [대화상자 14-1]과 같이 말한다.

[대화상자 14-1] SB-CBT의 기본원리

상담자: 상담을 신청하게 된 계기를 잘 말씀해 주셔서 고맙습니다. 힘든 시간을 보내셨을 것 같아요. 그럼에도 불구하고 ○○ 씨의 삶을 풍성하고 행복하게 해 준 경험이 있을 것 같은데, 괜찮으시다면 이야기해 주실 수 있을까요? 그러면 제가 당신을 깊이 이해하는 데 도움이 될 것 같아요.

상담초기에 자신의 강점을 되돌아보는 것은 내담자가 고통을 경험하고 있는 영역보다 흥미를 느끼고 있는 영역에서 발생한 문제에 더 탄력적으로 대처하고 있음을 알게 되고, 대처전략을 문제영역으로 가져와 활용할 수 있다는 이점이 있다. 예컨대, 우울을 호소하는 내담자는 즐거움을 느끼지 못했던 시절보다 과거 즐거웠던 경험을 되살려 봄으로써, 기분 고양을 위한 활동을 찾는 것이 더 쉽다는 것을 깨닫게 된다. 이처럼 SB-CBT에서는 내담자가 세상과 긍정적인 방식으로 상호작용하는 새로운 방법을 습득할 수 있도록 돕는다. 특히 변화에 저항하는 만성적인 문제가 있는 내담자의 경우, 완전히 새로운 길을 찾는 것이 일부를 수정하거나 풀어내는 것보다 쉽다(Padesky & Mooney, 2012).

SB-CBT는 협력적·능동적이고, 지금 여기를 강조하며, 내담자 중심적이다. 이에 상담자는 내담자의 협력을 독려하고, 진솔한 태도로 내담자의 경험과 상호작용하되, 전문가로서의 태도를 지양하고 대신 내담자의 능동적 회복과 성장 여정에 동참하는 호기심 가득한 지원자/가이드 같은 태도를 유지한다. 또 소크라테스식 문답법의 구성주의적 활용을 강조한다. 즉, "당신은 어떻게 하고 싶나요?" "당신의 삶이나 관계가 어떻게 되기를 바라나요?" 같은 구성주의적 질문을 한다.

만일 내담자가 되풀이되는 방식에서 헤어 나오지 못하고 있다면, 상담자는 그 방식의 순기능에 대해 교육하고, 파괴적 행동(예 고통 상황에서의 회피행동)에도 자기보호 기능과 일종의 대처기능(회피하면 정서적 안정이 회복됨)이 있음에 대한 이해를 돕는다. SB-CBT에서는 탄력성 개발을 위한 4단계 모형(① 탐색, ② 구성, ③ 적용, ④ 실천)을 통해 내담자의 긍정적 특성을 강화한다.

## 인간중심치료의 제3세대 이론

인간중심치료의 제3세대 이론으로는 ① 동기강화면담(MI)과 ② 인간중심 표현예술치료(PC-EAT)가 있다.

### 동기강화면담

동기강화면담Motivational Interviewing(MI, 이하 MI)은 1980년대 초에 윌리엄 밀러William R. Miller와 스티븐 롤닉Stephen Rollnick이 창시한 인본주의적 · 사회심리적 · 목표중심적 · 지시적 내담자 중심의 치료적 접근이다. 이 접근은 본래 인간중심치료를 기반으로 습관성 음주행동의 변화를 위해 개발된 단기개입 방법이다. 그러나 점차 물질중독, 습관성 도박, 섭식장애, 불안장애, 우울, 자살, 만성질환 등 광범위한 임상장면에 적용되었고, 그 효과를 인정받고 있다(Arkowitz & Miller, 2008).

MI에서는 내담자의 책임을 강조하고, 내담자와 협력하여 문제해결의 대안을 마련한다. 또 변화과정에서 교착상태를 극복하기 위한 다양한 방법을 적용한다. 이때 치료자는 내담자의 능력, 강점, 자원, 역량을 신뢰하는 한편, 내담자를 자신의 건강한 변화를 위한 최고의 전문가로 인정한다. 이에 치료자는 내담자의 문제 이해에 있어서 전문가 입장보다는 내담자의 관점에 집중하고, 내담자의 내적 동기를 불러 일으켜 행동 변화를 유발한다.

## 상담목표

MI의 목표는 내담자의 개인적 목표와 가치를 기반으로, 변화를 위한 내적 동기를 높이는 것이다(Arkowitz & Miller, 2008). 인간중심치료와는 달리, MI는 지시적이고 변화에 대한 양가감정 감소 및 내적 동기 증진을 목표로 설정한다. 목표성취를 위해 치료자는 내담자의 모습 그대로를 더 편안하게 느끼고, 자기 고유의 목소리를 선명하게 듣게 해 줌으로써, 그가 믿는 것과 스스로 어떤 사람으로 경험하는지를 깨닫도록 돕는다. 이를 위해 내담자를 긍정적으로 보면서 있는 그대로 독특한 존재로 수용한다. 그 결과, 내담자는 자신을 타인의 말에 얽매이지 않고, 진정한 자신이 되어, 내면과 일치된 방식으로 행동할 수 있게 된다. MI의 핵심개념은 〈표 14-3〉과 같다.

표 14-3 MI의 핵심개념

| 핵심개념 | 설명 |
|---|---|
| 1. 양가감정 ambivalence | ❍ 지금까지 살아온 대로 사는 것과 뭔가 새롭게 시도하는 것 사이에서 논쟁하도록 양쪽에서 끌어당기는 상황 |
| 2. 변화대화 change talk | ❍ 'DARN-CAT(열망 Desire, 능력 Ability, 이유 Reasons, 필요 Need, 전념 Commitment, 활성화 Activation, 조치 Taking steps)'로 구분됨<br>❍ DARN이 변화준비언어 preparatory change talk로서 내담자가 변화를 원하는지와 관련된 말을 경청하다가, 변화를 원한다는 대화를 더욱 정교화하는 것이라면, CAT는 변화실행언어 mobilizing change talk에 해당하는 요소임 |
| 3. 공감 · 방향성 | ❍ 치료적 방향성을 내남자가 선택한 것을 심사해서 상담자가 더 낫다고 여기는 쪽으로 선택하도록 조언하거나, 때로 그들에게 동의하지 않거나, 구체적으로 지시하는 것 |
| 4. MI 정신 | ❍ MI의 핵심 가정으로, ① 파트너십, ② 내담자의 자율성 지지, ③ 연민, ④ 유발성을 가리킴 |
| 5. 의사소통 방식 | ❍ 'OARS'[개방질문 Open questions(O), 인정 Affirmation(A), 반영 Reflection(R), 요약 Summaries(S)]를 말함 |

## 상담기법

MI의 핵심기법으로는 ① 기본대화 기법과 ② 고급대화 기법이 있다. **기본대화 기법**으로는 ① 초점설정, ② 논의도출, ③ 초점유지, ④ 초점이동이 있다(Wagner & Ingersol, 2013). MI의 초점은 단순히 내담자의 주장성, 대인관계 민감성, 감정표현보다는 내담자가 삶의 선택과 행동패턴에 대한 소유권을 발달시킬 수 있도록 돕는 것에 맞춘다. 이에 상담자는 기본대화 기법을 적용하여 상담의 초점이 생산적인 변화경로에 있는지 살핀다. 기본대화 기법에 관한 설명은 〈표 14-4〉와 같다.

표 14-4 기본대화 기법

| 기법 | 설명 |
|---|---|
| 1. 초점설정 | ❍ 상담목표 성취를 위한 생산적인 대화방향을 위해 내담자의 주요 쟁점에 상담대화의 초점을 맞추는 것 |
| 2. 논의도출 | ❍ 질문, 시청각 자료 활용, 침묵, 소통방식 안내[개방질문, 인정, 반영, 요약(OARS)] 등의 방법을 활용하여 내담자의 자기개방을 끌어내는 것 |
| 3. 초점유지 | ❍ 변화실행 방향으로 상담대화를 머무르게 하는 것 |
| 4. 초점이동 | ❍ 상담의 목표 달성을 위해 대화의 방향을 바꾸는 것<br>❍ 특정 주제에 너무 집중되거나 결론 없는 이야기가 계속될 때 적용됨 |

**고급대화 기법**으로는 ① 탄력(초점가속 · 감속), ② 넓이(초점확장 · 유지), ③ 깊이(초점심화 · 완화)가 있다.

탄력. 첫째, **탄력**momentum이란 상담 대화가 진전되는 속도, 즉 대화 중 새로운 아이디어가 떠오르는 정도 또는 대화가 어떤 결론이나 실행 약속을 향해 어떻게 진행되는지를 말한다. 탄력이 느슨한 경우, 결론을 향한 특정 움직임이 저조하고, 아이디어 또는 쟁점만 탐색하는 수준으로 대화가 진행된다.

여기서 **가속**은 문제 또는 과거 탐색보다 변화실행 방향으로 안내하는 것으로, ① 직접질문(내담자의 삶이 어떻게 하면 더 나아질 수 있을지, 염려에 대한 부적 정서 반응에서 자유롭기 위해 또는 앞으로 나아가는 것을 방해하는 미결과제 완결을 위해 어떤 도움이 필요한지 등에 관해 내담자에게 묻는 것), ② 문단 이어 가기 반영(내담자의 진술 다음에 했을 것으로 짐작되는 말을 하는 것), ③ 인정해 주기, ④ 선택메뉴 브레인스토밍(개인 작업이 나아가게 하는 방법)이 있다. 이에 비해, **감속**은 상담의 진행 속도를 늦추면서 상황을 자세히 알아보며 조심스럽게 선택하도록 돕는 것을 말한다.

넓이. 둘째, **넓이**는 상담의 대화가 특정 사건, 쟁점, 또는 생각에 초점을 맞추는 범위로, 초점 확장과 축소가 있다. **초점확장**은 내담자의 행동 또는 상황을 연결하여 주제를 설정하는 것이다. 이는 개방질문 또는 양면 반영을 사용하여 내담자의 관점을 넓히고, 폭넓은 변화를 일구어 변화계획을 풍성하게 하고, 스트레스는 감소시키는 효과가 있다.

특히 양면 반영은 내담자의 양가감정에서 양쪽 모두를 인정해 주는 반응이다(예 "당신은 술을 마시지 않았을 때 자신에 대한 느낌을 아주 좋아하는군요. 그러면서 다른 한편으로는, 긴장해소와 힘든 순간도 견디게 하는 데는 술이 도움이 되는군요."). **초점축소**는 내담자의 포괄적인 반응을 잘 정의된 관심 분야 또는 변화목표를 향한 것으로 좁혀 주는 것을 말한다.

깊이. 셋째, **깊이**는 상담 대화가 내포하는 의미의 수준을 말한다. 상담 대화의 깊이는 표면수준(예 일상생활의 사건, 사실, 피상적 관심사)에서부터 이면수준(사적인 문제, 가치관, 정체성, 근원적 관점, 정서 체험)의 것이 있다. **초점심화**는 상담주제에 관한 논의 수준이 안전하고 깊게 들어가는 것을 말한다. 이는 특정 행동의 변화를 가져올 뿐 아니라 신뢰감 증진과 민감한 주제 또는 문제를 다룰 마음을 갖게 하는 효과가 있다. 반면, **초점완화**는 치료적 대화의 수준을 표면 수준으로 다시 돌아오도록 하는 것이다. 이 기법은 초점 심화가 내담자가 다루기에 너무 이른 상황 또는 회기 시간이 얼마 남지 않았을 때 사용된다.

## 상담과정

MI는 일반적으로 ① 시작, ② 관점탐색, ③ 관점확대, ④ 실행 순으로 진행된다.

시작국면. 첫째, **시작국면**engagement phase에서는 내담자가 편안하게 상담에 참여할 수 있도록 돕고, 상담 초기에 내담자의 문제와 염려에 대해 더 많이 이야기하도록 편안한 분위기 조성에 초점을 둔다. 또 긍정적이고 조화로운 분위기가 변화의 토대가 된다는 가정 하에, 다양한 형태의 중독초점 상담에서 사용되고 다른 형태의 상담에도 확대 적용되고 있는 변화단계 원리를 활용한다. 그리고 반영적 경청을 통해 내담자의 주관적인 세계를 이해하기 위해 노력한다.

관점탐색국면. 둘째, **관점탐색국면**exploring perspectives phase에서는 내담자의 개인적 관점과 상황 탐색을 통해 내담자의 문제 이해를 돕는다. 이때 '부정적인' 내담자가 자신의 저항을 다른 사람에게 투사하지 않도록 한다. 부정적인 내담자는 다음과 같은 말로 상담진행을 방해할 수 있다("전에도 이런 상담을 받아 본 적이 있는데요. 전혀 효과가 없었어요." "상담자 선생님은 말만 그럴싸하죠. 그런 말들은 그냥 내가 듣기 좋게 하려는 것이라는 것 잘 알고 있어요."). 일부 내담자는 이러한 체계를 악용할 수도 있겠지만, 숙련된 상담자는 협력적 · 객관적 방식을 유지함으로써 이러한 저항에 대처하는 한편, 질문을 통해 내담자의 불일치에 대한 통찰을 돕는다.

관점확대국면. 셋째, **관점확대국면**broadening perspectives phase에서는 내담자가 새로운 가능성을 고려하고, 사라진 희망이 되살아나게 하며, 고려할 문제에 대해 타인의 관점을 받아들일 수 있도록 돕는다. 이를 위해 내담자의 저항을 존중하면서, 주저함 또는 조심스러운 태도에 대해 치료적으로 작업한다. 내담자가 보이는 변화에 대한 더딘 모습은 현 상태 유지와 변화를 위한 이유 둘 다 가지고 있기 때문으로 간주한다.

실행국면. 넷째, **실행국면**moving into action phase에서는 내담자가 실전연습을 하고, 목표를 향해 나아가게 하며, 일상에서 새로운 방법으로 생활할 수 있도록 돕는다. 이 과정에서 상담자는 사람들이 종종 삶에서 변화의 필요성을 인정하면서도 변화에 대한 두려움과 염려도 함께 가지고 있고, 변화에 대한 주저는 정상이고 예상되는 상담과정의 일부이며, 변화에의 동기는 상담과정에서 변할 수 있음을 인정한다.

## 인간중심 표현예술치료

인간중심 표현예술치료Person-Centered Expressive Arts Therapy(PC-EAT, 이하 PC-EAT)는 칼 로저스의 장녀, 나탈리 로저스(Natalie Rogers, 1930~현재)가 인간중심치료를 자발적인 창의적 표현으로 확장한 치료적 접근이다. 이 접근에서는 누구나 인정과 신뢰받는 환경에서 개성을 발휘하여 계획을 세우고, 개인 프로젝트를 수행하며, 진정성을 발휘하도록 지지받으면, 그 도전은 신명나고 새로운 변화를 유발하며 잠재력이 확장되는 경험을 하게 된다고 가정한다.

그러나 선천적 창조성, 잠재력, 실현경향성은 종종 사회생활에서 무시, 평가절하, 억눌리게 된다. 종래의 교육기관이 아동·청소년들의 창의적 사고보다는 순응적 태도 형성을 조장하는 것이 그 예다. 이에 PC-EAT에서는 내담자에게 자신의 심층적이고 접근하기 어려운 감정을 예술활동(몸동작, 그림, 조각, 작문, 음악, 즉흥예술 등)을 통해 상징적으로 표현할 기회를 제공함으로써 성장을 촉진한다. PC-EAT의 원리는 [글상자 14-3]과 같다(Rogers, 1993).

**[글상자 14-3] PC-EAT의 원리** 

1. 사람은 누구나 타고난 창조력이 있다.
2. 예술활동(명상, 움직임, 예술, 음악, 일기 쓰기 등)을 통한 창조는 변형적 · 치유적 과정이다.
3. 자각, 자기이해, 통찰은 인격을 성장시키고 의식수준을 높인다.
4. 감정(슬픔, 분노, 고통, 두려움, 즐거움, 환희 등)탐색으로 자각, 이해, 통찰을 얻을 수 있다.
5. 감정과 정서는 표현예술을 통해 방출 · 변형되는 에너지원이다.
6. 표현예술치료는 무의식으로 인도하여 전에는 알지 못했던 내면을 표현하게 하여 새로운 정보와 깨달음을 얻게 해 준다.
7. 한 가지 예술 활동은 다른 활동을 자극하여 삶의 에너지를 활성화한다.
8. 내면여행을 통해 개인의 핵심 또는 온전함과 외부세계와의 연관성을 발견하고, 내 · 외부가 통합되어 간다.

움직임은 글과 그림이 되고, 글과 그림은 느낌과 생각에 영향을 준다. PC-EAT에서는 인간중심치료에서 강조하는 촉진적 상담관계 형성을 통해 창조성 발현을 촉진한다. 내담자의 인격적 성장은 상담자의 태도(진실성, 온정, 개방성, 정직, 진솔성, 돌봄)에 의해 조성된 안전하고 지지적인 환경에서 일어난다. 창조적 활동을 통한 성장 경험을 성찰 · 평가하는 시간은 지적 · 정서적 · 신체적 · 영적으로 내담자의 인격적 통합을 촉진한다.

## 정서중심치료

정서중심치료Emotion-Focused Therapy(EFT, 이하 EFT)는 레슬리 그린버그(Leslie S. Greenberg, 1945~현재)가 인간의 기능변화에 정서가 중요한 역할을 한다는 인간중심치료의 견해를 토대로 창안한 단기치료 이론이다. 이 이론은 개인의 변화에서 정서의 역할, 그리고 정서변화가 어떻게 인지 · 행동변화의 통로가 되는지 설명한다(Greenberg, 2014). EFT의 목표는 내담자가 자신의 정서에 접근 · 진행하여 존재의 새로운 방식을 구성하도록 돕는 것이다. 이에 상담자는 내담자가 자신의 정서 자각을 증진하고, 이를 생산적으로 활용하도록 돕는다. 또 치료동맹을 기반으로 내담자의 자기강화, 정서조절, 새로운 의미 창조를 위해 다양한 경험적 기법을 통해 과거의 부적응적인 정서도식을 대체할 새로운 이야기를 만들게 하여 긍정적 정서를 경험하도록 돕는다.

EFT에 의하면, 정서에 대해 말하거나, 근원을 이해하거나, 신념을 바꾼다고 해서 정서는 변화하지 않는다. 대신, 상담자는 내담자가 자신의 정서를 확인, 경험, 수용, 표현, 탐색, 변형, 조절하도록 격려하고, 교정적 정서체험의 기회를 제공한다. 정서변화는 정서를 받아들여 경험하고, 다른 정서로 저항하며, 새로운 이야기의 의미를 만들기 위해 그것을 깊이 생각함으로써 가능하기 때문이다(Greenberg, 2014). EFT에서는 두 가지 과업, 즉 정서가 부족한 내담자는 정서에 접근하게 하고, 정서가 넘치는 내담자는 정서를 품고 있게 한다(Greenberg, 2014). EFT는 불안, 동반자 폭력, 섭식장애, 외상 치료에 효과가 있음이 입증되었고, 개인 · 집단 · 커플 · 가족치료와 다양한 문화적 상황에 적용되고 있다(McDonald, 2015).

## 핵심어

| □ 행동치료의 제3세대 이론 | | |
|---|---|---|
| • 마음챙김 기반 스트레스 감소 프로그램[MBSR] | | • 마음챙김 |
| • 바디스캔 명상 | • 변증법적 행동치료[DBT] | • 변증법적 상태 |
| • 수용전념치료[ACT] | • 수용 | • 두문자 ACT |

| □ 인지행동치료의 제3세대 이론 | |
|---|---|
| • 마음챙김 기반 인지치료[MBCT] | • 탈중심화 |
| • 강점기반 인지행동치료[SB-CBT] | |

| □ 인간중심치료의 제3세대 이론 | | |
|---|---|---|
| • 동기강화면담[MI] | • 양가감정 | • 변화대화 |
| • DARN-CAT | • 변화준비언어 | • 변화실행언어 |
| • 공감 방향성 | • MI 정신 | • OARS |
| • 기본대화 기법 | • 고급대화 기법 | • 자아탄력성 |
| • 인간중심 표현예술치료[PC-EAT] | | • 정서중심치료[EFT] |

## 복습문제

※ 다음 밑줄 친 부분에 들어갈 말을 쓰시오.

1. ______________(MBSR) 프로그램은 카밧-진(J. Kabat-Zinn)이 스트레스, 통증, 질병 등으로 고통받는 환자들을 돕기 위해 개발한 훈련 프로그램이다. 이 프로그램은 총 _____주로 구성되어, 참여자들에게 __________ 명상을 가르치는데, 이 과정에서 __________학습과 __________ 발견과정을 중시한다.
2. MBSR 프로그램에서 마음챙김의 수행전략으로는 좌선과 ____________ 외에도 신체의 모든 감각의 관찰에 초점을 두는 __________ 명상이 있다.
3. 리네한(M. Linehan)이 창안한 _________________(DBT)는 __________장애로 진단받은 만성적 __________위험이 있는 내담자 치료를 위해 개발된 다면적 치료 프로그램이다. 이 프로그램은 __________치료와 __________ 기법을 조합한 치료법이다.
4. DBT에서는 특정 행동을 하고 싶지 않은 마음과 동시에 원하는 목표를 성취하기 위해서는 그 행동을 해야 한다는 것을 알고 있는 상태를 __________(이)라고 한다. 이 상태에 대한 이해를 바탕으로 내담자는 양극단, 즉 __________와/과 __________을/를 통합하는 방법을 배우게 된다. 이를 통해 내담자는 __________와/과 __________을/를 조절하는 방법을 습득하게 된다.
5. DBT에서 내담자는 ① 마음챙김, ② __________, ③ __________, ④ 대인효과성으로 구성된 기술훈련 모듈을 _____회씩 거치게 된다. 이러한 기술훈련은 최소한 _____년이 소요되고, 개인상담과 __________훈련으로 진행된다.
6. 해이즈(S. Hayes)가 창안한 __________치료(ACT)는 __________ 기법을 전념과 __________ 전략과 결합하여 __________ 증진을 위해 개발된 증거기반 치료법이다. 이 치료법은 구성주의 담화, 여성심리학 등의 철학에 기반하여 __________ 측면을 중시하는 행동치료다.
7. ACT에서 __________은/는 현재의 경험을 호기심과 우호적인 태도로, 판단이나 선호 없이 마주하고, 지금 이 순간 충분한 __________을/를 위해 노력하는 과정이다.
8. 패디스키(C. Padesky)와 무니(C. Moondy)가 개발한 ____________치료(SB-CBT)는 __________ 치료와 __________심리학을 결합한 이론이다. 이 이론적 접근에서 상담자는 첫 회기부터 회기마다 내담자의 __________을/를 파악・통합하는 작업에 초점을 둔다.
9. ______________(MI)은/는 밀러(W. Miller)와 롤닉(S. Rollnick)이 창시한 __________중심의 치료적 접근이다. 이 접근은 본래 __________치료를 기반으로 습관성 __________행동의 변화를 위해 개발된 단기개입 방법이다.
10. 그린버그(L. Greenberg)의 __________치료(EFT)는 개인의 기능변화에 정서가 중요한 역할을 한다는 __________치료의 견해를 토대로 창안된 단기치료 이론이다. 이 이론에서 상담자는 내담자가 자신의 정서를 확인, 경험, 수용, 표현, 탐색, 변형, 조절하도록 격려하고, __________ 정서체험의 기회를 제공한다.

## 소집단 활동

**자기**自己 5인 1조로 나누어 잠시 조용히 명상시간을 가진 다음, 다음의 글을 읽고, 다른 조원들과 소감을 나누어 보자.

> 뚜렷이 깨달음 널리 비치니, 고요함과 없어짐이 둘 아니로다. 보이는 만물은 관음이요. 들리는 소리마다 묘한 이치로다. 보고 듣는 이것밖에 진리가 따로 없으니, 아아, 여기 모인 대중은 알겠는가? 산은 산이요. 물은 물이로다. ……〈중략〉…… 자기를 바로 봅시다(見性). 자기는 원래 구원되어 있습니다. 자기가 본래 부처입니다. 자기는 항상 행복과 영광에 넘쳐 있습니다. 극락과 천당은 꿈속의 잠꼬대입니다. 자기를 바로 봅시다. 자기는 시간과 공간을 초월하여 영원하고 무한합니다. 설사 허공이 무너지고 땅이 없어져도 자기는 항상 변함이 없습니다. 자기를 바로 봅시다. 유형(有形)과 무형(無形)할 것 없이 우주의 삼라만상이 모두 자기입니다. 그러므로 반짝이는 별, 춤추는 나비 등등이 모두 자기입니다(이성철, 1993, pp. 136-138).

**소감**

**느낌 있는 마네킹** 7~8명 정도로 조를 나누어, 조별로 둥글게 선다. 소집단별로 마네킹 한 사람을 정하여 눈을 감고 편안한 자세로 두 팔을 내리고 원의 중앙에 서게 한다. 다른 참여자들은 한 사람씩 마네킹에게 다가가 말없이 인정해 주는 자극을 준다. 이때 마네킹은 인정받는 느낌의 정도를 열 손가락(10점 만점)으로 표시하여 흔든다. 만일 7점 이상을 받지 못한 집단원은 7점 이상을 받을 때까지 마네킹에게 인정자극을 주어야 한다. 마네킹 역할은 모든 참여자가 돌아가면서 담당한다. 활동을 마치면, 이 활동에 대한 소감을 비롯하여 참여자들의 가정 · 학교 · 직장에서 대인관계 등에서 인정과 관련된 경험을 나눈다.

**소감** ____________________

# 복습문제 해답

## 01 상담의 기초

| 번호 | 정답 |
|---|---|
| 1 | 행동, 사고, 감정 |
| 2 | 전문성, 신뢰성 |
| 3 | 신체, 정신적 |
| 4 | 프릿츠 펄스 |
| 5 | 지금 여기, 현재 |
| 6 | 역설 |
| 7 | 이론, 사건 |
| 8 | 포괄성, 유용성 |
| 9 | 대화, 환경, 자유의지 |
| 10 | 절충적, 통합적 |

## 02 상담자 윤리와 법

| 번호 | 정답 |
|---|---|
| 1 | 윤리강령 |
| 2 | 자기통제, 자율성 |
| 3 | 인성, 도덕적 용기 |
| 4 | 법적 문제, 상담관계 |
| 5 | 윤리적 딜레마, 자율성 존중, 무해성 |
| 6 | 비밀유지, 사생활권 |
| 7 | 경고의무, 타라소프 |
| 8 | 19, 14, 형사미성년자 |
| 9 | 사전동의, 자기결정권 |
| 10 | 다중관계, 비전문적 관계 |

## 03 정신분석

| 번호 | 정답 |
|---|---|
| 1 | 의식, 전의식 |
| 2 | 삼원구조론, 원초아, 쾌락원리 |
| 3 | 불안, 도덕불안 |
| 4 | 방어기제, 기만형 |
| 5 | 전치, 치환, 대체 |
| 6 | 현실왜곡, 대처, 신경증 |
| 7 | 심리성적발달, 구강고착 또는 구강의존 |
| 8 | 오이디푸스, 엘렉트라 |
| 9 | 무의식, 성격재건, 무의식적 동기 |
| 10 | 저항, 전이 |

## 04 분석치료

| 번호 | 정답 |
|---|---|
| 1 | 온전, 콤플렉스, 무의식 |
| 2 | 증상, 무의식, 자기 |
| 3 | 집단무의식, 의식, 개인무의식 |
| 4 | 페르소나, 감정 |
| 5 | 그림자, 원초아 |
| 6 | 원형, 아니마, 아니무스 |
| 7 | 자기, 집단무의식 |
| 8 | 개성화, 자기실현, 무의식, 참자기 |
| 9 | 중년, 생애 후반기 |
| 10 | 적극적 상상 |

## 05 아들러치료

| 번호 | 정답 |
|---|---|
| 1 | 사회적 관심, 공감적 이해, 일 |
| 2 | 생활양식, 열등, 열등감 |
| 3 | 과잉보호, 창조성, 우월성 |
| 4 | 격려, 낙담, 증상 |
| 5 | 수프에 침 뱉기, 악동 피하기 |
| 6 | 초기기억, 10 |
| 7 | 행동, 노력, 동기 |
| 8 | 재교육, 재정향 |
| 9 | 인내, 환자 |
| 10 | 가족구도, 출생순위, 둘째아이 |

## 06 실존치료

| 번호 | 정답 |
|---|---|
| 1 | 실존, 실존치료, 책임 |
| 2 | 조명, 안내자, 동반자 |
| 3 | 비존재, 존재, 현재, 숙련공 |
| 4 | 실존 죄책감, 책임 |
| 5 | 의미감, 무의미성 |
| 6 | 실존 공허, 목적, 투쟁 |
| 7 | 고독, 개인 내적 고독, 실존고독 |
| 8 | 불안, 실존불안, 정상불안 |
| 9 | 제한된 실존, 본래성, 자유 |
| 10 | 의미치료, 로고테라피, 역설적 의도, 탈숙고 |

## 07 인간중심치료

| 번호 | 정답 |
|---|---|
| 1 | 비지시적, 내담자중심, 자기 |
| 2 | 자기치유자, 유기체, 경험, 가치 |
| 3 | 자유, 성숙, 자기실현 |
| 4 | 자기, 자기개념, 현상적 장 |
| 5 | 가치조건, 학습, 부적응, 전문학습자 |
| 6 | 실제 자기, 이상 자기, 긍정적 존중 |
| 7 | 실현경향성, 전인 |
| 8 | 현상적 장, 주관적 경험, 지각지도 |
| 9 | 완전히 기능하는 사람, 유기체, 창조적 성향 |
| 10 | 일치성, 무조건적인 긍정적 존중, 공감적 이해 |

## 08 게슈탈트치료

| 번호 | 정답 |
|---|---|
| 1 | 게슈탈트, 정서, 알아차림, 원인, 접촉 |
| 2 | 실존적, 환경적, 자기 |
| 3 | 지금 여기, 알아차림, 게슈탈트 |
| 4 | 장, 전경, 배경 |
| 5 | 미해결 과제, 에너지, 방어적, 정서 찌꺼기 |
| 6 | 접촉, 저항 |
| 7 | 피상/가짜, 내파 |
| 8 | 접촉경계장해, 방어기제, 내사, 투사 |
| 9 | 상전, 하인 |
| 10 | 연습, 실험 |

## 09 행동치료

| 번호 | 정답 |
|---|---|
| 1 | 결과, 인지, 행동 |
| 2 | 연합, 반응적 |
| 3 | 고전적, 역조건화 |
| 4 | 스키너, 조작적, 결과, 보상 |
| 5 | 정적 강화, 부적 강화, 일차 벌, 이차 벌 |
| 6 | 사회인지, 사회학습, 환경, 행동, 인지 처리 |
| 7 | 인지행동치료 |
| 8 | 체계적 둔감화, 조셉 월피, 상호억제, 불안위계 |
| 9 | 노출치료, 홍수법 |
| 10 | 행동치료의 다양한 스펙트럼 |

## 10 인지행동치료

| 번호 | 정답 |
|---|---|
| 1 | 인지, 비합리적 인지 |
| 2 | 비합리적, 당위주의 |
| 3 | 논박, 효과적인 철학, 감정, 행동 |
| 4 | 자기패배적, 자기실현, 자기수용, 타인 수용, 생애수용 |
| 5 | 신념, 사고, 생각 |
| 6 | 우울증, 철학적, 경험적 |
| 7 | 부정적 인지삼제, 세상, 미래 |
| 8 | 인지왜곡 또는 인지오류, 임의적 추론, 선택적 추론 |
| 9 | 역기능적 인지도식, 자동사고, 우울 |
| 10 | 도널드 마이켄바움, 자기대화, 자기지시, 인지 재구조화 |

## 11 현실치료

| 번호 | 정답 |
|---|---|
| 1 | 내부통제, 선택, 외부통제 |
| 2 | 통제, 생각, 욕구, 바람 |
| 3 | 선택, 기본욕구, 대인관계 |
| 4 | 계획자, 계획, 실행 |
| 5 | 치명적 습관, 비난, 경청, 존중 |
| 6 | 전행동, 생각하기, 느끼기, 활동하기, 통제 |
| 7 | 정신화첩, 질적 |
| 8 | 기본욕구, 자유, 즐거움, 바람 |
| 9 | responsibility(책임), realistic(현실적) |
| 10 | WDEP, 평가, 계획 |

## 12 여성주의치료

| 번호 | 정답 |
|---|---|
| 1 | 여권신장, 문화적 소수집단, 문화적 성, 권력 |
| 2 | 억압, 돌봄, 욕구 |
| 3 | 남아선호, 분리교육, 성역할, 외모, 육아 |
| 4 | 3, 7, 독립성, 양육적, 성역할 선호성 |
| 5 | 노화, 폐경, 무가치감 |
| 6 | 알파, 베타 |
| 7 | 성도식, 양성성, 벰성역할 |
| 8 | 동정심, 정의, 돌봄, 책임 |
| 9 | 다중정체성, ethnicity(민족), indigeneous heritage(토착유산) |
| 10 | 유대감, 정체감, 자기개념, 자기감 |

## 13 포스트모던 접근

| 번호 | 정답 |
|---|---|
| 1 | 진리, 자기자신, 실제 |
| 2 | 알지 못함, 전문가, 긍정적인, 문제해결 |
| 3 | 예외, 개념화, 강점, 회복탄력성 |
| 4 | 고객, 불평, 방문자 |
| 5 | 저항이 아닌 준비상태, 메커니즘 |
| 6 | 해결, 논의방식 |
| 7 | 예외상황, 기적, 척도 |
| 8 | 해체, 지배적 이야기, 재저술 |
| 9 | 문제 외재화, 사람, 문제 |
| 10 | 진술 · 재진술, 회원 재구성 대화 |

## 14 제3세대 이론

| 번호 | 정답 |
|---|---|
| 1 | 마음챙김 기반 스트레스 감소, 8, 마음챙김, 경험, 자발적 |
| 2 | 요가, 바디스캔 |
| 3 | 변증법적 행동치료, 경계성 성격, 행동, 정신분석 |
| 4 | 변증법적 상태, 수용, 변화, 정서, 행동 |
| 5 | 감정조절, 고통감내, 2, 1, 집단기술 |
| 6 | 수용전념, 마음챙김, 행동수정, 심리적 유연성, 인지적 |
| 7 | 수용, 알아차림 |
| 8 | 강점기반 인지행동, 인지, 긍정, 강점 |
| 9 | 동기강화면담, 내담자, 인간중심, 음주 |
| 10 | 정서중심, 인간중심, 교정적 |

# 참고문헌

강진령. (2020). 상담심리학. 학지사.

강진령, 이종연, 유형근, 손현동. (2009). 상담자 윤리. 학지사.

이성철. (1993). 산은 산, 물은 물. 도서출판 밀알.

이종승. (1984). 교육연구법. 배영사.

Adler, A. (1946). *Understanding human nature.* Greenberg.

American Counseling Association. (2014). *2014 ACA code of ethics.* Author.

American Psychiatric Association. (2013). *Diagnostic and statistical manual of mental disorders* (5th ed.). Author.

American Psychological Association. (2007). Guidelines for psychological practice with girls and women. *American Psychologist, 62*, 949-979.

Ansbacher, H. L., & Ansbacher, R. R. (1956). *The individual psychology of Alfred Adler.* Harper & Row.

Antony, M. M. (2014). Behavior therapy. In D. Wedding & R. J. Corsini (Eds.), *Current psychotherapies* (10th ed., pp. 193-229). Brooks/Cole, Cengage Learning.

Antony, M. M., & Roemer, L. (2011). Behavior therapy: Traditional approaches. In S. B. Nesser & A. S. Gurman (Eds.), *Essential psychotherapies: Theory and practice* (3rd ed., pp. 107-142). Guilford Press.

Arkowitz, H., & Miller, W. R. (2008). Learning, applying, and extending motivational interviewing. In H. Arkowitz, H. A. Westra, W. R. Miller, & S. Rollnick (Eds.),

*Motivational interviewing in the treatment of psychological problems* (pp. 1-25). Guilford Press.

Bateson, G. (1972). *Steps to an ecology of mind*. Ballantine.

Batten, S. V., & Cairrochi, J. V. (2015). Acceptance and commitment therapy. In E. Neukrug (Ed.), *The Sage encyclopedia of theory in counseling and psychotherapy* (Vol. 1., pp. 7-10). Sage.

Beck, A. T. (1967). *Depression: Clinical, experimental, and theoretical aspects*. Harper & Row. (Republished as Depression: Causes and treatment. University of Pennsylvania Press, 1972).

Beck, A. T., & Haigh, E. A. P. (2014). Advances in cognitive theory and therapy: The generic cognitive model. *Annual Review of Clinical Psychology, 10*, 1-24.

Beck, J. S. (2011). *Cognitive behavior therapy: Basics and beyond* (2nd ed.). Guilford Press.

Beisser, A. R. (1970). The paradoxical theory of change. In J. Fagan & I. L. Shepherd (Eds.), *Gestalt therapy now* (pp. 77-80). Science and Behavior Books.

Bem, S. L. (1983). Gender schema theory and its implications for child development: Raising gender-aschematic children in a gender-schematic society. *Signs, 8*, 598-616.

Bem, S. L. (1993). *The lens of gender: Transforming the debate on sexual inequality*. Yale University Press.

Bergin, A. E. (1985). Proposed values for guiding and evaluating counseling and psychotherapy. *Counseling and Values, 29*, 99-115.

Bohart, A., & Tallman, K. (2010). Clients: The neglected common factor in psychotherapy. In B. L. Duncan, S. D. Miller, B. E. Wampold, & M. E. Hubble (Eds.), *The heart and soul of change* (2nd ed., pp. 83-111). American Psychological Association.

Brown, C. (2007). Situating knowledge and power in the therapeutic alliance. In C. Brown & T. Augusta-Scott (Eds.), *Narrative therapy: Making meaning, making lives* (pp. 3-22). Sage Publications.

Brown, L. S. (2010). *Feminist therapist*. American Psychological Association.

Brownell, P. (2016). Gestalt therapy. In I. Marini & M. A. Stebnicki (Eds.), *The professional counselor's desk reference* (2nd ed., pp. 241-245). Springer.

Bubenzer, D. L., & West, J. D. (1993). William Hudson O'Hanlon: On seeking possibilities and solutions in therapy. *The Family Journal: Counseling and*

*Therapy for Couples and Families, 1*(4), 365-379.

Cain, D. J. (2010). *Person-centered psychotherapies*. American Psychological Association.

Carlson, J., & Johnson, J. (2016). Adlerian therapy. In I. Marini & M. A. Stebnicki (Eds.), *The professional counselor's desk reference* (2nd ed., pp. 225-228). Springer.

Clark, D. A., & Steer, R. A. (1996). Empirical status of the cognitive model of anxiety and depression. In P. M. Sakovskis (Ed.), *Frontiers of cognitive therapy* (pp. 75-96). Guilford Press.

Cole, P. H., & Reese, D. A. (2017). *New directions in gestalt group therapy: Relational ground, authentic self*. Routledge.

Conyne, R. K. (2015). Gestalt group therapy. In E. Neukrug (Ed.), *The Sage encyclopedia of theory in counseling and psychotherapy* (Vol. 1, pp. 452-456). Sage.

Cooper, J. O., Heron, T. E., & Heward, W. L. (2007). *Applied behavior analysis* (2nd ed.). Merrill.

Corey, G. (2016). *Theory and practice of group counseling* (9th ed.). Cengage Learning.

Corey, M. S., Corey, G., & Callanan, P. (2014). *Issues and ethics in the helping professions* (9th ed.). Brooks/Cole, Cengage Learning.

Crawford, M., & Unger, R. (2004). *Women and gender: A feminist psychology* (3rd ed.). McGraw-Hill.

de Jong, P., & Berg, I. K. (2013). *Interviewing for solutions* (4th ed.). Brooks/Cole, Cengage Learning.

de Shazer, S. (1985). *Keys to solutions in brief therapy*. Norton.

de Shazer, S. (1988). *Clues: Investigating solutions in brief therapy*. Norton.

de Shazer, S. (1991). *Putting difference to work*. Norton.

de Shazer, S., & Berg, I. K. (1988). Doing therapy: A post-structural revision. *Journal of Marital and Family Therapy, 18*, 71-81.

de Shazer, S., & Dolan, Y. M. (with Korman, H., Trepper, T., McCullom, E., & Berg, I. K.). (2007). *More than miracles: The state of the art of solution-focused brief therapy*. Haworth Press.

Deurzen, E. van, & Adams, M. (2011). *Skills in existential counselling and psychotherapy*. Sage.

Dimidjian, S., & Linehan, M. M. (2008). Mindfulness practice. In W. O'Donohue & J.

E. Fisher (Eds.), *Cognitive behavior therapy: Applying empirically supported techniques in your practice* (2nd ed., pp. 327–336). Wiley.

Dreikurs, R. (1967). *Psychodynamics, psychotherapy, and counseling. Collected papers.* Alfred Adler Institute.

Egan, G., & Reese, R. J. (2019). *The skilled helper: A problem-management and opportunity-development approach to helping* (11th ed.). Cengage Learning, Inc.

Ekstrom, S. R. (1988). Jung's typology and DSM-III personality disorders: A comparison of two systems of classification. *Journal of Analytical Psychology, 33*(4), 329–344.

Ellis, A. (2001). *Overcoming destructive beliefs, feelings, and behaviors.* Prometheus Books.

Ellis, A., & Ellis, D. J. (2011). *Rational emotive behavior therapy.* American Psychological Association.

Ellis, A., & Harper, R. A. (1997). *A guide to rational living* (3rd ed.). North Melvin Powers (Wilshire Books)

Enns, C. Z. (2004). *Feminist theories and feminist psychotherapies: Origins, themes, and diversity* (2nd ed.). Haworth.

Enns, C. Z., & Byats-Winston, A. (2010). Multicultural feminist therapy. In H. Landrine & N. F. Russo (Eds.), *Handbook of diversity in feminist psychology* (pp. 367–388). Springer.

Enns, C. Z., Williams, E. N., & Fassinger, R. E. (2013). Feminist multicultural psychology: Evolution, change, and challenge. In C. Z. Enns & E. N. Williams (Eds.), *The Oxford handbook of feminist multicultural counseling psychology* (pp. 3–26). Oxford.

Evans, K. M., & Miller, M. (2016). Feminist therapy. In I. Marini & M. A. Stebnicki (Eds.), *The professional counselor's desk reference* (2nd ed., pp. 247–251). Springer.

Feder, B., & Frew. J. (2008). *Beyond the hot seat revisited: Gestalt approaches to groups.* Ravenwood Press.

Follette, W. C., & Callaghan, G. M. (2011). Behavior therapy: Functional contextual approaches. In S. B. Messer & A. S. Gurman (Eds.), *Essential psychotherapies: Theory and practice* (3rd ed., pp. 184–220). Guilford Press.

Frankl, V. (1959). The origins and significance of the existential movement in psychology. In R. May, E. Angel, & H. R. Ellenberger (Eds.), *Existence: A new dimension in psychiatry and psychology.* Basic Books.

Frankl, V. (1963). *Man's search for meaning.* Beacon.

Frankl, V. (1988). *The will to meaning: Foundations and applications of logotherapy*. Meridian Printing.

Frankl, V. (1997). *Victor Frankl-Recollection: An autobiography*. Plenum.

Freedman, J., & Combs, G. (1996). *Narrative therapy: The social construction of preferred realities*. Norton.

Frew, J. (2013). Gestalt therapy. In J. Frew & M. D. Spiegler (Eds.), *Contemporary psychotherapies for a diverse world* (pp. 215-257). Routledge (Taylor & Francis).

George, E., Iveson, C., & Ratner, H. (2015). Solution-focused brief therapy. In E. Neukrug (Ed.), *The Sage encyclopedia of theory in counseling and psychotherapy* (Vol. 2, pp. 946-950). Sage.

Gergen, K. (1985). The social constructionist movement in modern psychology. *American Psychologist, 40*, 266-275.

Gergen, K. (1991). *The saturated self*. Basic Books.

Gergen, K. (1999). *An invitation to social construction*. Sage.

Germer, C. K., Siegel, R. D., & Fulton, P. R. (Eds.). (2013). *Mindfulness and psychotherapy* (2nd ed.). Guilford Press.

Gilligan, C. (1977). In a different voice: Women's conception of self and morality. *Harvard Educational Review, 47*, 481-517.

Gilligan, C. (1982). *In a different voice*. Harvard University Press.

Gladding, S. T. (2017). *Counseling: A comprehensive profession* (8th ed.). Pearson Education, Inc.

Glasser, W. (1965). *Reality therapy: A new approach to psychiatry*. Harper & Row.

Glasser, W. (1998). *Choice theory: A new psychology of personal freedom*. Harper Collins.

Glasser, W. (2000). *Reality therapy in action*. Harper Collins.

Gottman, J. M., & Parker, J. G. (Eds.). (1987). *Conversations fo friends: Speculations on affective development*. Cambridge University Press.

Greenberg, L. S. (2014). Emotion-focused therapy. In L. S. Greenberg, N. McWilliams, & A. Wenzel (Eds.), *Exploring three approaches to psychotherapy* (pp. 15-69). American Psychological Association.

Greenberger, D., & Padesky, C. A. (2016). *Mind over mood: Change how you feel by changing the way you think* (2nd ed.). Guilford Press.

Guterman, J. T. (2013). *Mastering the art of solution-focused counseling* (2nd ed.). American Counseling Association.

Hare-Mustin, R. T., & Marecek, J. (1988). The meaning of difference: Gender theory, postmodernism, and psychology. *American Psychology, 43*, 445–464.

Hart, B. (1995). Re-authoring the stories we work by: Situating the narrative approach in the presence of the family of therapists. *Australian and New Zealand Journal of Family Therapy, 16*(4), 181–189.

Hayes, S. C. (2004). Acceptance and commitment therapy and the new behavior therapies: Mindfulness, acceptance, and relationship. In S. C. Hayes, V. M. Follette, & M. M. Linehan (Eds.), *Mindfulness and acceptance: Expanding the cognitive-behavioral tradition* (pp. 1–29). Guilford Press.

Hayes, S. C., Follette, V. M., & Linehan, M. M. (Eds.). (2004). *Mindfulness and acceptance: Expanding the cognitive-behavioral tradition*. Guilford Press.

Hayes, S. C., Strosahl, K. D., & Wilson, K. G. (Eds.). (2011). *Acceptance and commitment therapy: The process and practice of mindful change* (2nd ed.). Guilford Press.

Hays, P. A. (2008). *Addressing cultural complexities in practice* (2nd ed.). American Psychological Association.

Hazlett-Stevens, H., & Craske, M. G. (2008). Live (in vivo) exposure. In W. O'Donohue & J. E. Fisher (Eds.), *Cognitive behavior therapy: Applying empirically supported techniques in your practice* (2nd ed., pp. 309–316). Wiley.

Head, L. S., & Gross, A. M. (2003). Systematic desensitization. In W. O'Donohue, U. J. Fisher, & S. C. Hayes (Eds.), *Cognitive behavior therapy: Applying empirically supported techniques in your practice* (pp. 417–422). John Wiley & Sons.

Herbert, J. D., & Forman, E. M. (2011). *Acceptance and mindfulness in cognitive behavior therapy: Understanding and applying the new therapies*. Wiley.

Hoffman, S. G., Asnaani, A., Vonk, I. J. J., Sawyer, A. T., & Fang, A. (2012). The efficacy of cognitive behavioral therapy: A review of meta-analyses. *Cognitive Therapy and Research, 36*, 427–440.

Hyde, J. S. (1996). *Half the human experience: The psychology women* (5th ed.). Heath.

Jordan, J. V. (2010). *Relational-cultural therapy*. American Psychological Association.

Kabat-Zinn, J. (2003). Mindfulness-based interventions in context: Past, present and future. *Clinical Psychology: Science and Practice, 10*(2), 144–156.

Kaschak, E. (1992). *Engendered lives*. Basic Books.

Kirschenbaum, H. (2009). *The life and work of Carl Rogers*. American Counseling Association.

Kitchner, K. S. (1986). Teaching applied ethics in counselor education: An integration of psychological processes and philosophical analysis. *Journal of Counseling and Development, 64*, 306–310.

Kohlberg, L. (1981). *The philosophy of moral development: Essays on moral development* (Vol. 1–2). Harper & Row.

Krumboltz, J. D. (1966). Behavioral goals for counseling. *Journal of Counseling Psychology, 13,* 153–159.

Kuo, J. R., & Fitzpatrick, S. (2015). Dialectical behavior therapy. In E. Neukrug (Ed.), *The Sage encyclopedia of theory in counseling and psychotherapy* (Vol. 1, pp. 292–297). Sage.

Lazarus, A. A. (1981). *The practice of multimodal therapy.* McGraw–Hill.

Leahey, T. H. (1997). *A history of psychology: Main current in psychological thought* (4th ed.). Prentice Hall.

Ledley, D. R., Marx, B. P., & Heimberg, R. G. (2010). *Making cognitive-behavioral therapy work: Clinical processes for new practitioners* (2nd ed.). Guilford Press.

Lopez, S. J., & Snyder, C. R. (Eds.). (2011). *The oxford handbook of positive psychology.* Oxford University Press.

Luborsky, E. B., O'Reilly–Landry, M., & Arlow, J. A. (2011). Psychoanalysis. In R. J. Corsini & D. Wedding (Eds.), *Current psychotherapies* (9th ed., pp. 15–66). Brooks/Cole, Cengage Learning.

Maniacci, M. P., Sackett–Maniacci, L., & Mosak, H. H. (2014). Adlerian psychotherapy. In D. Wedding & R. J. Corsini (Eds.), *Current psychotherapies* (10th ed., pp. 55–94). Cengage Learning.

May, R. (1969). *Love and will.* Norton.

May, R., & Yalom, I. (1995). Existential psychotherapy. In R. J. Corsini & D. Wedding (Eds.), *Current psychotherapies* (5th ed.). F. E. Peacock.

Mayeroff, M. (1990). *On caring.* Harper Perenial.

McDonald, A. R. (2015). Emotion–focused therapy. In E. Neukrug (Ed.), *The Sage encyclopedia of theory in counseling and psychotherapy* (Vol. 1, pp. 341–344). Sage.

McKenzie, W., & Monk, G. (1997). Learning and teaching narrative ideas. In G. Monk, J. Winslade, K. Crocket, & D. Epston (Eds.), *Narrative therapy in practice: The archaeology of hope* (pp. 82–117). Jossey–Bass.

McWilliams, N. (2014). Psychodynamic therapy. In L. S. Greenberg, N. McWilliams,

& A. Wenzel (Eds.), *Exploring three approaches to psychotherapy* (pp. 71-127). American Psychological Association.

Meichenbaum, D. (1977). *Cognitive behavior modification: An integrative approach*. Plenum Press.

Meichenbaum, D. (1993). Stress inoculation training: A 20 year update. In P. M. Lehrer & R. L. Woolfolk (Eds.), *Principles and practice of stress management* (2nd ed., pp. 373-406). Guilford Press.

Meichenbaum, D. (2007). Stress inoculation training: A preventive and treatment approach. In P. M. Lehrer, R. L. Woolfolk, & W. Sime (Eds.), *Principles and practices of stress management* (3rd ed., pp. 497-518). Guilford Press.

Miller, J. B. (1988). *Connections, disconnections, and violations* (No. 33). Stone Center for Developmental Studies.

Miller, J. B. (1991). The development of women's sense of self. In J. V. Jordan, A. G. Kaplan, J. B. Miller, I. P. Stiver, & J. L. Surrey (Eds.), *Women's growth in connection* (pp. 11-26). Guilford.

Monk, G. (1997). How narrative therapy works. In G. Monk, J. Winslade, K. Crocket, & D. Epston (Eds.), *Narrative therapy in practice: The archaeology of hope* (pp. 3-31). Jossey-Bass.

Morgan, A. (2000). *What is narrative therapy? An easy-to-read introduction*. Dulwich Centre Publications.

Mosak, H. H., & Di Pietro, R. (2006). *Early recollections: Interpretative method and application*. Routledge.

Mosak, H. H., & Maniacci, M. (2010). Adlerian psychotherapy. In R. J. Corsini & D. Wedding (Eds.), *Current psychotherapies* (9th ed., pp. 67-107). Thomson Brooks/Cole.

Murphy, J. (2015). *Solution-focused counseling in schools* (3rd ed.). American Counseling Association.

Naugle, A. E., & Maher, S. (2003). Modeling and behavioral rehearsal. In W. O'Donahue, U. J. Fisher, & S. C. Hayes (Eds.), *Cognitive behavior therapy: Applying empirically supported techniques in your practice* (pp. 238-246). John Wiley & Sons.

Nelson-Jones, R. (2015). *Theory and practice of counseling and psychotherapy* (6th ed.). Sage Publications.

Neukrug, E. (2017). *Counseling theory and practice* (2nd ed.). Brooks/Cole, Cengage

Learning.

Neukrug, E., & & Fawcett, R. C. (2010). *Essentials of testing and assessment: A practical guide for counselors, social workers, and psychologists* (2nd ed.). Brooks/Cole.

Neukrug, E., & Schwitzer, A. M. (2006). *Skills and tools for today's counselors and psychotherapists: From natural helping to professional counseling*. Brooks/Cole, Cengage Learning.

Norcross, J. C., & Beutler, L. E. (2014). Integrative psychotherapies. In D. Wedding & R. J. Corsini (Eds.), *Current psychotherapies* (10th ed., pp. 499-532). Brooks/Cole, Cengage Learning.

Norcross, J. C., & Wampold, J. C. (2011). What works for whom: Tailoring psychotherapy to the person. *Journal of Clinical Psychology, 67*(2), 127-132.

Norcross, J. C., Karpiak, C. P., & Lister, K. M. (2005). What's an integrationist? A study of self-identified integrative and (occasionally) eclectic psychologists. *Journal of Clinical Psychology, 61*, 1587-1594.

Norcross, J. C., Pfund, R. A., & Prochaska, J. O. (2013). Psychotherapy in 2022: A Delphi poll on its future. *Professional Psychology: Research and Practice, 44*(5), 363-370.

O'Donohue, W., & Fisher, J. E. (Eds.). (2012). *Core principles for practice*. Wiley.

O'Hanlon, W. H., & Weiner-Davis, M. (2003). *In search of solutions: A new direction in psychotherapy* (Rev. ed.). Norton.

Padesky, C. A. (2007, July). *The next frontier: Building positive qualities with CBT.* Invited keynote address at the World Congress of Behavioural and Cognitive Therapies, Barcelona, Spain.

Padesky, C. A., & Mooney, K. A. (2012). Strengths-based cognitive-behavioural therapy: A four-step model to build resilience. *Clinical Psychology and Psychotherapy, 19*(4), 283-290.

Pascal, E. (1992). *Jung to live by*. Warner Books.

Paul, G. L. (1967). Outcome research in psychotherapy. *Journal of Consulting Psychology, 31*, 109-188.

Perls, F. (1969). *In and out the garbage pail*. Bantam Books.

Peterson, C. (2006). *A primer in positive psychology.* Oxford University Press.

Polster, E. (1987). *Every person's life is worth a novel: How to cut through emotional pain and discover the fascinating core of life*. Norton.

Polster, E., & Polster, M. (1973). *Gestalt therapy integrated: Contours of theory and practice*. Brunner/Mazel.

Pope, K. S., & Vetter, V. A. (1992). Ethical dilemmas encountered by members of the American Psychological Association: A national survey. *American Psychologist, 47*, 397-411.

Prochaska, J. O., & Norcross, J. C. (2014). *Systems of psychotherapy: A transtheoretical analysis* (8th ed.). Brooks/Cole, Cengage Learning.

Remley, T. P., & Herlihy, B. (2014). *Ethical, legal, and professional issues in counseling* (4th ed.). Pearson.

Robins, C. J., & Rosenthal, M. Z. (2011). Dialectical behavior therapy. In J. D. Hebert & E. M. Forman (Eds.), *Acceptance and mindfulness in cognitive behavior theapy: Understanding and applying the new therapies* (pp. 164-209). Wiley.

Rogers, C. R. (1957). The necessary and sufficient conditions of therapeutic personality change. *Journal of Counseling Psychology, 21*(2), 95-103.

Rogers, N. (1993). *The creative connection: Expressive arts as healing*. Science & Behavior Books.

Rubin, S., & Lichtanski, K. (2015). Existential therapy. In E. Neukrug (Ed.), *The Sage encyclopedia of theory in counseling and psychotherapy* (Vol. 1, pp. 368-373). Sage.

Russell, J. M. (1978). Sartre, therapy, and expanding the concept of responsibility. *American Journal of Psychoanalysis, 38*, 259-269.

Russell, J. M. (2007). Existential psychotherapy. In A. B. Rochlen (Ed.), *Applying counseling theories: An online casebased approach* (pp. 107-125). Pearson Prentice-Hall.

Russell, M. (1984). *Skills in counseling women*. Charles C. Thomas.

Rutan, J. S., Stone, W. N., & Shay, J. J. (2014). *Psychodynamic group psychotherapy* (5th ed.). Guilford Press.

Scheidlinger, S. (1991). Conceptual pluralism: AGPA's shift from oxodoxy organization. *International Journal of Group Psychotherapy, 41*, 217.

Segal, Z. V., Williams, J. M. G., & Teasdale, J. D. (2013). *Mindfulness-based cognitive therapy for depression* (2nd ed.). Guilford Press.

Seligman, M. E. P. (2004). Can happiness be taught? *Daedalus, 133*(2), 80-87.

Sharf, R. S. (2014). *Theories of psychotherapy and counseling: Concepts and cases* (6th ed.). Cengage Learning.

Shertzer, B., & Stone, S. C. (1980). *Fundamentals of counseling* (3rd ed.). Houghton Mifflin.

Shofield, J. (1982). *Black and white in school*. Praeger.

Spiegel, D., & Classen, C. (2000). *Group therapy for cancer patients*. Basic Books.

Spiegler, M. D. (2016). *Contemporary behavior therapy* (6th ed.). Cengage Learning.

Surrey, J., & Jordan, J. V. (2012). The wisdom of connection. In C. K. Germer & R. D. Siegel (Eds.), *Wisdom and compassion in psychotherapy: Deepening mindfulness in clinical practice* (pp. 163-175). Guilford Press.

Swanson, C. D. (1983). Ethics and the counselor. In J. A. Brown & R. H. Pate, Jr. (Eds.), *Being a counselor* (pp. 47-65). Brooks/Cole.

Sweeney, T. (2019). *Adlerian counseling and psychotherapy: A practitioner's approach*. Routledge.

Van Hoose, W. H., & Kottler, J. (1985). *Ethical and legal issues in counseling and psychotherapy* (2nd ed.). Jossey-Bass.

Vontress, C. E. (2013). Existential therapy. In J. Frew & M. D. Spiegler (Eds.), *Contemporary psychotherapies for a diverse world* (pp. 131-164). Routledge.

Vujanovic, A. A., Niles, B., Pietrefesa, A., Schmertz, S. K., & Potter, C. M. (2011). Mindfulness in the treatment of posttraumatic stress disorder among military veterans. *Professional Psychology: Research and Practice, 42*(1), 24-31.

Wagner, C. C., & Ingersol, K. S. (2013). *Motivational interviewing in groups*. The Guilford Press.

Welfel, E. R. (1998). *Ethics in counseling and psychotherapy*. Brooks/Cole.

Wheeler, A. M. N., & Bertram, B. (2012). *The counselor and the law: A guide to legal and ethical practice* (6th ed.). American Counseling Association.

White, M. (1992). Deconstruction and therapy. In *Experience, contradiction, narrative, and imagination: Selected papers of David Epston and Michael White, 1989-1991* (pp. 109-151). Dulwich Centre.

White, M. (2007). *Maps of narrative practice*. Norton.

White, M., & Epston, D. (1990). *Narrative means to therapeutic ends*. Norton. (Original title Linguistic means to therapeutic ends)

Winslade, J., & Geroski, A. (2008). A social constructionist view of development. In K. Kraus (Ed.), *Lenses: Applying lifespan development theories in counseling* (pp. 88-113). Lahaska Press.

Winslade, J., & Monk, G. (2007). *Narrative counseling in schools* (2nd ed.). Corwin

Press (Sage).

Wolitzky, D. L. (2011). Contemporary Freudian psychoanalytic psychotherapy. In S. B. Messer & A. S. Gurman (Eds.), *Essential psychotherapies: Theory and practice* (3rd ed., pp. 33–71). Guilford Press.

Worrell, J., & Remer, P. (2003). *Feminist perspectives in therapy* (2nd ed.). Wiley.

Wubbolding, R. E. (1991). *Understanding reality therapy.* Harper & Row (Perennial Library).

Wubbolding, R. E. (2009). Headline or footnote? Mainstream or backwater? Cutting edge or trailing edge? Included or excluded from the professional world? *International Journal of Reality Therapy, 29*(1), 26–29.

Wubbolding, R. E. (2011). *Reality therapy*. American Psychological Association.

Wubbolding, R. E. (2015). *Cycle of psychotherapy, counseling, coaching, managing and supervising* (chart, 18th revision). Cincinnati, OH: Center for Reality Therapy.

Yalom, I. D. (1980). *Existential psychotherapy*. Basic Books.

Yalom, I. D. (2003). *The gift of therapy: An open letter to a new generation of therapists and their patients*. Harper Collins (Perennial).

Yalom, I. D., & Josselson, R. (2014). Existential psychotherapy. In D. Wedding & R. Corsini (Eds.), *Current psychotherapies* (10th ed., pp. 265–298). Brooks/Cole, Cengage Learning.

Yontef, G., & Schulz, F. (2013). *Dialogic relationship and creative techniques: Are they on the same team?* Pacific Gestalt Institute.

Zinker, J. (1978). *Creative process in Gestalt therapy*. Brunner/Mazel.

Zur, O. (2007). *Boundaries in psychotherapy: Ethical and clinical explorations*. American Psychological Association.

## 찾아보기

### 〈인명〉

## 〈내용〉

/ ㄴ /



/ ㄷ /

## 저자 소개

**강진령(姜鎭靈 / Jin-ryung Kang, Ph.D. in Counseling Psychology)**

미국 인디애나 대학교 상담심리학 석사(M.S.) · 박사(Ph.D.)
미국 일리노이 주립대학교 임상인턴
미국 플로리다 대학교 초빙교수 역임
현 경희대학교 교수

〈주요 저서〉
쉽게 풀어 쓴 심리학개론(학지사, 2023)
상담과 심리치료: 이론과 실제(2판, 학지사, 2022)
학생 생활지도와 상담(학지사, 2022)
상담연습: 치료적 대화 기술(2판, 학지사, 2022)
상담과 심리치료: 이론과 실제(학지사, 2021)
상담심리학(학지사, 2020)
집단상담과 치료: 이론과 실제(학지사, 2019)
집단상담의 실제(3판, 학지사, 2019)
상담연습: 치료적 의사소통 기술(학지사, 2016)
학교상담과 생활지도: 이론과 실제(학지사, 2015)
반항적인 아동 · 청소년 상담(공저, 학지사, 2014)
상담과 심리치료(개정판, 양서원, 2013)
집단과정과 기술(학지사, 2012)
학교 집단상담(학지사, 2012)
상담자 윤리(공저, 학지사, 2009)
상담심리용어사전(양서원, 2008) 외 다수

〈주요 역서〉
APA 논문작성법(원서 7판, 학지사, 2022)
DSM-5 아동 · 청소년 정신건강 가이드북(학지사, 2018)
DSM-5 노인 정신건강 가이드북(학지사, 2018)
DSM-5 진단사례집(학지사, 2018)
DSM-5 가이드북(학지사, 2018)
학교상담 핸드북(학지사, 2017)
상담심리치료 수퍼비전(학지사, 2017)
DSM-5 Selections(전 6권, 학지사, 2017)
학교에서의 DSM-5 진단(시그마프레스, 2017)
DSM-5 임상사례집(학지사, 2016)
APA 논문작성법(6판, 학지사, 2013)
간편 정신장애진단 통계 편람/DSM-IV-TR: Mini-D(학지사, 2008) 외 다수

쉽게 풀어쓴

# 상담이론과 실제

**Counseling Theory and Practice**

2023년 3월 25일 1판 1쇄 발행
2024년 3월 25일 1판 2쇄 발행

지은이 • 강 진 령

펴낸이 • 김 진 환

펴낸곳 • (주) 학지사

04031 서울특별시 마포구 양화로 15길 20 마인드월드빌딩 5층

대표전화 • 02) 330-5114 팩스 • 02) 324-2345

등록번호 • 제313-2006-000265호

홈페이지 • http://www.hakjisa.co.kr
인스타그램 • https://www.instagram.com/hakjisabook

ISBN 978-89-997-2864-8 93180

정가 23,000원